RUDI ASSAUER mit Patrick Strasser

WIE AUSGEWECHSELT

RUDI ASSAUER
mit Patrick Strasser

WIE AUSGEWECHSELT

Verblassende Erinnerungen
an mein Leben

———

Bibliografische Information der Deutschen Nationalbibliothek:
Die Deutsche Nationalbibliothek verzeichnet diese Publikation in der Deutschen Nationalbibliografie; detaillierte bibliografische Daten sind im Internet über http://d-nb.de abrufbar.

Übermitteln Sie Rudi Assauer Ihre Wünsche:
www.facebook.com/Rudi.Assauer.Official

Für Fragen und Anregungen:
rudiassauer@rivaverlag.de

3. Auflage 2012
© 2012 by riva Verlag, ein Imprint der Münchner Verlagsgruppe GmbH
Nymphenburger Straße 86
D-80636 München
Tel.: 089 651285-0
Fax: 089 652096

Redaktion: Caroline Kazianka
Umschlaggestaltung und Layout: Maria Wittek
Umschlagabbildung: Getty Images/Shaun Botterill
Satz: Grafikstudio Foerster, Belgern
Druck: GGP Media GmbH, Pößneck
Printed in Germany

ISBN Print 978-3-86883-197-9
ISBN E-Book (PDF) 978-3-86413-161-5
ISBN Epub 978-3-86413-173-8

Weitere Informationen zum Thema finden Sie unter

www.rivaverlag.de
Gern übersenden wir Ihnen unser aktuelles Verlagsprogramm.

Inhaltsverzeichnis

Meine besten Sprüche

»Entweder ich schaffe Schalke, oder Schalke schafft mich.«

»Wenn der Schnee geschmolzen ist, siehst du, wo die Kacke liegt.«

»Wenn du in der ersten Minute das 1 : 0 machst und in der letzten das 2 : 0, kann dir nichts passieren.«

»Über Trainer rede ich nicht in der Öffentlichkeit. Es sei denn, ich stelle einen ein oder ich schmeiße einen raus.«

»Franz Beckenbauer könnte 14 Tage vor der Wahl eine Partei gründen und würde dann Kanzler.«

»Das Wort ›mental‹ gab es zu meiner Zeit als Spieler gar nicht. Nur eine Zahnpasta, die so ähnlich hieß.«

»Heute stellen die sogar Trainer für die Birne ein. Das muss man sich mal vorstellen.«

»Wenn Franz Beckenbauer sagt, wir spielen künftig mit viereckigen Bällen, dann wird mit viereckigen Bällen gespielt.«

»In der Nacht von Samstag auf Montag.«
Auf die Frage, wann die Entscheidung über die Trennung von Trainer Frank Neubarth gefallen ist

»Den fetten Gänsen wird noch der Arsch geschmiert.«
Über die Bevorzugung von Bayern München bei Liveübertragungen

»Jiri möchte eigentlich keine Tore machen, weil er es hasst, umarmt zu werden und im Mittelpunkt zu stehen.«

Über die Torgefährlichkeit seines Mittelfeldspielers Jiri Nemec

»Dann hätte Schalke die Lizenzspielermannschaft aus der Bundesliga abgezogen und in Holland angemeldet.«

Über die Konsequenzen, falls Lothar Matthäus die Nationalmannschaft übernommen hätte

»Der Herbstmeistertitel ist unwichtig, deshalb verkaufen wir in Gelsenkirchen nicht einen Tannenbaum mehr.«

»Es gibt so viele Trainer, die kommen und gehen. Irgendwann vergisst du mal die Vornamen.«

Wegen des Versehens, Ralf Rangnick bei der Präsentation Rolf genannt zu haben

»Wir haben den Schriftzug in unserem Vereinslogo in >Hosenscheißer 04< geändert. Wir konnten ein großes Sponsoringpaket mit einer Windelfirma schnüren.«

»Das Beste wäre, wenn die ganze Truppe nebst Trainerstab eine Kerze anzündet.«

»Die Fans sind absolut unversöhnlich und wollen lieber in die 2. Liga absteigen als mit Möller Erfolg haben.«

Im Zuge der Verpflichtung des Dortmunders Andreas Möller

»Das soll die Nationalmannschaft sein? Das ist genauso, wie wir früher gekickt haben: eine Auswahl Bahnhofstraße gegen Buerer Straße.«

»Die einvernehmliche Trennung von Frank Neubarth ist erfolgt, nachdem ich gesagt habe, wir machen nicht weiter.«

»*Bochum ist im nächsten Jahr in der Champions League, und wir spielen im Döner Cup. Da können wir wieder den ganzen Nahen Osten bereisen.*«

»*Daum ist ein Mann, dem ich nicht von der einen zur anderen Straßenseite glaube.*«

»*Bei uns braucht der Kostedde nicht mehr zu laufen, es genügt, wenn er im gegnerischen Strafraum steht und mit seinem Hintern noch Tore macht.*«

»*Wir sind in der Arena der Buhmann der Nation. Es geht um Millionen, und die Fehlentscheidungen häufen sich. Sobald es strittig wird, wird gegen uns gepfiffen. Da müssen wir das Ding eben wieder abreißen.*«

»*Ich habe ihm immer gesagt, er soll die entscheidenden Tore schießen. Nicht das 4 : 0 gegen Cottbus.*«
Zum ersten Bundesligator von Andreas Möller für Schalke 04

»*Dann müssen wir in der nächsten Woche eben mit Assauer und Stevens in der Innenverteidigung spielen.*«
Angesichts der vielen verletzten und gesperrten Defensivspieler

»*Wir müssen Damen einwechseln, um den Gegner zu erschrecken.*«

»*Wir haben bald ein eigenes Krankenhaus.*«
Über die lange Verletztenliste nach einer Niederlage gegen Bayern München

»*Mit 40 Stundenkilometern habe ich drei Autos angebumst.*«

Vorbemerkung

Diese Autobiografie entstand im Jahr 2011 durch zahlreiche persönliche Gespräche mit Rudi Assauer sowie mit Familienangehörigen, Freunden und ehemaligen Weggefährten vom FC Schalke 04, Werder Bremen, Borussia Dortmund und dem VfB Oldenburg.

Der Gesundheitszustand von Rudi Assauer hat sich über die letzten Monate hinweg verschlechtert, aus diesem Grund habe ich mich gegen einen durchgehenden Erzählstil in der »Ich-Form« entschieden, da mir eine authentische, detailgetreue Wiedergabe seines Lebens aufgrund seiner Erkrankung an Alzheimer nicht glaubwürdig erschien.

Dass bestimmte Personen aus dem privaten oder beruflichen Umfeld in diesem Buch nicht zu Wort kommen bzw. nicht über sie gesprochen werden sollte, geschah auf Wunsch von Rudi Assauer, seiner Familie und den Rechtsanwälten.

Mein Dank gilt insbesondere Rudi Assauer selbst, seiner Sekretärin Sabine Söldner, seiner Tochter Bettina Michel, seiner Schwester Karin Assauer sowie der Rechtsanwaltskanzlei Fiestelmann-Grall.

Patrick Strasser, im Januar 2012

Vorwort von Huub Stevens

Rudi Assauer ist ein richtig guter Sänger. Mein lieber Mann, das hat mich jedes Mal beeindruckt. Ob auf einer Party nach einem Titelgewinn mit Schalke oder auf einer Weihnachtsfeier – unser Manager war immer ganz vorne dabei, natürlich hatte er dabei stets eine Zigarre im Mundwinkel hängen. Jedes Vereinslied hat er lauthals mitgesungen, und er kannte alle Texte. Ob *Blau und Weiß wie lieb ich dich* oder *Königsblauer S04* – da konnte ihm keiner was vormachen. Da war er mittendrin in seiner Familie Schalke, dort fühlte er sich geborgen. Das war sein Leben, seine Heimat. Rudi Assauer war Schalke 04.

Als ich Rudi zuletzt nach längerer Zeit wieder einmal gesehen habe, bin ich erschrocken. Leider musste ich feststellen, dass er nun ein anderer Mensch ist. Gezeichnet durch seine Demenzerkrankung, hat er sich in kurzer Zeit sehr verändert.

Nun ist er still und leise, hält sich zurück, hört in einem Gespräch meist nur zu. Fast so, als wäre er schüchtern. Es ist ein sehr merkwürdiges, beklemmendes Gefühl. Ich war einfach einen anderen Rudi gewohnt. Diesen Kerl von einem Mann! Immer geradeaus, direkt und, wenn nötig, lautstark. Klar, ehrlich und bestimmt. Oft mit einem Witz, einem Spruch auf den Lippen. Ein Macho – oder zumindest der Typ, zu dem ihn die Öffentlichkeit und die Medien gemacht haben. Dass er andererseits aber auch immer herzlich und hilfsbereit war und ist, dazu charmant und liebenswürdig – das haben die meisten ignoriert. Viele wollten das nicht wahrhaben, nur den Macho in ihm sehen, nicht aber den Menschen dahinter.

Mich hat immer schon geärgert, wenn ich mitbekomme habe, dass die Leute, die Rudi nicht kennen, ihn etikettiert haben. Ohne nachzudenken oder nachzufragen, haben sie ihn in eine Schublade gesteckt: Assauer, der Macho! Oder wenn er früher mal ein Gläschen zu viel hatte, wurde er gleich in eine Ecke gestellt, als wäre er Alkoholiker. Heute tuscheln die Leute, wenn er sich etwas unsicher bewegt – aha, wieder was gebechert. Blödsinn. Seit mehr als einem Jahr trinkt er keinen Tropfen Alkohol mehr. Die Krankheit nimmt ihn mit, durch die Tabletten ist er geschwächt.

Was waren wir früher für Fußballmalocher. Den ganzen Tag nur Fußball. Am liebsten 24 Stunden. Wir haben von Oktober 1996 an fast sechs Jahre Seite an Seite beim FC Schalke gearbeitet und mehr Zeit miteinander verbracht als mit unseren Familien. Es ist so schade, dass er sich an unsere gemeinsamen Zeiten, unsere Erfolge und unsere Niederlagen, unser Juchzen und unsere Tränen, nicht mehr richtig erinnern kann. Das tut mir alles sehr leid. Für ihn und für seine Familie.

Durch so eine traurige Geschichte fängt man aber plötzlich mal wieder an nachzudenken – über sich, die eigene Gesundheit, die Angehörigen und Freunde, das Leben allgemein. Und ich merke: Plötzlich bin ich ganz nah bei mir. In dem Moment, in dem ich irgendwo einen Vertrag als Trainer unterschreibe, begebe ich mich in einen Tunnel. Man glaubt, für kaum etwas rechts und links davon Zeit zu haben.

Früher musste ich alles selbst machen und anpacken. Jedes Spiel sehen, das im Fernsehen lief. Jetzt bin ich gelassener geworden, auch nicht mehr so knorrig. Ich kann besser abschalten, mir Auszeiten nehmen. Gerade auf Schalke hat man mit Trainer Ralf Rangnick ja gesehen, wie schnell es gehen kann. Es hat mir sehr leidgetan, als ich erfahren habe, dass er wegen Burnout den Trainerjob aufgeben musste. Man weiß es zwar nie, aber ich glaube und hoffe, dass mir dies nicht passieren wird, weil ich mir mittlerweile meine Pausen nehme, um durchzuatmen. Ich fahre an freien Tagen zur Familie in die Niederlande und versuche, den Kopf frei zu bekommen und mich zu entspannen. Ich bin zwar wieder in diesem Tunnel – doch mittlerweile ist dieser für mich breiter geworden, heller. Und ich habe festgestellt, dass das allerhöchste Gut die Gesundheit ist.

Denke ich heute an Rudi, kommen mir Gedanken, die man sonst nicht zulässt und ausblendet. Wie wird es mir später mal gehen? Was ist, wenn ich Alzheimer bekomme? Jeder hofft doch, ein normales Leben im Alter führen zu können. Und ich stelle mir die Frage: Wie würde ich damit umgehen?

Ich finde, dass Rudi sehr gut damit umgeht. Ich weiß nicht, ob ich das könnte. Wenn wir zusammensitzen und gemeinsam etwas essen, dann erzählen wir uns Geschichten von früher. Und wie wir dabei lachen und flachsen! Weißt du noch: da und dort, der und der. Dann merke ich: Er hat Spaß, kann für ein paar Momente sein Schicksal vergessen. Ich bin sehr glücklich, dass Rudis Erinnerungen in diesem Buch festgehalten werden.

Ich erlaube mir zu behaupten, dass kaum einer so einen engen Draht zu Rudi hatte wie ich. »Männi«, wie ich ihn oft genannt habe, war besessen von Schalke, von seinem Job, seiner Aufgabe. Dafür hat er alles gegeben und, wenn nötig, seine Rolle als knallharter Manager gespielt. Aber ich kannte auch den weichen Assauer, der sich immer wieder erkundigt hat, wie es meiner Frau Toos geht, mit der ich schwere Zeiten durchgemacht habe. Diese warmherzige Seite wurde oft nicht wahrgenommen. Dem Trompeten-Willy aus der Nordkurve hat er einst ein neues Instrument spendiert. Werner Weist, seinem ehemaligen Mitspieler bei Borussia Dortmund, der sozial abgerutscht war, hat er einen Job bei Schalke gegeben. Weist, Spitzname Akker, wurde Leiter des Fanartikel-Außenverkaufs. Nur ein paar Beispiele für Rudis großes Herz.

Rudi und ich haben uns wunderbar ergänzt. Ich konnte in so vielen Bereichen von ihm lernen. Wer und was ich heute bin – das hat viel mit Assauer zu tun. Er ist großartig. Es gibt nicht vieles, was ich ihm abschlagen würde. Er schenkte mir Vertrauen und brachte mir kluge Dinge bei. An ihn konnte ich mich immer wenden, alles mit ihm bereden. Er wurde im Laufe der Zeit ein wahrer Freund.

Glückauf, Rudi! Mach das Beste daraus!
Dein Huub

1. Mein Leben mit der Krankheit

»Alzheimer – so 'ne Scheiße!«

»Ich bin doch noch jung, keine 70. Ich war doch immer fit, topfit, ein Fußballer eben. Und jetzt Alzheimer. Warum ich? Assauer, frage ich mich, warum du?

Will man den dicken Max machen, nach außen stark sein, dann sagt man gerne: Ich kenne keine Angst. Doch wenn es eine Sache in der Welt gibt, wenn es eine Sache in meinem Leben gibt, vor der ich immer Angst hatte, so richtig Schiss auf gut Deutsch, dann Alzheimer. Bloß nicht diese Nummer. Bloß nicht dement werden im Alter, das schwirrte mir oft im Kopf herum. Erst meine Mutter, dann mein Bruder – und nun hat's mich erwischt, jetzt muss ich damit klarkommen. Ich gehe doch erst langsam auf die 70 zu. Ich wollte doch das Alter, das Leben genießen. So 'ne Scheiße. Verdammt noch mal.«

Rudi Assauer hat Alzheimer im fortgeschrittenen Stadium. Auf sich allein gestellt, wäre er nicht mehr lebensfähig, er könnte sich nicht mehr ernähren, würde vergessen, sich zu waschen. Einkaufen, kochen – unmöglich. Um ihn kümmert sich liebevoll Bettina, seine Tochter. Sie hat ihn zwischenzeitlich in ihrer Wohnung aufgenommen, eine Übergangslösung. Frau Söldner, Sekretärin und guter Geist, regelt im Büro die Termine, organisiert sämtliche Anfragen und Verpflichtungen.

Von seiner Frau Britta, die er im April 2011 im Rittersaal von Schloss Horst in Gelsenkirchen standesamtlich geheiratet hat, hat sich Assauer mittlerweile getrennt. Bis Dezember 2011 lebte er mit der 21 Jahre jüngeren Frau in einem Haus im Gelsenkirchener Stadtteil Buer. Wie so viele Eheleute kamen beide jedoch mit den Konsequenzen der Demenzerkrankung nicht zurecht, waren den zunehmenden Belastungen nicht gewachsen.

Rudi Assauer hat eine Fußballerkarriere gemacht, von der Millionen Hobbykicker nur träumen. Sechs Jahre bei Borussia Dortmund, sechs Jahre bei Werder Bremen, 307 Bundesligaspiele, DFB-Pokalsieger, Europapokalsieger der Pokalsieger. Danach Manager bei Werder Bremen, beim VfB Oldenburg und verteilt über drei Jahrzehnte beim FC Schalke. Er bewahrt den Traditionsklub vor dem Lizenzentzug, erfindet Huub Stevens als Schalke-Trainer, bastelt die Eurofighter-Mannschaft und sorgt damit für den größten Triumph der königsblauen Vereinsgeschichte: den Gewinn des UEFA-Cups 1997. Danach baut er die modernste Arena Europas: Die neue Heimat des FC Schalke wird 2001 eröffnet. Es ist sein Werk, und Fußball ist sein Leben. Bald wird das alles in seinem Kopf gelöscht sein. Vergessen. Durch dieses Buch sollen sich die Leute an sein Lebenswerk erinnern.

»Ein körperliches Gebrechen, das lässt sich vielleicht beheben oder lindern. Wie bei mir der Ärger mit der Bandscheibe – 'ne unangenehme Geschichte, aber okay. Manche Dinge sind altersbedingt, die kleinen Zipperlein, die größeren, ach – damit kannste leben. Muss man ja, das gehört zum Altern dazu. Es gibt Gehhilfen, künstliche Knie, neue Hüftgelenke, andere freuen sich des Lebens mit 'nem Herzschrittmacher. Aber der Kopf. Die Birne. Schlimmer geht's nicht.«

Assauer ist einer von 1,2 Millionen Demenzkranken in Deutschland, Tendenz steigend. Denn: Mit dem Alter erhöht sich das Risiko einer Erkrankung. So leidet zwischen 65 und 69 Jahren jeder Zwanzigste daran, zwischen 80 und 90 ist schon fast jeder Dritte davon betroffen. Da in Deutschland der Anteil älterer Bürger zunimmt, rechnen Experten für das Jahr 2030 mit 2,5 Millionen Erkrankten.

Demenz – abgeleitet vom lateinischen Wort für Unvernunft – bedeutet wörtlich übersetzt »weg vom Geist« oder auch »ohne Geist« und bezeichnet das schleichende Vergessen, den sukzessiven Verlust der Denkfunktionen. Die Alzheimerkrankheit ist benannt nach dem Psychiater

Alois Alzheimer und ist die häufigste aller Demenzerkrankungen. Rund 60 Prozent aller Demenzen werden durch sie hervorgerufen. Die Krankheit berührt den Menschen in seinem tiefsten Inneren, in seiner Persönlichkeit. Sie lässt die Vergangenheit erlöschen, zerstört die Orientierung in der Gegenwart und nimmt ihm die Zukunft. Man wird ein anderer Mensch – ist wie ausgewechselt.

» Ich habe eines Tages gemerkt, dass der Kopf in manchen Situationen nicht so wollte, wie ich wollte. Als wäre da oben eine Tür zu, zack – einfach geschlossen. Ich war nicht mehr so aufnahmefähig, es ging nichts mehr rein. Dann tut man das ab. Ach, Assi! Tagesform. Ein schlechter Tag eben. Wenig geschlafen, viel gearbeitet. Was soll's? Immer häufiger spürst du aber: Du bist blockiert. Bestimmte Dinge, ob Namen, ob Termine – sie sind ums Verrecken nicht mehr da. Wie gelöscht. Man fühlt sich ohnmächtig. Das ist am Anfang blöd, richtig blöd. Du denkst: Das gibt's nicht, das kann doch nicht wahr sein.«

Die Vergangenheit der Patienten rinnt wie durch eine Sanduhr. Erst langsam, dann immer schneller. Die Betroffenen fühlen sich verlassen, im Stich gelassen vom eigenen Ich. Die exakte, komplexe Erinnerung blinzelt in bestimmten hellen Momenten durch wie die Sonne an einem trüben Tag durch die Wolken. Personen, Namen, Orte, Daten – alles fließt durch die Sanduhr. Die Öffnung lässt sich nie mehr schließen, die Dicke des Nadelöhrs lediglich konstant halten.

Bei Rudi Assauer setzen erste kleinere Vergesslichkeiten und Erinnerungslücken ab 2005 ein. Beobachter führen die Aussetzer auf den Stress zurück, schließlich ist er zu dieser Zeit noch Schalke-Manager. Wer denkt da schon an Alzheimer? Ab 2007 wurden es mehr und mehr. Der Sekretärin fällt auf, dass ihr Chef mehrmals am Tag bei einem Anruf die gleiche Frage stellt. Immer häufiger muss er selbst im Gespräch nachhaken, sich vergewissern. Immer häufiger spricht er auch im Laufe einer Unterhaltung zwei- oder dreimal genau das gleiche Thema an.

»Wenn die Leute dann so komisch geguckt haben, mit diesem leicht irritierten Gesichtsausdruck, hat mich das stutzig gemacht. In dem Moment, in dem du erkennst, dass du das Problem bist, tut es weh. Aber man verdrängt das. In diesem Punkt funktioniert der Kopf blöderweise einwandfrei.«

Assauer hält Absprachen nicht mehr ein, vergisst Termine und Namen. Die innere Wiederholungstaste funktioniert nicht mehr. Schon telefoniert mit demjenigen oder nicht? Schon über dieses oder jenes Thema gesprochen? Eben am Telefon? Vielleicht gestern schon? Anfang der Woche? Letzte Woche? Mehrmals? Oder am Ende etwa überhaupt nicht?

»Einmal im Jahr habe ich mich immer vom Arzt komplett durchchecken lassen. Aber nun war etwas anders. Ich habe gespürt, dass irgendwas nicht stimmte. Meine Sekretärin Frau Söldner hat mich eines Tages gefragt, ob wir mal einen Test machen sollten. Was? Nicht nur wie sonst den Körper? Auch die Birne überprüfen? Ich hatte mit niemandem darüber geredet. Da ist dieses Schamgefühl. Als könnte man was dafür! Man will es nicht zugeben. Mit wem soll man auch sprechen? Mit jemandem aus der Familie? Nein. Mit der Partnerin? Schon gleich gar nicht. Gibt es etwas Peinlicheres? Wenn man sich den Arm bricht oder sonst einen Knochen, gibt's einen Gips und fertig, wird schon wieder. Aber Alzheimer! Als Knirps hat man sich darüber lustig gemacht. Hehe, haste wohl vergessen, du Alzi. Na, biste blöd, das weißte nicht mehr, du Patient! Alzheimer war als Kind für einen so weit weg wie die Vorstellung, eines Tages nicht mehr so schnell rennen zu können, wie man möchte.«

Assauers Nichte Dagmar, Tochter seines Bruders Lothar, gibt Frau Söldner den Tipp, einen Termin zur Untersuchung in der Essener Memory Clinic zu vereinbaren. Die Sekretärin fasst sich daraufhin ein Herz und informiert Katy, die jüngere seiner beiden Töchter. Im Januar 2010 fährt Katy dann mit ihrem Vater in die Klinik nach Essen-Borbeck. Nach der ersten Untersuchung und ein paar weiteren Sitzungen kommt es zu Meinungsverschiedenheiten zwischen den beiden, der Kontakt bricht ab. Von nun an kümmern sich Bettina, die ältere Tochter, und seine damalige Partnerin Britta. Im Sommer 2010 nimmt Assauer die Therapie in der Memory Clinic wieder auf, regelmäßige Sitzungen folgen.

Die ambulante Beratungsstelle des Elisabeth-Krankenhauses besteht seit April 1991. Klinikleiter Professor Hans Georg Nehen, Nervenarzt Dr. Johannes Haseke, Pädagoge Dr. Hartmut Fahnenstich sowie Sozialpädagoge Carsten Brandenberg behandeln die Patienten in der Gedächtnisambulanz, steuern die medikamentöse und soziale Betreuung. Es werden regelmäßige Angehörigengespräche vereinbart oder Freunde, ehemalige Weggefährten und Berufskollegen eingeladen. Der Demente kann zwar nicht mehr neu dazulernen, aber Vergangenes reaktivieren, mithilfe bestimmter Übungen und Gespräche wieder hochholen. Darüber hinaus werden banale Fragen nach dem aktuellen Jahr, dem Monat, dem Wochentag gestellt. Oder dem Aufenthaltsort, der Stadt. Einfache Rechenaufgaben aus dem Bereich des Einmaleins sind zu lösen, die Patienten sollen sich über wenige Minuten im Gespräch drei Worte merken. Ein weiterer Test, den auch Assauer gemacht hat, beginnt mit einem Blatt Papier, auf dem ein Ziffernblatt aufgemalt ist. Der Demenzkranke soll auf Zuruf eine Uhrzeit, sprich die Zeiger, einzeichnen. Assauer besteht einige der Tests nur mit Mühe. Die meisten Aufgaben löst er gar nicht.

»Die Leute dort in der Klinik sind gut, echt kompetent. Alle schwer in Ordnung. Ich weiß, dass die mir helfen wollen. Ich denke laufend daran, an diese Scheiße. Das macht mich ganz fertig. Mensch, dies oder jenes – das habe ich doch alles noch im Kopf gehabt. Wenn ich in einer Situation nicht auf einen bestimmten Namen komme, da werde ich bekloppt.«

Einer, dem gegenüber Rudi Assauer sich im Jahr 2011 offenbart hat, ist Werner Hansch, über Jahrzehnte als Hörfunkreporter und TV-Kommentator die Fußballstimme des Reviers. Als Assauer in den 80er-Jahren erstmals Schalke-Manager ist, lernen sie sich kennen und bald auch schätzen. Hansch wird im Laufe der Zeit zu einem der engsten Freunde Assauers.

Gemeinsam treten sie einige Jahre hier und da bei Firmenevents als Duo »Rudi & Werner – der Fußballtalk« auf, zu buchen über eine Agentur.

»Firmen haben das für einen speziellen Abend als Entertainfaktor genutzt, damit es insgesamt nicht so trocken ist«, erzählt Hansch, »wir hatten unsere Rollen. Ich war der Fragesteller, musste oft den Unwissenden geben – Rudi war der Experte, derjenige, der Ahnung hat. Manchmal haben wir auch ein kleines Streitgespräch initiiert. Die Leute hatten ihren Spaß – wir auch.«

Am 3. Februar 2011 folgt das Duo einer Einladung vom Lions-Club in Borken zum traditionellen Moosdinner, einer Wohltätigkeitsveranstaltung – die Anreise zahlen sie selbst. Das Thema des Abends lautet: »Fußball und Wirtschaft – zwei Seiten einer Medaille?« Im Rittersaal des Schlosses Raesfeld bleibt kein Platz an den 13 Tischen frei. Serviert wird »Moos«, Grünkohl mit Pinkel, einer Mettwurst.

Hansch erinnert sich an den Abend, der sehr traurig für ihn und seinen Kumpel enden sollte: »Ich bemerkte, wie unkonzentriert, teils fahrig Rudi wirkte. Seine Antworten waren manchmal bloßes Bestätigen meiner Aussagen. Er nickte einfach. Ich war mir nicht sicher, ob er mir überhaupt zugehört hatte. Auf die Frage, ob die Preisspirale in Sachen Gehältern und Ablösesummen im Profifußball eigentlich unendlich sei, antwortete er eher teilnahmslos: ›Ja, die Schraube ist im Moment unendlich. Wenn ich sehe, wie viel Geld hin und hergeschoben wird, da hat sich manches geändert.‹ Ich versuchte, die Situation zu retten. Machte einen Witz, riss die Gesprächsführung an mich. Denn ich hatte schon so eine Ahnung, dass etwas nicht stimmte mit ihm. Er konnte sich an immer weniger erinnern, vergaß Namen, Daten, Anekdoten.«

Als sie nach Hause fahren, schweigen sie im Auto. Es liegt etwas Unausgesprochenes in der Luft. In der Einfahrt vor Assauers Haus in Gelsenkirchen angekommen, fasst sich Hansch schließlich ein Herz. Der Journalist erzählt: »Ich holte tief Luft und sagte zu ihm: ›Rudi, darf ich dich als Freund etwas fragen? Mit dir stimmt doch etwas nicht. Was ist los?‹ Er schaute mich regungslos an und antwortete: ›Komm mit rein.‹ Drinnen weinte er dann plötzlich los. Es brach richtig aus ihm heraus, ein Heulanfall. Ich erschrak, hatte Gänsehaut. Mir wurde heiß und kalt. Rudi öffnete sich mir gegenüber, er jammerte: ›Ich versuche doch alles. Ich mache Kreuzworträtsel, all das! Aber ich kriege vieles nicht mehr auf die Reihe. Mein Kopf lässt mich im Stich.‹ Er erzählte mir von seiner Mutter, die an Alzheimer litt, von seinem 13 Jahre älteren Bruder Lothar, der wegen schwerer Altersdemenz in einem Pflegeheim betreut werden muss.«

»Meine Mutter Elisabeth war eine tolle Frau. Und hatte es nicht verdient, ihre letzten Jahre mit dieser Krankheit kämpfen zu müssen. Daher wollte ich sie nicht mehr sehen in ihrem Zustand, das habe ich nicht verkraftet. Und jetzt mit Lothar ist das ähnlich. Ihm geht es noch schlechter als mir. Ganz, ganz dreckig. Aber da ins Pflegeheim hinzugehen und ihn da liegen zu sehen – das halte ich nicht aus, das stehe ich nicht durch.«

Sein Bruder Lothar, als Kind für den kleinen Rudi ein Vaterersatz, baute über die Jahre mehr und mehr ab. Zu Hause bekam er Aggressionsattacken. Seine Frau konnte sich schließlich nicht mehr kümmern, daher wurde er abgeholt und kam 2006 in stationäre Behandlung. Er lebt im Pflegeheim, mittlerweile Pflegestufe drei, direkt neben der Memory Clinic in Essen. Sein Zustand hat sich weiter verschlechtert. Auch wenn er nicht wie andere Demenzkranke im fortgeschrittenen Stadium nur noch apathisch im Bett liegt. Lothar ist ansprechbar, doch eine vernünftige Konversation ist mit ihm nicht zu führen. Für Assauer ein Grauen.

»Mit Lothar wurde es tragischer und tragischer. Mein Bruder wurde aggressiv, lief nachts aus der Klinik. Er weinte, sagte immer, er wolle nach Hause, nach Herten. Er tut mir schrecklich leid. Aber ich kann ihn nicht besuchen, das schaffe ich nicht. Ich will nicht zu ihm, auch wenn es das letzte Mal sein könnte. Ich möchte Lothar anders in Erinnerung behalten. Und außerdem: Ich will nicht mein eigenes Siechtum sehen, meinen eigenen Untergang. Ich wollte doch nie etwas mit dieser Krankheit zu tun haben.«

Dass Alzheimer erblich ist, konnte die Forschung bis heute nicht beweisen. Es gibt allerdings eine genetische Komponente in der Verursachung der Krankheit. Bei rund fünf bis zehn Prozent der Betroffenen ist eine familiäre Häufung gegeben.

Für Karin, Assauers Zwillingsschwester, eine unerträgliche Situation. Sie hat zwei Brüder, und beide leiden an Alzheimer. Sie besucht Lothar Assauer regelmäßig. »Es ist ein Drama. Es geht ihm nicht gut, er verfällt. Kann sich nicht mehr allein waschen, muss gefüttert werden. Das ist alles so traurig. Aber Rudi soll ihn jetzt mit seiner Krankheit nicht besuchen, das hat keinen Zweck. Dass es ihn nun auch erwischt hat, ist tragisch. Ich kann mit ihm nicht über seine Krankheit sprechen. Das packe ich nicht. Erst Lothar, nun Rudi. Schrecklich ist das.«

Seine ganze Karriere über hatte es Assauer mit Ärzten zu tun. Als Profi bei Borussia Dortmund hatte er sich einmal den Kiefer gebrochen, musste tagelang von seiner Mutter gefüttert werden. Doch schwerere Verletzungen blieben ihm erspart.

»Ich hasse Krankenhäuser. Für so was bin ich nicht gemacht. Schon den Geruch kann ich nicht ab – fürchterlich. Für mich war das immer ganz schlimm, jemanden dort zu besuchen. Ich habe mich immer möglichst geschickt davor gedrückt, irgendwelche Termine vorgeschoben. Klar, wenn es um die Familie ging oder eigene Spieler, dann ging es ja nicht anders. Schnell rein – und schnellstmöglich wieder raus. Irgendetwas in mir hat sich gesträubt. Und das nicht nur, weil ich da keine Zigarre paffen konnte – nur in diesen speziellen Räumen für Raucher, wo manche so stark gehustet haben, dass es mir ganz vergangen ist. Ach, wenn ich allein an einen Besuch im Krankenhaus gedacht habe, hat sich mir schon der Magen umgedreht. Manchmal hatte ich das Gefühl, mir geht es als Besucher schlechter als demjenigen, den ich besucht habe. Anmerken lassen konnte und wollte ich mir das natürlich nicht.«

Wie im Frühjahr 2011 seine Demenzerkrankung. Im März findet in der Veltins-Arena, in seinem Stadion, eine Veranstaltung statt, für die Rudi &

Werner gebucht werden. Eine Immobilienfirma hat das Duo Assauer und Hansch eingeladen, und 130 erwartungsfrohe Leute sind gekommen.

»Schon auf der Autofahrt zum Stadion sagte Rudi zu mir, dass er nicht gut drauf sei«, erinnert sich Werner Hansch und erzählt von jenem Abend: »Der Saal, in dem die kleine Talkrunde stattfand, hieß Schalker Markt. Noch bevor es losging, beobachtete ich, wie Rudi zu der Glasfront am Ende des Saales ging, durch die man in die Arena hinein-, auf die Ränge und auf den Rasen blicken kann. Er stand da und blickte in sein Stadion. Regungslos, teilnahmslos. Ohne Emotion. Als wäre der Körper nur eine Hülle. Dieses Bild blieb in mir hängen. Später haben wir eine Stunde die Leute unterhalten, er war wirklich nicht gut drauf. Ich musste ihm helfen, oft einspringen. Mehrmals verstand er die Fragen nicht, auch akustisch nicht. Das ist zum Teil bedingt durch eine Innenohrtaubheit auf beiden Ohren. Er gab Antworten auf Fragen, die so gar nicht gestellt worden waren. Meine Rolle war die eines Bodyguards, um ihn vor Peinlichkeiten zu bewahren. Es war unsere letzte Sitzung dieser Art. Es ging einfach nicht mehr. Die Krankheit hatte bereits zu sehr Besitz von ihm ergriffen.«

Das Absterben der Nervenzellen im Gehirn ist die Ursache jeder Demenz. Zu Beginn der Erkrankung merken die Betroffenen oft recht genau, dass etwas mit ihnen nicht stimmt und dass ihnen Fähigkeiten abhandenkommen, die man von ihnen erwartet. Das ist ihnen natürlich äußerst unangenehm und peinlich. Daher versuchen sie, ihre Einschränkungen zu verbergen, mal geschickter, mal ungeschickter.

»Man will es nicht wahrhaben. Und dann sich und den anderen etwas vorspielen. Um alles in der Welt versucht man, dem Gegenüber zu zeigen: War nur ein Aussetzer, ist doch alles in Ordnung. Ich habe einfach noch mal nachgefragt oder so getan, als hätte ich es akustisch nicht verstanden. Zeit gewinnen im Gespräch war das A und O. Immer mit der Angst, dein Gesprächspartner merkt was. Auch wenn es eine Krankheit ist, für die man nichts kann – es ist einem oberpeinlich.«

Zu Beginn der Demenz schwindet nur das Kurzzeitgedächtnis. Der Betreffende kann dann nicht mehr korrekt angeben, was er wenige Stunden zuvor beim Frühstück gegessen hat, kann aber noch recht genau Szenen der Vergangenheit, etwa bestimmte Erlebnisse aus der Jugend, schildern. Im weiteren Verlauf der Krankheit lässt dann auch das Langzeitgedächtnis immer mehr nach. Der Mensch verliert so allmählich seine Vergangenheit. Weil das, was zuletzt gelernt wurde, am geringsten im Gedächtnis verankert ist, wird es als Erstes vergessen. Das Gehirn räumt rückwärts auf, daher bleiben die Kindheitserinnerungen am längsten haften. Man erinnert sich eher an Gerüche, an Melodien, an bestimmte Orte. Demenzkranke Menschen reagieren auf Musik wie kleine Kinder, sie singen gerne, wollen tanzen.

Ausflüge ins Musical oder Theater hätte Rudi Assauer früher gegen jedes mittelmäßige Drittligaspiel eingetauscht, manche Veranstaltung war nur ein Pflichttermin. Heute hat er dagegen Spaß daran. Er geht mit, singt mit. Es sind kurze Momente der Ablenkung, der Leichtigkeit. Es sind die Momente, die er gemeinsam mit seiner Frau Britta genießen konnte. Denn die Stimmungsschwankungen Assauers bis hin zur Depression bekommen die Ärzte erst durch eine medikamentöse Behandlung in den Griff.

»Erst nach den ganzen Untersuchungen ist mir bewusst geworden, um was es da geht und was in Sachen Medikamenten in den nächsten Jahren auf mich zukommt. Ich hab doch sonst nur mal 'ne Aspirin genommen oder 'ne Magentablette, wenn's ein Problem gab. Und plötzlich merkst du: Ja, du bist krank. Du musst diese verdammten Tabletten nehmen, täglich. Es werden immer mehr. Gegen den Verfall. Für die Birne. Sie reden mir ein: Nimm das, es hilft. Ich weiß es nicht. Ich kann nur hoffen. Ich kann nur daran glauben, dass es so ist. Abhängig zu sein von so ein paar bunten Pillen ist schrecklich. Das ist ja ein richtiger Cocktail – morgens, abends. Es soll Routine werden wie Zähneputzen. Nur der Beigeschmack ist übler. Und vergessen darf man es nicht. Wie pervers! Ich darf nicht vergessen, meine Tabletten gegen das Vergessen zu nehmen. Da wirst du ganz kirre im Kopf.«

Assauer bekommt Antidepressiva, Mittel gegen die Aggressionsschübe, Tabletten, die den natürlichen Schlafrhythmus unterstützen, und Aufbaupräparate für die Leistung des Gehirns. Die beiden erstgenannten Mittel sind notwendig, da Patienten wie Assauer in bestimmten Momenten zornig werden, unbegründet böse. Selbst gegenüber den Leuten, die sich um sie kümmern. Dazu können mitunter sehr abrupte Stimmungswechsel ohne ersichtlichen Grund kommen. Man spricht dabei von einer psychischen Labilität. Eine Folge der Demenz kann bei manchen Patienten auch die extrem misstrauische Haltung gegenüber ihrer Umgebung sein. Was auf Assauer nicht zutrifft. Im Gegenteil. »Mein Vater war früher gefühlsfeige, ist Konflikten generell gerne aus dem Weg gegangen«, beschreibt ihn Tochter Bettina, »er war immer hart zu sich, seinen Mitmenschen, seiner Familie. Knallhart im Job, zielstrebig, diszipliniert. Nun, durch die Krankheit, hat er sich geöffnet. Er sorgt sich, ist feinfühliger geworden.«

Die Sorgen sind eine Ausprägung der Unruhe, die quälend intensiv wird bei Alzheimerpatienten. »Mein Vater kann nicht mehr lange allein sein, nur ganz kurz. Aber dann fängt er an, mich zu suchen«, erzählt seine Tochter. Viele Patienten scheinen tagsüber ununterbrochen in Bewegung zu sein. Der Grund: Das Zeitgefühl ist nicht mehr intakt, der Tag-und-Nacht-Rhythmus ist völlig gestört. Der Erkrankte kann oft nicht ruhig sitzen, die innere Unruhe macht ihn zum Tiger im Käfig. Hin und her, von Zimmer zu Zimmer, rauf und runter, von Stockwerk zu Stockwerk. Kümmert sich Tochter Bettina, muss sie immer mal wieder schauen, wo ihr Vater gerade ist, was er macht.

Ärzte sagen, dass Alzheimerpatienten in solchen rastlosen Momenten auf der Suche sind nach der Erinnerung. Kilometer für Kilometer – ins Nichts. Im weiteren Verlauf der Demenz verliert der Kranke jede Beziehung zu Raum und Zeit. Viele wandern ohne Orientierung in der Nacht umher. Assauer auch. Bevor er Mittel zur Unterstützung des natürlichen Schlafrhythmus bekam, wurde er oft nachts wach, redete unzusammenhängendes Zeug, wollte – den längst verstorbenen – Stan Libuda suchen oder zog sich plötzlich an. Einmal setzte er sich sogar ins Auto und fuhr davon. Mitten in der Nacht wollte er ins Büro.

»*Ich bekomme davon nichts mit. Wenn meine Angehörigen mir am nächsten Morgen erzählen, ich habe dies und das gemacht, dann sage ich: ›Seid ihr bekloppt? Was soll denn da gewesen sein? Da war nichts!‹ Ich bin dann fest davon überzeugt, dass das nicht stimmt, was sie mir sagen. Aber mittlerweile denke ich, dass es wohl doch so passiert ist. Das fühlt sich an, als wäre ich auf dem falschen Planeten unterwegs.*«

Auch vor der Bewegungssteuerung macht der Hirnabbau nicht halt. Komplizierte Bewegungsabläufe gelingen daher nicht mehr, und technische Geräte wie Handys zum Beispiel bereiten zunehmend Probleme.

»*Ich war einer der Letzten in der Branche, der sich überhaupt auf so ein Dingens eingelassen hat. Mein Credo war immer: Wer mich sprechen will, weiß, wo er mich erreichen kann. Dafür gibt es doch eine Büronummer. Aber irgendwann ging es eben nicht mehr ohne.*«

Und jetzt nicht mehr mit. Die Familie hat ihm sein Mobiltelefon abgenommen, denn er hat sich zu oft vertippt oder nachts aus Versehen irgendwelche Leute angerufen. Zunächst hatte ihm seine Familie nur das Register mit den gespeicherten Nummern gelöscht. Das Handy, früher sein wichtigstes Arbeitsmittel als Manager, wird plötzlich zum ungenutzten, toten Instrument – als wäre es ein Symbol der Krankheit.
Autofahren? Funktioniert nicht mehr. Die Motorik, jahrzehntelang selbstverständliche Routine, sie will einfach nicht mehr. Es ist daher zu gefährlich geworden. Einmal blieb er in Gelsenkirchen mit seinem Wagen mitten auf der Straße stehen, weil er falsch getankt hatte. Hatte einfach nicht mehr gewusst: Super? Benzin oder Diesel? Für die Familie ein Alarmsignal. Rudi Assauer ist von da an nur noch Beifahrer.

Durch die medikamentöse Behandlung, die liebevolle Betreuung und die Therapie in der Memory Clinic in Essen soll das Fortschreiten der Demenz bei Assauer gestoppt beziehungsweise verzögert werden. Allerdings gibt es trotz intensiver Forschung bis heute keinen Durchbruch für einen Weg, die Krankheit zu heilen.

»Ja, es gibt Tage, da habe ich das Gefühl, es hat sich nichts Großartiges geändert. Da ist es nicht schlechter geworden, das ist schon mal positiv. Es könnte schlimmer sein, denke ich mir dann. Wenn ich tagsüber viel unterwegs bin und Termine habe, sitze ich abends zu Hause und rekapituliere: Du hast das und das gemacht. Es gibt aber auch andere, schlechte Tage, da kriege ich nichts auf die Reihe und denke mir nur: So 'ne Scheiße!«

Der Schritt, mit dem Eingeständnis der Krankheit an die Öffentlichkeit zu gehen, ist wohlüberlegt, der Entschluss dazu seit Längerem gereift.

»Man sollte das Kind beim Namen nennen. Zack, bumm. Das soll hiermit geschehen, dann wissen es alle und müssen nicht mehr hinter meinem Rücken tuscheln. Also offenes Visier: Hier bin ich, das ist mein Problem. Ich muss ja damit leben, das Beste draus machen. Nicht schön. Aber anderen geht es noch schlechter, mir wird geholfen. Wenigstens wissen die Leute nun auch ein für alle Mal, dass ich keinen Alkohol mehr trinke. Nur meine Zigarren, auf die verzichte ich nicht.«

»Stumpen-Rudi« war über Jahre sein Spitzname zu Schalker Zeiten. Und eine dicke Zigarre gehörte einfach zum Bild, das man von Rudi Assauer hatte. Ohne Zigarre kein Rudi Assauer. Und Assauer gab's nicht ohne Zigarre. Im September 2007 wurde Assauer in der Davidoff-Lounge der Münchner Allianz Arena sogar zum Botschafter des kultivierten Rauchgenusses ernannt. Davidoff-Boss Reto Cina überreichte dem Zigarrenliebhaber dabei ein Kistchen mit der Sorte Grand Cru Nr. 3. Auf der Banderole jeder einzelnen Zigarre ist sein Name eingraviert. Die Firma hält bis heute das

Versprechen, ihn ein Leben lang kostenlos mit seinen Lieblingszigarren zu beliefern. Jedes Mal, wenn Frau Söldner sich meldet, sind schon bald drei oder vier Packungen mit jeweils 20 Zigarren auf dem Weg. Jede davon hat einen Wert von 27 Euro.

»So zwei bis drei paffe ich noch pro Tag, manchmal mehr. Ich habe nie in meinem Leben eine Zigarette geraucht. Angeboten wurden mir in der Jugend sicher welche, vielleicht hab ich auch mal dran gezogen, aber das Ding dann schnell weggeworfen. Ich hatte keinen Spaß am Rauchen, weil ich ein Fußballer durch und durch war. Für mich gab's nichts anderes.
Vor allem bei meinen Töchtern fand ich das Rauchen an sich ganz schlimm. Bei mir hat sich das gedreht, als ich 42 Jahre alt war. Da hat mir in Bremen jemand nach einem Abendessen ein Zigarillo rübergeschoben. Ich hab es mir angesteckt und dann etwa ein halbes Jahr hin und wieder Zigarillos gepafft. Meine damalige Lebensgefährtin schenkte mir dann Mitte der 80er-Jahre zu Weihnachten Utensilien fürs Pfeiferauchen, mit Tabak und Reinigungsset. Später habe ich mit Schalkes Präsident Fenne oder dann gemeinsam mit Eichberg, dem Sonnenkönig, Pfeife geraucht. Eines Tages war mir das zu blöd, immer mit einem Handtäschchen rumzulaufen, in dem ich das ganze Zeugs mitgeschleppt habe. Ich bin dann in einen Tabakladen und habe mich beraten lassen. Der Besitzer empfahl mir, mal Zigarren zu probieren.«

Auf Schalke sagten die Spieler immer, man habe Assauer schon am Geruch erkannt. Erst hatte man ein paar Wölkchen Rauch in der Nase, und dann bog er um die Ecke. Die Zigarre nahm der Manager selbst bei Spielen nicht aus dem Mund. Einmal stürmte er bei einer Rangelei in einer Partie gegen Bayer Leverkusen auf den Platz, um zu schlichten – natürlich mit dem Zigarrenstumpen zwischen den Fingern. Die Zigarre war Pflicht, beinahe immer und überall.

»Beim Paffen kamen mir immer die besten Gedanken. Ob in der Sauna oder früher nach dem Essen mit einem schönen Wein. Da hab ich dann auch mal

ein Gläschen zu viel gehabt, ich weiß. Aber die Zeiten sind vorbei. Zigarre und Cola light – etwa beim Fußballschauen eine herrliche Kombination. Allein schon, um sich bei spannenden Spielen zu entspannen. Ich qualme meine Zigarren nur, ziehe sie nicht durch die Lunge. Für mich ist Rauchen auch optischer Genuss. Es ist einfach ein schönes Bild, wenn sich der Rauch so langsam nach oben kringelt. Ein sinnlicher Moment. Ich schaue dem Rauch manchmal nach – das beruhigt mich.«

Diese Freude, obwohl zugleich ein Laster, will Rudi Assauer niemand nehmen.

2. Mein Ende bei Schalke

» Gekündigt an der Haustür«

»Dieses Warten machte mich verrückt. Was war denn nun Sache? Wo blieb denn dieser Anwalt? Ich zündete mir eine meiner Davidoff-Zigarren an und saß Däumchen drehend bei mir zu Hause im Wohnzimmer. Es war der Tag, an dem über mich entschieden wurde. Der Schalker Aufsichtsrat mit dem Vorsitzenden Clemens Tönnies tagte an diesem Dienstagabend im Privathaus seiner Fleischfabrik in Rheda-Wiedenbrück. Sein oder Nichtsein – mit oder ohne den Assauer weitermachen, das war die Frage. Im Laufe des Abends bekam ich per Anruf die Info, dass Rechtsanwalt Theo Paeffgen mir das Ergebnis nach Sitzungsende übermitteln werde. So, und nun hockte ich da.«

Rudi Assauer ruft seinen Anwalt Fred Fiestelmann an, dem er seit Langem seine Angelegenheiten anvertraut. Dieser eilt sofort zu seinem Mandanten in die Wohnung in Gelsenkirchen. Nun warten sie gemeinsam. Doch der von Schalke auserwählte Anwalt kommt nicht. Nichts passiert, eine quälend lange Zeit vergeht. Assauer ruft Paeffgen wiederholt an, will wissen, wo er denn bleibt. Dieser ziert sich, druckst herum. Erst auf massives Drängen von Assauer ist er letztlich bereit, doch noch vorbeizukommen.

»Es war schon spät, kurz nach Mitternacht. Plötzlich klingelte es an der Tür. Ich öffnete. Theo Paeffgen, der von Schalke geschickte Anwalt, schaute etwas unsicher drein, sagte mit leicht zittriger Stimme, dass er mir eine Nachricht überbringen müsse. Der Aufsichtsrat ließ ausrichten, dass meine Zeit auf Schalke abgelaufen sei. Die Entscheidung gegen mich war nach fünf Stunden einstimmig gefallen, erklärte mir der Bote. Gemäß der Satzung wurde ich zu einer außerordentlichen Sitzung am darauffolgenden Samstag eingeladen. Der einzige Tagesordnungspunkt: meine Abberufung. Dort sollte ich mich präsentieren. Das sei meine einzige Chance, sagte dieser Paeffgen, mich vor

dem Gremium zu rechtfertigen. Mit anderen Worten: Es war ein angekün-
digter Rauswurf. >Können Sie knicken<, entgegnete ich ihm. Danke schön.
Wiedersehen. Tür zu.«

Der 17. Mai 2006 ist eine der Zäsuren im Leben des Rudi Assauer. Schluss.
Aus. Vorbei. Auch wenn die formale Trennung damit noch nicht endgül-
tig besiegelt ist, bedeutet diese Nachricht: Assauer, damals 62 Jahre alt und
Manager und Vorstandsmitglied, sowie der FC Schalke gehen von diesem
Zeitpunkt an getrennte Wege. Seit April 1993 war er der Macher beim
Traditionsklub, hatte den Verein vor dem Lizenzentzug bewahrt und aus
der Schuldenfalle herausgeführt. In seiner Ära gewann Schalke mit dem
UEFA-Cup 1997 den ersten europäischen Titel überhaupt, zugleich der
größte Triumph der Vereinsgeschichte. 2001 und 2002 holten die Königsblauen als Zugabe den DFB-Pokal. Alle diese Titel sicherte Trainer Huub
Stevens, eine Entdeckung Assauers. Des Managers größte Tat: Er setzte in
den 90er-Jahren gegen alle Widerstände den Bau einer Mehrzweckarena,
des damals modernsten Stadions Europas, durch. 2001 feierte man die Eröffnung der Arena AufSchalke. Ein Meilenstein modernster Technik, ein
Vergnügungstempel. Für manch andere wäre all das genügend Stoff für eine
ganze Karriere, für Assauer ist es lediglich die zweite Ära als Schalke-Manager. Zu diesen 13 Jahren kommen noch die fünfeinhalb Jahre von Mai 1981
bis Dezember 1986, die von Auf- und Abstiegen sowie Schuldenkrisen ge-
kennzeichnet waren. Alles in allem: ein Lebenswerk. Mit einem unschönen,
abrupten Ende. Der 17. Mai 2006 war sein letzter Arbeitstag auf Schalke.
Assauer setzt sich erst mal, muss sacken lassen, was er gerade erfahren hat.
Eine Vorladung zur Sitzung, auf der ihm die Entlassung mitgeteilt wird –
überbracht mitten in der Nacht. Einfach so, an der Tür. Nicht von Tönnies
selbst oder einem Mitglied des Aufsichtsrats, sondern von einem Anwalt.
Assauer ist empört. Doch was tun?

»Am liebsten hätte ich zu dem armen Kerl an der Tür gesagt: >Fahren Sie
wieder zurück, und sagen Sie denen, die sollen mich alle am Arsch lecken.

Die haben wohl nicht mehr alle Tassen im Schrank. Richten Sie dem Metz-germeister Tönnies aus, er ist nicht mehr ganz frisch in der Birne.‹ Habe ich natürlich nicht so gesagt. Dafür war ich zu geschockt, zu perplex. Denn damit hatte ich nicht gerechnet. Ich habe ihm nur mit auf den Weg gegeben: ›Dann macht euren Schitt eben allein.‹

Nun musste ich mit meinem Anwalt die nächsten Schritte besprechen, die Verträge durchgehen. Bis zum frühen Morgen saß ich mit Fiestelmann zu-sammen, dann haben wir entschieden: Ich trete am nächsten Tag zurück, um dem Verein weitere Zerreißproben zu ersparen. So entging ich der Vorladung und kam mit dem Rücktritt meiner Entlassung zuvor. Außerdem geht es ja um eine hübsche finanzielle Summe, wenn man so einen Auflösungsvertrag aushandelt, um Prämien und all die Nebengeräusche. Mir sollte kein großer wirtschaftlicher Schaden entstehen, mein Vertrag lief ja noch bis Ende September 2008.«

Am nächsten Morgen macht Assauer ganz professionell seinen Job. Es gibt einen Termin. Gemeinsam mit Tönnies führt er Gespräche mit Vertretern von Gazprom, dem weltweit größten Erdgasförderunternehmen aus Russ-land, das daran interessiert ist, als Hauptsponsor bei Schalke einzusteigen. So kommt es später auch, seit 1. Januar 2007 läuft der Sponsorvertrag zwi-schen Schalke und Gazprom. Direkt im Anschluss wird auf Initiative As-sauers der Schlussstrich seiner Tätigkeit fixiert.

Der FC Schalke veröffentlicht daraufhin eine Presseerklärung mit folgen-dem Text: »Rudi Assauer, Manager und Vorstandsmitglied des FC Schalke 04, hat mit Wirkung vom heutigen Tag seine Ämter zur Verfügung gestellt. Ein Auflösungsvertrag wurde unterzeichnet, in dem eine einvernehmliche Regelung über die Beendigung des Beschäftigungsverhältnisses getroffen worden ist. Dies war das Ergebnis eines Gesprächs, das der Aufsichtsrats-vorsitzende Clemens Tönnies ebenfalls heute mit Assauer führte.«

Die außerordentliche Sitzung, ein Schauspiel, das Assauer ohnehin als un-würdig erachtet, ist damit hinfällig. Auf ein offizielles Abschiedsspiel, ange-boten vom Verein und als Benefizaktion deklariert, verzichtet er.

Clemens Tönnies, seit 1994 im Aufsichtsrat und seit 2001 Vorsitzender dieses Gremiums, gibt gegenüber den Medien folgendes Statement ab: »Rudi Assauers Schritt verdient allerhöchsten Respekt. Zuletzt bei unserer gestrigen Aufsichtsratssitzung hat sich eine deutliche Stimmung gegen ihn aufgebaut. Der FC Schalke ist Assauer zu größtem Dank verpflichtet. Er war viele Jahre lang das Gesicht unseres Vereins, eine Galionsfigur. Was hier seit seinem Dienstantritt vor 13 Jahren entstanden ist, trägt seine Handschrift. Seine Verdienste für Schalke stellen ihn auf eine Stufe mit den großen Persönlichkeiten der Vereinsgeschichte. Ich sage aus ehrlicher Verbundenheit und Freundschaft zu Rudi, dass mir diese Entwicklung unendlich leidtut. Denn wir waren als Team sehr erfolgreich.«

Von »Alkoholproblemen« bei Assauer spricht Tönnies dann in den darauffolgenden Tagen in einigen Interviews, beweisen kann er seine Anschuldigungen allerdings nicht.

Der mit Rechtsanwalt Fiestelmann abgestimmte Wortlaut von Assauers Erklärung zu seinem Rücktritt liest sich so: »Ich habe leider keine Basis mehr für eine weitere Zusammenarbeit mit dem Aufsichtsrat gesehen, zumal ich eine für mich ungute Entwicklung spürte. Wie sich jeder denken kann, ist mir die Entscheidung sehr, sehr schwergefallen. Schalke war mein Lebensinhalt. Dieses Buch habe ich nun zugeschlagen. Es war eine einzigartige Zeit, in der wir Großes aufgebaut haben. Dem Verein werde ich jedoch immer verbunden bleiben.«

Nach der Bekanntgabe des Rücktritts bricht die Internetseite des Vereins zusammen. Assauer hätte am liebsten seiner Wut ganz anders Luft gemacht.

»Am Tag nach dem nächtlichen Besuch habe ich gesagt, wenn ich bei dieser Vorladung gewisse Jungs vom Aufsichtsrat sehe, raste ich aus. Das will ich denen und mir lieber ersparen. So eine Anhörung wollte ich mir nicht antun. Also haben wir in aller Freundschaft – wie nett das dann immer klingt – meinen Vertrag aufgelöst. Du musst einfach cool bleiben, wenn einige im Blutrausch sind. Das Leben geht ja weiter. Ich habe mal gedacht, an Schalke könnte ich nie die Lust verlieren. Aber damals ist im Vorfeld so viel geschehen, dass

ich mir schon vor der Ankündigung zur Abberufung überlegt hatte, ob das alles überhaupt noch Sinn macht.«

Nur zwei Wochen vor seinem Rücktritt sprach Assauer in einem Interview mit *Der Zeit* über eine gewisse Jobmüdigkeit.

»Was meinen Sie, wie viele Leute immer an meinem Stuhl kratzen und machen und tun, um meine Position einzunehmen? Das können Sie sich gar nicht vorstellen. Ob es alte Kumpels sind oder nicht – sie kratzen. Ich bin noch so klar in der Birne, dass ich frühzeitig weiß, wann der Tag gekommen ist, an dem ich aufhöre. Ich sage mir manchmal: Assi, du hast genug gearbeitet, jetzt lässt du alles los, und das machen jetzt die anderen.«

In den Tagen vor der Abstimmung gegen ihn gerät Assauer in die Kritik, als das Nachrichtenmagazin *Focus* über finanzielle Probleme bei Schalke berichtet. Es wird behauptet, Schalke befinde sich aufgrund von rund 120 Millionen Euro an Verbindlichkeiten am Rande der Zahlungsunfähigkeit und halte sich nur durch Privatkredite von Mitgliedern des Vorstands und des Aufsichtsrats in Höhe von etwa acht Millionen Euro über Wasser.

»Man verdächtigte mich, interne Informationen an die Presse herausgegeben zu haben. Das habe ich nicht getan. Ich war nicht der Maulwurf, für den ich damals gehalten wurde. Wer mich kennt, der weiß, dass ich mich niemals für solche Dinge hergeben würde. Der Reporter kannte die Fakten, hatte sie – woher auch immer – vorliegen. Ich habe sie ihm nur bestätigt. Mehr nicht. Tönnies sprach schnell von einem Vertrauensbruch, die übrigen Mitglieder des Vorstands konnte ich jedoch von meiner Version überzeugen und den Verdacht ausräumen.«

Tönnies begründet die Entscheidung gegen Assauer damit, dass »wir mit ihm wiederholt Vereinbarungen getroffen haben, an die er sich nicht gehalten hat«. Und weiter: »Wir brauchen Ruhe im Verein, bis in die Mannschaft. Der Verein hat gelitten, und das geht nicht. Es hat sich eine deutliche Stimmung gegen ihn aufgebaut.« Der Geschasste wurde daraufhin zur Persona non grata erklärt. Ein Transparent mit einem Abschiedsgruß der Mitarbeiter lässt man sogar wieder entfernen. Mit Rudi Assauer verliert der Verein einen Charakterkopf – und Schalke sein Gesicht.

Die Entlassung kränkt Assauer. Vor allem weil er die Vorstandskollegen um Präsident Gerhard Rehberg, Finanzchef Gerd Schnusenberg, Teammanager Andreas Müller und Geschäftsführer Peter Peters zuvor von seiner Unschuld überzeugen konnte. Sie halten zu ihm, der Aufsichtsrat dagegen senkt geschlossen den Daumen. Nach der Entlassung bleibt Assauer nicht allein. In den nächsten Tagen ist sein Haus fast immer voll. Familienangehörige kommen, Freunde stehen ihm bei. Auch einige Spieler, manche bereits Exprofis, schauen vorbei und trösten ihn. Am Abend seines Rücktritts taucht Müller mit den Spielern Ebbe Sand und Frank Rost auf, man umarmt sich und weint ein wenig. Geteiltes Leid ist halbes Leid.

Gemeinsam arbeitet er mit seinen Besuchern die Vorgeschichte auf. Bereits im Januar hatte Tönnies durchgesetzt, dass das Aufgabengebiet des Managers beschnitten wurde. Assauer musste sportliche Kompetenzen an seinen designierten Nachfolger und Teammanager Müller abtreten und sollte am 1. August 2006 das Amt des Präsidenten und Vorstandsvorsitzenden Rehberg übernehmen, der mit 70 Jahren freiwillig zurücktrat. »Das Amt des Präsidenten ist klar definiert. Es umfasst natürlich Repräsentationsaufgaben und die Pflege der Sponsoren. Außerdem ist Rudi als Ratgeber von Andreas Müller gefragt«, betont Tönnies damals.

»Für mich war es ein klares Beschneiden meines Kompetenzbereiches. Daran hatte ich erst mal zu knabbern. Ein Ehrenpräsident, also ein Frühstücksdirektor, wollte ich nie werden, nicht nur repräsentative Aufgaben übernehmen, hier und da den Grüß-Gott-Onkel spielen. Die Ehrenpräsidenten sind doch die, die meist schon in der Kuhle liegen. In der Regel fühlte ich mich immer für alles zuständig. Denn: Wenn bei Schalke etwas schieflief – wer bekam dann in der Öffentlichkeit was auf die Schnauze? Der Assi. Das Duo Assauer und

Schalke – das funktionierte nur ganz oder gar nicht. Ich wollte weiter Entscheidungen treffen, ein Macher sein.«

Damals klingt seine Vorstellung vom neuen Amt noch ganz anders, als er es später versteht. Doch er spürt auch bereits Abnutzungserscheinungen, den körperlichen Verschleiß.

»Die Satzung weist aus, dass ich als Präsident der mächtigste Mann auf Schalke bin. Und als Präsident werde ich mich nicht darauf beschränken, Grab- und Geburtstagsreden zu halten. Ich will weiter meine Meinung zu sportlichen Entscheidungen äußern. Darin stimme ich mit den Gremien überein. Der Andy soll sich um den Fußball kümmern, okay, aber unsere 20 Großsponsoren, die ich hier reingeholt habe, wollen mich auch weiterhin sehen. Ich bin mit den Topleuten dieser Firmen seit Jahren befreundet. Ich bin hier der Türöffner. Deswegen gerate ich in eine beschissene Situation: Wenn ich das mit den Sponsoren alles weitermachen würde, hätte ich als Präsident ja nichts für mich gewonnen, hätte weiterhin fast keinen Urlaub. Ich spüre ja jetzt schon, dass mein Körper leerer wird. Nach so vielen Jahren im Verein merke ich das plötzlich. Wenn mein Vertrag 2008 ausläuft, werde ich ausscheiden. Mit dann 64 Jahren ist es an der Zeit, einen Schlussstrich zu ziehen und junge Leute an die Front zu lassen. Die Zeit, die ich mit Schalke erlebt habe, war hart, besonders am Anfang. In den ersten sieben, acht Jahren hatte ich keinen einzigen Tag Urlaub.«

Mit dem 17. Mai 2006 ist dann also für Rudi Assauer Schicht auf Schalke. Eine Entwicklung, die viele kommen sahen – er jedoch nicht. In den Jahren zuvor war es ab 2002 nur noch bergab gegangen mit seinem Verein. Keine Teilnahme an der Champions League, vier Trainerentlassungen, da die Experimente mit Frank Neubarth, Marc Wilmots, Jupp Heynckes und Ralf Rangnick nicht funktionierten, dazu kam ein kräftig angewachsener Schuldenberg. Die einzige Instanz, die ihn kontrollieren konnte, war der Aufsichtsrat. Und der segnete lange alles ab, was Assauer, der die Rolle eines Patriarchen einnahm, vorschlug. Doch schon im September 2004 bekam er von Aufsichtsratsboss Clemens Tönnies via *Süddeutsche Zeitung* eine deutliche Warnung mitgeteilt: »Herr Assauer weiß, dass er mit dem Feuer spielt. Wenn er jetzt noch mal danebengreift, kriegt er es schwer – mit dem Aufsichtsrat und mit den Vorstandskollegen, weil er immer stur seine Meinung vertreten hat.« Tönnies fügte noch hinzu: »Wir haben einen Manager, der Schalke nach außen repräsentiert, wie es ist, ein bisschen verrückt, aber liebenswert. Rudi Assauer ist in den vergangenen Jahren teamfähiger geworden, nach außen mimt er den Macho, das soll er auch. Er ist bienenfleißig und hochloyal, aber er hat es hier und da überzogen, wir sind ja nicht in einem Fürstentum.« Assauer wird damals in den Medien »Dagobert Duck« genannt, weil er in einer finanziell brenzligen Zeit Spielerkäufe tätigte. Ab 1999 wurden rund 60 Millionen Euro in neue Spieler investiert, andererseits jedoch durch Verkäufe nur zwei Millionen eingenommen. Zusätzlich zu den jährlich zehn Millionen Euro, die zur Tilgung der Kredite für den Arena-Bau verwendet wurden, waren weitere sieben Millionen pro Jahr fällig, um eine 85-Millionen-Euro-Anleihe des Londoner Finanzmaklers Stephen Schechter aus dem Herbst 2002 abzustottern. Als Sicherheit hatte Schechter unter anderem die über 24 Jahre laufende Verpfändung der Zuschauereinnahmen verlangt. Ein weiterer Malus: Die 17 Tochtergesellschaften, bei denen Assauer als Geschäftsführer fungierte, sammelten rund 17 Millionen Euro Verlust an.

»Es ist immer das alte Lied: Wenn es einem Verein dreckig geht, dann wollen sie damit alle nichts zu tun haben. Geht es einem Verein gut, dann kommen sie alle raus aus den Löchern und sagen, sie würden gerne mitmachen. Die wollen nur das, was man erreicht hat, schön weiter verwalten. Alle Pläne, die ich mit Schalke hatte, habe ich eins zu eins umgesetzt. Ob ich wohl damals zu mächtig geworden sei, wurde ich oft gefragt. Meine Antwort lautete stets: ›Nur wenn man diese Macht ausspielt, wird es gefährlich.‹«

Für Werner Hansch ist die ganze Geschichte ein zweischneidiges Schwert. »Rudi hat seine Entlassung ja immer auf Tönnies geschoben, den ›Wurst-

Heini‹, wie er ihn nannte«, erzählt er, doch der Journalist sieht auch seinen engen Freund kritisch: »Laut Tönnies aber ist Rudi letztendlich über sein eigenes Werk, über die Arena, gestolpert – so kurios und bitter das auch klingt. Alle haben ihm in der Zeit nach Fertigstellung der Arena gesagt: ›Assi, du bist der Größte! Rudi, du bist der Beste!‹ Da ist er auch meiner Meinung nach leicht abgehoben, hat den Bodenkontakt verloren, bekam zu viel Wind unter die Flügel. Er glaubte, den Status der Unverletzlichkeit erreicht zu haben. Und ein Diplomat war er ja nie. Wenn er in den Aufsichtsratssitzungen den anderen Teilnehmern – für ihn Ahnungslose – immer mal wieder über den Mund gefahren ist, hat das Spuren hinterlassen. Denen ging das gegen den Strich. Er hat sie gegen sich aufgebracht, hatte damit am Ende zu viele Gegner.«

Assauer weiß in dieser Zeit, dass Schalke seit dem finanziellen Quantensprung infolge der Arena-Eröffnung zu den wichtigsten Steuerzahlern der Stadt Gelsenkirchen zählt. Der Verein ist mit all seinen Tochtergesellschaften zu einem riesigen Konzern geworden. Schon immer wies die Stadt die höchsten Arbeitslosenraten des Ruhrgebiets auf. Ende der 90er-Jahre wurde ein CDU-Politiker zum Bürgermeister gewählt – und das in einer traditionell sozialdemokratischen Hochburg. Die gefühlte Überlegenheit seines eigenen Vereins der gesamten Stadt gegenüber drückt Assauer im August 2003 scherzhaft so aus:

»Wir sagen einfach: Schalke bewirbt sich als Partei für das Stadtparlament. Dann hauen wir sie alle weg, dann hat keiner mehr eine Chance – und wir haben alles in der Hand. Demnächst gehört uns hier die ganze Stadt. Dann bestimmen wir den Bürgermeister. Wir sagen, was gemacht wird. Und dann geht es wieder bergauf mit dieser Stadt.«

Und weiter im Text, aber nun nicht mehr im Spaß:

»Vom Zyklus her ist das natürlich falsch. Die Stadt wird immer ärmer und ärmer, und der Verein wird wohlhabender und größer. In den 60er-Jahren

musste die Stadt dem Verein das Stadion Glückauf-Kampfbahn für 850 000 DM abkaufen, damit er seine Schulden bezahlen und in der Liga bleiben konnte. Und heute müssen wir alles machen, damit die Stadt überleben kann. Ohne uns wäre hier gar nichts. Das Parkstadion, okay, aber sonst nichts.«

Teammanager Andreas Müller, nach neun Jahren im Schalker Mittelfeld im Jahr 2000 als Lehrling bei Assauer in den Bürojob gewechselt, sieht die Entwicklung mit der Anti-Assauer-Stimmung damals kommen: »Ich hatte ihn immer gewarnt: ›Pass auf, die fangen an, da läuft was gegen dich. Du musst sie ernst nehmen.‹ Aber stur, wie er war, meinte er immer nur: ›Die können mir nichts.‹ Tönnies war ein Narzisst, dem war der Rudi zu groß. Und dann folgt ein ganz entscheidender Moment: die Abstimmung des Aufsichtsrats über den neuen Vorsitzenden im November 2001. Möllemann, ein Vertrauter Assauers, verlor gegen Tönnies mit vier zu fünf Stimmen.« Es hing an genau einer Stimme. Der FDP-Politiker war seit 1983 Vereinsmitglied, dann zweimal Vorsitzender des Schalker Verwaltungs- bzw. Aufsichtsrats: von 1993 bis 1995 und von 1998 bis 2001. Die Niederlage Jürgen Möllemanns begründete die sukzessive Entfremdung Assauers von seiner Lebensaufgabe FC Schalke 04.

»Ein richtig enger Freund war Möllemann nicht, aber er hat mich respektiert. Er war einer, der immer in die Richtung gegangen ist, die er angekündigt hatte. Ich mochte seine Art. Der hat nicht herumgeeiert, sondern gesagt: Okay, wir machen das so. Wupp, durch. Nur wegen Möllemann und auch wegen Guido Westerwelle – zwei echten Persönlichkeiten – bin ich in die FDP eingetreten. Früher habe ich CDU gewählt. Als Möllemann durch den Absturz mit einem Fallschirm im Juni 2003 starb, dachte ich: Jetzt ist eine Ära zu Ende. Den haben sie in der Partei ja ziemlich in die Mangel genommen. Nee, für mich hieß es: raus aus dieser Partei, schnell raus.«

Der zweite Einschnitt für Assauer bei Schalke folgte im Sommer 2002, als sich Trainer Huub Stevens nach knapp sechs Jahren verabschiedete. Nie während seiner ersten und zweiten Ära hat der Manager Assauer mit einem Trainer enger, vertrauter und erfolgreicher zusammengearbeitet. Er selbst sagt im Rückblick:

»Huub und ich – das war ein Team. Im Pott sagt man zu solch einer Konstellation: ein Kopp und ein Arsch.«

Müller sieht in Stevens' Abschied den nächsten emotionalen Bruch Assauers mit Schalke: »Als Huub ging, war das sehr schwer zu verkraften für Rudi. Da ist in ihm etwas gestorben, als die Zusammenarbeit endete. Dem hat er lange hinterhergetrauert. Ihm war klar, dass es schwer bis unmöglich werden würde, solch eine Idealkonstellation wiederzufinden.«
Möllemanns Abstimmungsniederlage und Stevens' Abgang stellten zwei Nackenschläge für Assauer dar. Der Repräsentant der königsblauen Philosophie, der Chefverkäufer des Produktes Schalke 04, der Ideengeber, der Weg-frei-Räumer hatte damals – ohne es zu ahnen – bereits die beste Zeit hinter sich. Er sollte nun in einen Machtkampf mit Tönnies geraten und sich von außen zunehmenden Attacken ausgesetzt sehen. Immer wieder wird Assauer wegen seines angeblich zu hohen Alkoholkonsums attackiert. Im September 2005 macht Jörg Wontorra als Gastgeber der DSF-Talkrunde *Doppelpass* die Alkoholvorwürfe öffentlich. Als Assauers Wutrede nach einer 0:1-Pleite der Schalker in der Champions League beim PSV Eindhoven eingespielt wird, sagt der Moderator live auf Sendung: »Wenn man da so ein bisschen auf den Zungenschlag hört, die *Bild*-Zeitung würde da sehr doppeldeutig titeln: ›Assauer voll dabei‹. Das ist vielleicht auch noch ein ganz kleines Problem, das man besprechen sollte.« Kurz darauf lässt Wontorra in der Expertenrunde noch die Frage folgen: »Inwieweit sollte ein Manager aufpassen, dass sein Grundnahrungsmittel nicht den ganzen Tag über flüssig ist?« Ein Affront, so der Aufschrei in der Medienwelt. Die Entschuldigung des Senders und des Moderators folgt noch am selben Tag, wie Assauer bestätigt.

»*Das DSF hat sich im Laufe des Tages telefonisch und per Fax bei mir entschuldigt. Auch Wontorra hat angerufen, am Sonntagabend und am Montagvormittag. Er sagte, dass es ihm furchtbar leidtue und dass es ein Blackout gewesen sei. Damit ist die Sache für mich im Grunde erledigt. ›Ich habe vielleicht eine Scheiße gebaut‹, hat er zu mir am Telefon gesagt. ›Das glaube ich auch, dass du Scheiße gebaut hast‹, habe ich geantwortet, ›das kannst du nie wieder gutmachen. Wie kannst du so was über mich behaupten?‹ Da jammerte er: ›Assi, ich war ja so von der Rolle.‹ Darauf konterte ich: ›Vielleicht warst du die ganze Nacht unterwegs.‹ Am Ende des Gesprächs habe ich akzeptiert, dass er sich entschuldigt hat.*«

Wieso konnte Assauer Wontorra so schnell verzeihen?

»*Bei bestimmten Menschen bin ich lange nachtragend. Aber ich habe ein großes Sportlerherz. Warum soll ich einen wie Wontorra abschießen? Dann lieber nachdenken, was klüger ist. Denn da draußen gibt es viele Ratten. Viele, die versuchen, einem ans Bein zu pinkeln. Ich hätte nach diesem Vorfall mit Wontorra ja sagen können: Der fliegt raus, der Kerl. Die Leute vom Fernsehsender haben mich angerufen und gesagt: ›Herr Assauer, Sie können entscheiden. Wenn Sie sagen: weg, dann fliegt er.‹ Dann habe ich die Herren vom DSF gefragt: ›Was für Chancen hätte der noch, wenn er raus wäre?‹ Die Antwort lautete: ›Keine mehr in Deutschland.‹ Später habe ich mich über meine damalige Milde geärgert, habe durch ihn durchgeguckt, wenn wir uns getroffen haben. Eines Tages in Bremen lief er mir im Weser-Stadion über den Weg und wollte einen auf Kumpel machen. Ich sagte zu ihm: ›Freunde werden wir zwei nicht mehr. Ich habe dir damals den Arsch gerettet. Jetzt geh du deinen Weg und ich meinen.‹ Dann habe ich mich weggedreht.*«

Nach dem Rauswurf bei Schalke arbeitet Assauer als Vorstandsmitglied der GelsenTrust Beratungs- und Beteiligungsaktiengesellschaft mit Sitz in Gelsenkirchen. Die fünf Jahre zuvor gegründete Aktiengesellschaft übernimmt klassische Beratungstätigkeiten bei Finanzierungen und Börsengängen. Als

Kleinunternehmer unter dem Namen »Assauer-Sportmanagement« verschreibt er sich der Beratung junger Fußballer, hilft Talenten bei ihrem Karriereweg. Endlich kann er sich seine Zeit selbst einteilen.

»14 Stunden tägliche Maloche wie zuvor – das wollte ich mir nicht mehr antun. Nun wollte ich jungen Spielern dabei helfen, Profi zu werden. Wichtig ist, dass ihnen einer sagt, wo es langgeht. Oft sind es auch die Eltern, die rumspinnen. Zudem gibt es viele Berater, die nur auf das schnelle Geld fokussiert sind. Ich habe zum damaligen Zeitpunkt meinem Job keine Spur nachgetrauert. Die haben mir zwar ein Stück meines Herzens rausgerissen, aber die Fans begrüßten mich bei jedem Heimspiel überschwänglich. Ich hatte Angebote von anderen Vereinen, die ich selbstverständlich abgelehnt habe. Mein Herz schlägt auf ewig nur für Schalke.«

»Mir war klar, dass er zu keinem anderen Verein mehr als Manager gehen würde«, sagt Huub Stevens im Rückblick, »was da passiert ist, tat mir weh und vor allem für Rudi leid – auch aus der Ferne betrachtet, da ich damals Trainer in der niederländischen Liga bei Roda Kerkrade war. Solch einen Abschied hat niemand verdient. Das Fußballgeschäft ist so unglaublich hart, es zählt beinahe nur die Gegenwart. Damals habe ich Männi – wie ich ihn nannte – sofort angerufen und ihm gesagt: ›Lass dich nicht ärgern, und tu mir einen Gefallen: Bleib, wie du bist.‹ Das ist ihm gelungen. Nur die Demenzerkrankung hat ihm zugesetzt.«

Ende Juli 2006 holt Rudi Assauer dann seine Sachen und persönlichen Unterlagen aus seinem ehemaligen Büro im dritten Stock der Geschäftsstelle des FC Schalke. Seine langjährige Sekretärin Sabine Söldner wird ebenfalls entlassen und bekommt eine Anstellung im Büro von Assauers neuer Firma. Der neue Manager Andreas Müller, erst Assauers Auszubildender und später sein Kompagnon, muss fortan sein eigenes Profil schärfen. Er braucht den Erfolg, um aus dem Schatten seines charismatischen Vorgängers zu treten. Plötzlich kämpft er an der Front und sieht sich in der Verantwortung für die Schalker Personalpolitik. Doch auch Müllers Mission ist nur von begrenzter Dauer. Insgesamt 21 Jahre gehört er als Spieler, Komanager und Manager dem Traditionsklub an, im März 2009 wird er schließlich nach einem sportlichen Tief der Schalker Mannschaft von Clemens Tönnies zum Rapport bestellt. Danach bestätigt der Verein die Trennung. Tönnies erklärt: »Herr Müller ist beurlaubt. Das ist ein einstimmiger Aufsichtsratsbeschluss. Wir haben ihm den Rücktritt nahegelegt.« Anders als Assauer drei Jahre zuvor lässt sich der Manager kündigen.

»In meiner Anfangsphase als Nachfolger von Rudi hat Tönnies mich öffentlich gelobt, sogar mein Vertrag wurde verlängert. Dann habe ich Fred Rutten geholt, einen der besten Trainer, den es in meinen Augen überhaupt gibt. Sein Problem aber war, dass er keine gute Außendarstellung hatte. In der Saison 2008/09 lief alles schief. Im März waren wir nur auf Platz sieben in der Liga, schieden im DFB-Pokal und im UEFA-Cup aus – und dann war ich dran. Ab diesem Moment habe ich nachvollziehen können, wie sich Rudi damals gefühlt hat. Bei mir war's ja beinahe das gleiche Spiel. Ich wusste, sie würden jede Chance nutzen, mich kleinzumachen. In der Zeit der direkten Nachfolge hatte ich zu Rudi circa zwei Jahre keinen Kontakt. Er war sauer und wütend, weil ich nach seiner Demission nicht auch gleich mitgegangen bin, mittlerweile sind wir aber wieder befreundet. Es ist alles geklärt und ausgesprochen.«

Beide hegen heute eine Abneigung gegenüber der bestehenden Vereinsführung. Wenige Monate nach seiner Entlassung 2006 schimpfte Assauer:

»*Da sind einige Leute drin, die haben neue Ideen und wollen neue Strukturen schaffen, kennen aber den Verein gar nicht. Das sind Banker, Steuerberater, Rechtsanwälte, sicherlich verstehen die ihr Handwerk – aber den Fußball eben nicht. Solche Leute sind ein Fluch, den man so schnell nicht wieder loskriegt.* «

Heute klingt Assauer versöhnlich. Die ganze Wut, der langjährige Groll – alles verflogen. Die Krankheit verwischt die Emotionen, lässt alles vergessen. An die konkreten Auseinandersetzungen, etwa mit Clemens Tönnies

und Olaf Thon oder mit den Trainern Christoph Daum und Peter Neururer, kann er sich schlicht kaum noch erinnern. Alzheimer löscht alles.
Ein Beispiel: Während Assauers erster Amtszeit auf Schalke hatte er sich geweigert, Neururer zu verpflichten, der immer wieder zurückwollte zu seinem erklärten Lieblingsverein. »Eher friert die Hölle zu, bevor ich den engagiere«, sagte Assauer damals. Dabei ging es um Neururers Umgangsformen und auch um sachliche Fehler. Im Herbst 2011 hat man sich in der La Ola, dem VIP-Bereich der Schalker Arena, wiedergetroffen, sich die Hand gegeben und kurz Hallo gesagt.

»Alles in Ordnung, alles gut. Ich habe da keinerlei Ressentiments mehr.«

Wenn es überhaupt einen positiven Aspekt der Demenzerkrankung gibt, dann den, dass das Vergessen manchmal hilft, den inneren Frieden in bestimmten Punkten zu finden.

3. Meine Kindheit in Herten

»Kegeljunge im Katzenbusch«

Einmal im Jahr vergibt der Verein pro Ruhrgebiet (VpR) den Titel »Bürger des Ruhrgebiets«. 2003 erhält Rudi Assauer diese Auszeichnung. Eine große Ehrung, zu den Preisträgern gehören unter anderem der ehemalige Bundespräsident Johannes Rau und Bundestagspräsident Norbert Lammert. Mit Assauer wurde eigentlich ein gebürtiger Saarländer auserwählt. Denn Assauer kommt am 30. April 1944 in Sulzbach-Altenwald, einem Städtchen an der Saar, zur Welt, nur wenige Wochen bevor die westlichen Alliierten während des Zweiten Weltkriegs in der Normandie landen.

»Meine Mutter Elisabeth – sie wurde Else genannt – war Saarländerin. Sie kam als junges Mädchen nach Herten. Mein Vater Franz stammte aus dem Kohlenpott. Das Ruhrgebiet wurde 1944 bombardiert. Die Lage war alles andere als rosig. Mein Vater war im Krieg, und mein älterer Bruder Lothar hielt sich in Berchtesgaden auf. Seine Schule, das städtische Gymnasium, wurde evakuiert. Da meine Mutter wusste, dass sie Zwillinge erwartete, hat sie sich entschlossen, ihre Kinder an einem ruhigeren Ort zur Welt zu bringen. Daher reiste sie zu ihrer älteren Schwester Guste, die mit ihrem Mann noch im Saargebiet lebte. Und so wurden meine Schwester Karin und ich im Hause der Tante geboren. Ihr Mann, unser Onkel, hieß Rudolf. Ja, und so hab ich den Namen Rudolf bekommen. Ich bin zehn Minuten eher als meine Schwester zur Welt gekommen. Ist ja logisch, man muss immer die Nase vorn haben. Kurze Zeit später kehrte meine Mutter dann mit uns zurück ins Ruhrgebiet. Ich würde ganz klar sagen: Ich bin ein Kind des Ruhrgebiets, nur zufällig im Saarland rausgerutscht.«

Franz Assauer ist gelernter Stellmacher, eine Art Zimmermann, der Räder, Wagen und andere landwirtschaftliche Geräte aus Holz herstellt. Schreiner würde man heute dazu sagen. Als Rudi und Karin zur Welt kommen, ist er Soldat. Assauer senior wird verwundet und gerät in russische Gefangenschaft. Später machen ihm seine Verletzung am Fuß und der Ischiasnerv sehr zu schaffen, er ist oft arbeitsunfähig und wird schließlich Frühinvalide. Gelegenheitsarbeiten halten die Familie über Wasser. Im fortgeschrittenen Alter bessern sich dann seine Beschwerden, und er findet noch eine Stelle als Einschaler am Bau. Mutter Else hat früher im Hotelgewerbe gearbeitet. Sie führt den Haushalt und erzieht die Kinder.

»Ich habe viel Blödsinn gemacht, meistens mein Schwesterlein gepiesackt. Die hat dann immer geschrien. Wenn wir uns so richtig in der Wolle hatten, bekam ich was hinter die Ohren. Meine Mutter hatte stets den Klopper auf dem Küchenschrank liegen. Und wenn es ihr zu bunt wurde, haben wir beide Prügel gekriegt. Papa hat zu Hause nie viel geredet, streng war er überhaupt nicht. Ich habe ihn wenig gesehen, er war viel unterwegs. Wenn er nicht gearbeitet hat, spielte er in seiner Stammkneipe Skat. Er war ein guter Spieler und hat so manche Mark nebenbei gemacht. Was für mich aber ganz wichtig war: Er hat mich und mein Hobby Fußball immer unterstützt. Was das Handwerkliche betrifft, habe ich nichts von ihm geerbt. Meine Güte, ich hatte immer zwei linke Hände – zum Glück keine zwei linken Füße.«

Familie Assauer lebt in Herten-Süd, Westfalen, in einem beschaulichen Stadtteil. Nahezu die gesamte Region ist auf der Zeche Ewald beschäftigt. Herten war einmal Europas größte Bergbaustadt. Auch Franz Assauer hat einige Zeit über Tage »auf Ewald« gearbeitet. Immerhin bekam er später sogar eine Knappschaftsrente.

»Den Menschen ging es nicht besonders gut. Auch meine Eltern hatten nicht viel, aber wir mussten nie hungern. Mutter war eine gute Köchin. Ich erinnere mich noch: Freitags gab es immer Fisch – frisch vom Markt. Ich aß am liebsten Schellfisch mit Senfsoße. Dass das heutzutage eine Delikatesse ist – ich glaub's ja nicht. Samstags gab es einen Suppeneintopf: Erbsen, Linsen oder

Graupen. Und dann war da noch das Sonntagsessen, sehr üppig: Suppe, Braten und Nachtisch, nachmittags leckeren Kuchen. Mutter hat immer für montags mitgekocht. Dazwischen gab es mal Nudeln, Pfannkuchen und oft einen Gemüseeintopf.

Wir lebten in einem großen Häuserblock, der sich über die Herner Straße und Augustastraße zog. Eigentümer war die Gemeinnützige Wohnungsfürsorge. Zuerst wohnten wir in der Herner Straße. Da teilten wir uns mit einer anderen Familie eine große Wohnung. Wir hatten zwei Zimmer: Wohnküche und Schlafzimmer. Als wir etwa vier, fünf Jahre alt waren, zogen wir um die Ecke in die Augustastraße in eine Drei-Zimmer-Wohnung mit Bad. Alles von meinem Vater schön renoviert. Im Schlafzimmer standen drei Betten. Ich musste beim Vater schlafen, meine Schwester bei Muttern. Lothar, der Ältere, hatte sein eigenes Bett. So war das damals. Und dann haben meine Eltern noch unsere Oma aufgenommen. Sie kam allein nicht mehr zurecht, war leicht verwirrt und wohnte im Wohnzimmer. Als sie starb, waren wir etwa zehn Jahre alt. Zwei Jahre später zog mein älterer Bruder aus. Er heiratete. Jetzt hatten wir mehr Platz. Bei unserer Konfirmation haben die Eltern extra für die Feier nach der Kirche das Schlafzimmer ausgeräumt und Tische aufgestellt. Das Wohnzimmer wäre zu klein gewesen für die vielen Gäste. Wir haben zwei Nächte auf Matratzen geschlafen – ging alles.«

Lockenkopf Rudi will als kleiner Junge Pilot werden. Eine Tante wohnt in Düsseldorf, und wenn er sie in den Ferien besucht, zieht es ihn immer zum Flughafen hin. Ein weiterer Berufswunsch: Förster, etwas bodenständiger. Onkel Herbert ist Förster und nimmt die Kinder oft mit zur Jagd.

Rudi geht mit seiner Schwester in die Augusta-Schule, die auf der anderen Straßenseite direkt gegenüber der Wohnung liegt. Beide sind in einer Klasse – wie praktisch für Rudi, denn sie ist eine eifrige Schülerin, und er hat keine Lust auf Schule. »Sofort nach dem Mittagessen traf er sich mit seinen Freunden zum Fußballspielen. Die Hausaufgaben hat er später meistens von mir abgeschrieben«, erinnert sich Karin. »Nur in Mathe

war er besser als ich. Irgendwie ist ihm alles zugeflogen. Ich habe gelernt, war fleißig. Dass er mal gebüffelt hat, habe ich selten gesehen. Und wenn wir mal nicht weiterwussten, half unser Bruder Lothar.« Der Bruder ist 13 Jahre älter, für die Zwillinge fast wie ein zweiter Vater, eine Respektsperson. »Wir hatten kein Kinderzimmer, und so spielte sich alles draußen ab. In unserem Block lebten viele Kinder. Da war immer was los«, erzählt Schwester Karin. »Ich bin auf der Straße Rollschuh gelaufen, habe da meine Kunststücke gemacht. Oder wir spielten im Wald, im Katzenbusch, der direkt vor unserer Tür lag. Die Mädchen durften nicht Fußball spielen, das war damals verpönt.«
Im Katzenbusch liegt auch der Fußballplatz der Spielvereinigung Herten, auch die Grün-Weißen genannt.

»Ich musste nur über die Straße laufen. Die Kampfbahn der Grün-Weißen war im Wald. Da lagen auch noch Trümmerreste auf den Plätzen, egal. Einer der Väter hatte aus Holz zwei Tore gezimmert, oder wir haben Holzlatten zwischen die Bäume gelegt und dann gepöhlt, wie wir im Pott sagen. Fußball, Fußball, Fußball – für uns gab es damals nichts anderes.«

Fußball liegt der Familie im Blut. Onkel Karl war 1928 sogar Westfalenmeister mit der Spielvereinigung Herten. Die halbe Verwandtschaft – und die war groß – interessiert sich für Fußball. Der ältere Bruder spielt schon in der Spielvereinigung, wechselt später zu Westfalia Herne und Wanne-Eickel. Er ist ein großes Vorbild für Rudi. Viele Fußballkenner halten Lothar für den besseren Spieler der beiden Brüder, doch Meniskusprobleme beenden seine Karriere, und er wird Sportinvalide. Schwester Karin macht Leichtathletik.

»Wenn die Schule zu Ende war, habe ich zu Hause mein Zeug in 'ne Ecke geschmissen, schnell was gegessen, und dann ging es ab zum Fußballspielen. Das waren Straßenkämpfe, mein lieber Herr Gesangsverein. Die Jungens von der Augustastraße, also meine Truppe, gegen die von der Herner Straße.

So was wie Lederbälle hatten wir nicht, entweder so 'ne Gummikugel oder einen Stoffball aus alten Kleidungsstücken. Schwer waren die Dinger! Das hat richtig wehgetan, wenn dir eine Kugel an den Kopf flog, da gab's hin und wieder 'ne schöne Beule. Ich weiß noch genau: Als irgendwann mal einer der Jungs einen Lederball zu Weihnachten bekam, war das die Sensation schlechthin. Jeden Tag haben wir gekickt, bis es dunkel wurde. Zu Hause gab's dann Schimpfe, weil ich von oben bis unten verdreckt war. Die Sachen hat Mama Else erst in der Badewanne eingeweicht und dann ausgewaschen, das sehe ich noch genau vor mir.

Mit meinem alten Herrn bin ich oft mit dem Fahrrad am Kanal entlang von Herten-Süd nach Gelsenkirchen gezuckelt. Die ersten Besuche in der Glückauf-Kampfbahn – ich war aufgeregt wie Bolle. Das Stadion war proppenvoll. Irgendwo gab es immer ein Loch im Zaun, wo ich dann durchgeklettert bin. Wenn es ganz eng wurde, haben sich die Leute auf Bierkästen gestellt oder sind auf einen Baum geklettert.«

Die Leidenschaft wird nun immer größer, und Assauer junior hat nur noch ein Ziel: Fußballer werden. Was sogar Einfluss auf die Wahl der Schule hat.

»Bei uns im Katzenbusch wohnten die Malocher, da ist ordentlich gepöhlt worden. Ich wollte nicht aufs Gymnasium an der Gartenstraße. Denn da oben in Herten war Fußball ein Fremdwort, die trugen die Nase gegenüber uns Arbeiterkindern ziemlich weit oben. Die haben höchstens Handball oder Volleyball gespielt oder geturnt. Das war damals vornehmer. Meine Eltern redeten mir ein: ›Geh zur Penne, Junge.‹ Mein Bruder war auf dem Gymnasium, musste aber runter, weil mein Vater arbeitslos war. Damals musste man noch Schulgeld zahlen, dazu noch die Bücher kaufen. Das Geld hat einfach nicht gereicht. Lothar hat noch die Mittlere Reife gemacht und dann am Bau gearbeitet. Er hat quasi die Familie ernährt. Erst nach seiner Heirat konnte er eine Stuckateurlehre und die Meisterprüfung machen. Später wurde er Verkaufsleiter bei einer Baustofffirma, ein guter Job. Karin durfte nicht aufs

Gymnasium. Vater sagte: >Du bist ein Mädchen, du heiratest eh mal.< Lothar musste runter vom Gymnasium, Karin durfte nicht, und ich wollte nicht. Meine Schwester ging später zur Handelsschule.«

Rudi Assauer absolviert mit seiner Schwester die Volksschule. Mit 14 Jahren dann beginnt er eine Lehre als Stahlbauschlosser bei der Firma Hese in Herten. Und er geht zur Abendschule, weil die Eltern es so wollen. Aber nur bis zu jenem Mittwoch im Mai 1961, der seinem Leben mit 17 Jahren die entscheidende Wende geben sollte. Ein Schlüsselerlebnis. Es ist der Abend, als der Fußball siegt – endgültig.

»Im Fernsehen lief das Spiel Benfica Lissabon gegen den FC Barcelona, das Finale im Europapokal der Landesmeister. Ein sagenhaftes Spiel, die Portugiesen gewannen mit 3 : 2. Das hat mich so fasziniert, und mir war auf einmal klar, dass ich nur noch eines wollte: Fußballer werden, Profi werden. Geld verdienen. Große Spiele spielen in den großen Stadien. Vielleicht sogar selbst im Fernsehen zu sehen sein. Am nächsten Tag fragte ich meinen Pauker nach der Quote in der Abendschule. Von 40 Jungs kämen drei durch, antwortete er mir. Und da sollte ich dabei sein? Im Leben nicht – ohne mich! Also schmiss ich die ganze Chose. Der Lehrer meinte, ich würde es schaffen, denn meine Noten seien gut. Und das, obwohl ich ihn mal nass gespritzt habe.«

Sein Gesellenstück ist eine Bremse für eine Lore, einen Transportwagen, doch seine Welt ist eigentlich eine ganz andere.

»Alfredo Di Stéfano von Real Madrid, das war der absolute Superheld für mich, der perfekte Spieler. Der hat vorne gespielt und Tore gemacht, im Mittelfeld gespielt, in der Abwehr gespielt, der konnte alles. Er war der Größte. Auch der Stan, der Stan Libuda, war einer meiner Helden.«

Dabei ist Reinhard »Stan« Libuda, der begnadete Rechtsaußen, nur ein Jahr älter als Assauer, hatte aber schon den Sprung zum FC Schalke geschafft. Mit neun Jahren war Libuda bereits zu den Königsblauen gekommen, und mit 18 kickte er in der ersten Mannschaft. Nur vier Jahre später sollte Assauer mit seinem Idol Libuda gemeinsam bei Borussia Dortmund spielen. Zunächst aber muss das Talent auf die Zeche Ewald, das Steinkohlebergwerk in Herten – wie beinahe alle jungen Männer in seinem Alter. Ein hartes halbes Jahr lang heißt es richtig malochen, zum Teil auch unter Tage. Außerhalb der Zeche ist das Glück ein ständiger Wegbegleiter in seiner Jugend – auch wenn er es manchmal fast ein wenig zu sehr herausfordert.

»Einmal bin ich als Kind beim Pöhlen unter einen Lastwagen gekommen. Ich wollte nur den Ball holen, wir spielten auf der Straße Fußball. Als der Laster auf mich zukam, bin ich gestolpert, sodass ich genau zwischen den Rädern lag, als er über mich hinwegrollte. Mir ist nichts passiert.«

Und auch als er seinen Führerschein machen will, hat Assauer richtig Glück. Ein Zufall – und vor allem seine Zwillingsschwester Karin – rettet ihn.

»Meinen Lappen hätte ich beinahe nicht machen dürfen, das war 'ne ganz knappe Kiste. Wir hatten inzwischen einen alten gebrauchten VW-Käfer, so ein Möppelchen. Mit 17 ging ich schon zur Fahrschule. Ich stand kurz vor der Prüfung. Und dann hat es mich gejuckt. Es war an einem Sonntag, die Sonne schien, das weiß ich noch. Unser Vater machte ein Mittagsschläfchen. Ich nahm heimlich die Autoschlüssel aus seiner Jackentasche und zuckelte los. Als dann später plötzlich die Polizei bei uns vor der Tür stand, war die Aufregung groß. Ich sollte an der Kranzplatte in Herten-Mitte einen Unfall verursacht haben. Ein Motorradfahrer war in das Schaufenster eines Hutgeschäftes gerast, weil ich ihm die Vorfahrt genommen hatte. Ich hatte mich natürlich schnell verdrückt. Ihm ist – Gott sei Dank – nichts Schlimmes passiert. Später habe ich immer erzählt: Er ist ohne Hut rein und mit Zylinder auf dem Kopp wieder raus. Es wurde eine Anzeige gemacht. Das Straßenverkehrsamt in Recklinghausen bekam eine Mitteilung, weil ich ohne Führerschein gefahren war.

Zum Glück arbeitete mein Schwesterchen damals bei der Führerscheinstelle. Ihr Chef zeigte ihr die Mitteilung der Polizei und sagte, sie solle den Wisch im Stapel ganz nach unten legen, damit etwas Zeit vergeht. So konnte ich wenigstens schon mal meine Prüfung machen. Erst danach wurde der Fall behandelt, es gab eine Strafe und einen kurzfristigen Führerscheinentzug. Doch ohne die kleine Verzögerung wäre ich erst gar nicht zur Prüfung zugelassen worden. Ich habe sie dann einwandfrei bestanden.«

Mit 18 Jahren hat Assauer dann sein erstes Etappenziel erreicht: einen Vertrag bei der Spielvereinigung Herten, damals Zweite Liga West. Vater Franz muss das Schriftstück ebenfalls unterzeichnen, denn volljährig ist man 1962 erst mit 21 Jahren. Bei den Katzenbusch-Kickern bekommt er anfangs 50 Mark Monatsgehalt und zusätzlich für jedes Spiel in der ersten Mannschaft als Antrittsprämie einen weiteren Zehner. Die Fußballschuhe müssen sich die Jungs aber selbst kaufen – wie gut, dass Rudi auch mal welche geschenkt bekommt, eine Art Sponsoring des Sportgeschäfts Weber.

»Ich habe bei der Spielvereinigung alle Jugendmannschaften durchlaufen. Die 50 Mark im Monat als Vertragsspieler musste ich natürlich zu Hause auf den Tisch legen, auch die Prämien. Für jedes gewonnene Spiel gab es zehn Mark, für jedes Unentschieden fünf. Auch meinen Verdienst als Stahlbauschlosser musste ich abgeben. Ich bekam dafür Taschengeld, aber das war damals normal. Mir war das Geld nicht wichtig. Es ging mir nur ums Fußballspielen, um den Spaß. Vom großen Geld konnte man da als junger Bursche eh noch nicht träumen. Die Obergrenze bei der Bezahlung lag Anfang der 60er-Jahre bei 1200 Mark, sogar für Nationalspieler. Mehr durfte keiner verdienen, auch wenn unter der Hand bei den großen Vereinen mehr gezahlt wurde. Reine Profis gab es eh nicht, höchstens Semiprofis. Die hatten alle noch einen Beruf. Der Timo Konietzka zum Beispiel hat bei der Stadt Dortmund immer die Gaslaternen ausgemacht.«

Mit acht Jahren war Rudi der Spielvereinigung Herten beigetreten, und in der Saison 1962/63 spielt er in der ersten Mannschaft. Er ist nun eine der grün-weiß gestreiften »Katzen« aus dem Stadion im Katzenbusch. Als Tabellendritter der Zweiten Liga West, nur zwei Punkte hinter dem VfB Bottrop und dem TuS Duisburg, gelingt den Hertenern die Qualifikation für die neu gebildete Regionalliga West. Diese bildet den Unterbau für die ebenfalls neu gegründete Bundesliga im DFB-Bereich. Assauer macht als Libero 35 von 38 möglichen Spielen und erzielt sieben Tore, auf seinen ersten Regionalligatreffer muss er allerdings bis nach Weihnachten warten. Erst am 29. Dezember 1963 trifft er beim 1 : 4 in Leverkusen zwei Minuten vor Spielende. Es ist der Ehrentreffer für die Katzen. Die Saison verläuft insgesamt eher ungemütlich für Herten – und extrem unglücklich. Assauer erlebt den ersten emotionalen Tiefpunkt seiner Karriere: Am letzten Spieltag verliert die Spielvereinigung durch einen Handelfmeter in der Schlussminute mit 1 : 2 in Bottrop, zuvor ist es Assauer, der den Ausgleich erzielt. Herten muss daraufhin in die Verbandsliga absteigen, heute spielt die Spielvereinigung in der Bezirksklasse Staffel 12.

Das sollte nicht Assauers letzter Abstieg sein – als Spieler jedoch schon. Er lässt sich auf jeden Fall nicht entmutigen. Und längst schon ist man auf das Talent aufmerksam geworden. Für ihn kommt daher bald der rasante Aufstieg, dank seines Ehrgeizes, seiner Zielstrebigkeit und seines Willens, es unbedingt zu schaffen.

»Wer nicht abgehoben durch die Welt läuft, kann etwas erreichen. Ich hatte, als ich anfing, nicht all die Mädchen im Kopf und solche Geschichten. Die heutige Jugend ist ja schon mit 15 Jahren geschlechtsreif. Ich war es erst mit 18.«

Viel gelernt hat er von einem seiner ersten Trainer als Semiprofi bei der Spielvereinigung Herten, von Kurt Sahm. Der Exstürmer, früher selbst beim STV Horst-Emscher, Borussia Dortmund und Werder Bremen aktiv, formt den jungen Assauer. Er will, dass das Talent aus Herten schafft, was er selbst nicht geschafft hat: Nationalspieler werden. Sahm ist zwar sogar einmal berufen worden, doch die Kombination aus Pech und Schicksal hat einen Einsatz verhindert. Im Mai 1952 wurde Sahm nämlich zum Länderspiel in Köln gegen Irland eingeladen. Aber er wusste nichts davon. Denn der damalige Fußballobmann des DFB, der die Einladung persönlich überreichen sollte, hatte diese einfach in seiner Jacke vergessen.

Für Assauer läuft es besser. Während der eineinhalb Jahre seiner Bundeswehrzeit in Unna erkennt Major Rein, der sportliche Leiter der Militärnationalmannschaft, das außergewöhnliche Talent.

»Der alte Herr war in Ordnung, er kam aus Aachen, war leider schwer krank. Aber er gab mir alle Freiheiten, damit ich trainieren konnte. In der Wehrdienstzeit habe ich mehr Fußball gespielt als andere Dinge gemacht, war gar nicht richtig in der Truppe. Am Wochenende hatte ich frei und durfte nach Hause. So konnte ich für die Spielvereinigung Herten kicken. Ich war einfach besser als die anderen, das war das Entscheidende. Daher wurde ich gefördert.«

Er wird in die Deutsche Bundeswehr-Nationalmannschaft berufen und reist mit zur Endrunde der Internationalen Militärmeisterschaft in die Türkei. Für Assauer, den Ruhrpottjungen, ist dies die erste Reise in die große, weite Welt. Die deutsche Auswahl wird schließlich Dritter. Nun beginnt die Zeit der vielen Reisen, in die Türkei, nach Ägypten, und des Strebens danach, von einem der großen Klubs entdeckt zu werden. »Rudi hat uns immer Karten geschrieben – egal, wo er gerade gespielt hat«, erinnert sich seine Schwester, »die ganze Familie hat sich gefreut und war erleichtert, dass er wohlauf war. Die Karten habe ich heute noch und die Andenken. Er hat immer Geschenke mitgebracht. So richtig gedient hat er ja beim Bund nicht. Er war immer unterwegs, unser Weltreisender.«

»Diese Reisen damals waren zum Teil abenteuerlich, mein lieber Mann. Da sind wir mit so einem alten Bomber geflogen, oh je, oh je. Ich dachte mir bei den Flügen immer, mit der Kiste kommen wir nicht an.«

Den entscheidenden Anstoß für Assauers Karriere geben jedoch nicht Kurt Sahm oder Major Rein, sondern Dettmar Cramer. Der spätere Bayern-Trainer, verantwortlich für zwei Münchner Europapokalsiege der Landesmeister, war bis Juni 1963 als Cheftrainer des Westdeutschen Fußballverbandes in Duisburg tätig. Unter ihm spielt Assauer in der Westfalenauswahl.

» Cramer war eine Autorität, ein großer Trainer. Vor ihm hatten alle jungen Spieler wie ich höchsten Respekt, manche haben richtig gezittert, obwohl er nur knapp über 1,60 Meter groß war. Cramer hatte ein gutes Auge für Talente in den Auswahlmannschaften. «

Weil sowohl Cramer als auch Major Rein über Verbindungen zu Borussia Dortmund verfügen, fädeln beide Assauers Wechsel an den Borsigplatz ein.

» Im Tabaklädchen von Walter Hubert am Bramhügel, das weiß ich noch, da hat die Spielvereinigung Herten damals das Ablösegeld erhalten: 50 000 DM, natürlich in bar. Abgewickelt und verhandelt hat den Deal mein Vater Franz. Als mein Bruder Lothar in den 50ern zu Westfalia Herne wechselte, hat er für Herten 40 000 DM ausgehandelt. Das konnte Papa gut, da hatte er Geschick. Etwas davon hat er mir in die Wiege gelegt, später habe ich einiges von ihm mitbekommen. Vielleicht war das Handwerk eigentlich gar nicht das Richtige für ihn. «

Assauer wechselt 1964 nach Dortmund, damit wird sein Traum wahr: Profifußballer. Als er beim BVB anfängt, beginnt er jedoch zur beruflichen Absicherung nebenbei eine Bankkaufmannlehre bei der Hypo-Bank – organisiert vom Verein. Drei Jahre ist er, der frühere Kegeljunge aus der Kneipe, Banker und Libero zugleich.

» Zu Hause hatten wir lange keinen Fernseher. Ich habe daher in der Kneipe Vollmer am Katzenbusch auf dem Boden gesessen, wenn Fußballspiele übertragen wurden. Bei Vollmer wurde auch gekegelt. Ich habe mir dort als

Kegeljunge ein paar Mark verdient, habe die umgeschossenen Kegel wieder aufgestellt und die Kugeln zu den Spielern zurückgeworfen. Manchmal hat mir meine Schwester geholfen. In die Kneipe kamen auch Fußballer von der Spielvereinigung Herten. Weil sie mich als Kegeljungen kannten, durfte ich als Einziger meines Alters bei Heimspielen direkt am Spielfeldrand sitzen.«

4. Meine erste Profistation

»Ein Tritt ins Glück beim BVB«

───────

Rudi Assauer zieht 1964 vor seiner Zwillingsschwester Karin aus – vom elterlichen Zuhause in eine Souterrainwohnung in Dortmund. Er wird also selbstständig, wohnt in seiner ersten eigenen Bude und unterschreibt beim BVB seinen ersten Profivertrag, der für damalige Verhältnisse gut dotiert ist. 1200 DM brutto bekommt er laut dem strengen DFB-Statut als Grundgehalt, dazu kommt dann noch die Jahresleistungsprämie. Der durchschnittliche Verdienst eines Arbeiters im Ruhrgebiet beträgt Mitte der 60er-Jahre im Vergleich dazu rund 500 DM. Der Junge aus Herten ist damit angekommen in der ersehnten Welt – ein Karrieresprung und zugleich ein Neuanfang.

»Ich hatte gehörigen Respekt vor den großen Spielern, als ich mit meinen 20 Jahren, damals noch nicht mal volljährig, nach Dortmund kam. Der BVB war bis Mitte der 60er-Jahre das Aushängeschild des deutschen Fußballs, so etwas wie heutzutage der FC Bayern München. Die Borussia bestand zu dieser Zeit aus einem Team, vor dem alle anderen Mannschaften schon vor Anpfiff Schiss hatten, wenn sie nur die schwarz-gelben Hemden sahen. Im Stadion Rote Erde spielen zu müssen war für viele Mannschaften ein Albtraum. Für mich erfüllte sich ein Jungentraum. Ich erinnere mich noch, wie ich am ersten Tag auf dem Dortmunder Vereinsgelände in die Kabine zum Umziehen kam, und dann saß da der große Torhüter Heinz, genannt Heini, Kwiatkowski. Voller Ehrfurcht habe ich ihn mit >Guten Tag, Herr Kwiatkowski< begrüßt. Für mich war das irre, ich kannte ja die ganzen großen Spieler, die 1963 Deutscher Meister geworden waren. All diese Namen, meine Helden: Tilkowski, Redder, Paul, Cyliax, Kurrat, Sturm, Emmerich, Wosab, Konietzka, Brungs und Kapitän Aki Schmidt – einfach 'ne Riesentruppe. Diese gestandenen Profis haben mich Azubi jedoch gut aufgenommen, da gab es nichts.«

Schnell merken die Mitspieler, dass sich der Neue, dieser Assauer, etwas traut und Mut hat – obwohl er das Küken ist. »Damals hatte ich das Sagen in der Truppe, ich war der Kapitän«, erzählt Alfred Schmidt, von allen nur Aki gerufen. »Jungspund Rudi gab sich als Neuankömmling natürlich erst mal kleinlaut. Er durfte sich auch nichts erlauben, sonst hätten ihn die Alten weggebissen. Aber schon in seinem ersten Training habe ich gesehen: Hoppla, der kann was. Das ist einer. Ihm war das bewusst. Und so hat er dann auch gekickt: leicht überheblich. Durch seinen Stil und seine Art kam er etwas arrogant rüber, mit seiner frechen Schnauze erlaubte er sich bald mehr und mehr.« Daher erteilt Boss Schmidt, damals 29 Jahre alt, dem etwas vorlauten Emporkömmling eine Lektion. Der Tatort: eine Bar in Dortmund. »Ich habe ihm gesagt: ›So, und jetzt hauen wir zwei mal eine schöne, dicke Pulle weg.‹ Die Flasche Schampus hat 50 Mark gekostet, damals ein Vermögen. Rudi war begeistert, bis ich zu ihm meinte: ›Du bist der Jüngere, du zahlst.‹ Zähneknirschend hat Assi geblecht und war eine Zeit lang nicht gut auf mich zu sprechen. ›Dieser Sauhund legt mich rein und lässt mich zahlen‹, hat er damals vor sich hin geschimpft.«

Trotz des kostspieligen Denkzettels von Schmidt kann es Assauer nicht lassen. Die Warnungen von Käpt'n Schmidt, keine Intrigen zu spinnen, schlägt er in den Wind. Er zieht Redder, Kurrat und Tilkowski auf seine Seite, es bilden sich Grüppchen im Team. Trainer Hermann Eppenhoff, ein früherer Schalker Spieler, gutmütig, lieb und nett, eine Vaterfigur, lässt Assauer an der langen Leine – zunächst. Zu Saisonbeginn macht Assauer dann am 22. August sein erstes Bundesligaspiel im Stadion Rote Erde vor 42 000 Zuschauern gegen Hannover 96. Er steht in der Startelf. Und Dortmund verliert 0:2.

»Einer hatte sich verletzt, und schon kam ich dran. Ich weiß noch, dass es richtig gegossen hat an dem Tag. Egal. Ich war der Jüngste auf dem Platz bei meinem ersten Bundesligaspiel zusammen mit all den Dortmunder Stars. Lothar Emmerich zum Beispiel war eine Kante. Und was für eine linke Pfote er hatte, eine enorme Klebe. Der war mit Abstand der Beste der Truppe. Aki

Schmidt hatte als Leader der Truppe alles in der Hand. Trotz der Schampus-Nummer kam ich gut mit ihm aus, da er ein guter Kerl und ein Spaßvogel war, der die anderen ab und zu schön auf die Schippe genommen und veräppelt hat. Die Fans sangen immer: >Wir haben Aki Schmidt, die Punkte nehmen wir mit.< Eine Woche nach dem Debüt konnte ich am zweiten Spieltag schon meinen ersten Bundesligasieg feiern. Bei Borussia Neunkirchen gewannen wir mit 2:1. Mein erstes Tor habe ich im Hamburger Volkspark gemacht, das 1:0 bei unserem 4:1-Auswärtssieg im November. Auch mein Europapokal-Debüt war für mich eine große Geschichte, ich war gleich in der ersten Runde beim 4:1 gegen Girondins Bordeaux dabei. Zum Rückspiel nach Frankreich durfte ich aber nicht mit, auch bei den Partien gegen Manchester United war ich außen vor. Die Saison lief für mich dennoch recht gut, ich spielte Vorstopper oder Ausputzer in der Abwehr. Wolfgang Paul fungierte als Libero hinter mir, das war ein Brecher. Meinetwegen hatte der aber meist weniger Arbeit. Ich hatte ein gutes Auge, um Situationen zu erahnen, und mir so recht schnell einen Stammplatz erkämpft. In der Rückrunde sah es plötzlich anders aus. Die Mannschaft spielte zwar stets im vorderen Drittel der Tabelle mit, aber Trainer Eppenhoff hatte sich mehr versprochen. Irgendwann muss er sich wohl gedacht haben, dass ich noch zu jung sei, und setzte wieder ältere Spieler ein.«

Ab dem 18. Spieltag im Januar 1965 macht Assauer daher kein Spiel mehr, Eppenhoff setzt offenbar lieber auf Routine. An Sonntagen zieht es den Jungprofi immer wieder in seine Heimat Herten zurück. Schwester Karin ist begeistert, wenn der Bruder ab und an ein paar Mitspieler zum Familientreff mitbringt. Bei Kaffee und Kuchen wird im Hause Assauer dann jedes Spiel noch einmal durchgekaut. In der Bundesliga wird der BVB nach zweimaliger Tabellenführung und einem zwischenzeitlichen Absturz auf Rang acht am Ende Dritter und zieht nach einem 4:2 gegen den 1. FC Nürnberg ins DFB-Pokalfinale ein. Der Gegner: Alemannia Aachen. Gespielt wird im Niedersachsenstadion von Hannover, allerdings ohne Assauer.

»Ich bin um das Pokalendspiel betrogen worden. Zu meinem größten Erstaunen spielte nämlich der Straschitz gegen Aachen und konnte sich später mit dem Pott fotografieren lassen.«

Assauer bleibt nur die Zuschauerrolle in Hannover, er schmollt. Sein erstes großes Finale erlebt er nur von der Bank aus, Einwechslungen sind damals noch nicht erlaubt. Für Schmidt war die Verbannung auf die Bank »eine ganz klare Retourkutsche, eine Art Revanche für die Überheblichkeit und die Grüppchenbildung – denn Hermann Straschitz war augenscheinlich der schlechtere Spieler«. Der BVB gewinnt schließlich durch Tore von Schmidt und Emmerich mit 2:0 den DFB-Pokal, erstmals in der Vereinsgeschichte. Für Assauer die erste große Enttäuschung seiner Karriere. Doch Trainer Eppenhoff wird er schnell los, denn der Coach muss nach der Saison gehen. Statt seiner kommt Willi Multhaup, der 1965 mit Werder Bremen Meister geworden ist. Der 62-Jährige führt ein strengeres Regiment als sein Vorgänger, aber auch diesen Trainer nimmt Assauer nicht richtig ernst.

»Wir haben damals richtig hart trainiert, meist zweimal am Tag – auch in den sogenannten englischen Wochen mit zwei Spielen. Die Sportschule Kaiserau diente uns als Trainingslager, zum Zeitvertreib haben wir dort meist Karten gespielt. Für viel mehr reichte die Kraft nicht. Im Training Kondition als Grundlage zu schaffen war das eine, auf dem Platz aber hat diese Mannschaft ein Eigenleben entwickelt. Jeder wusste, was zu tun war. Vielleicht kann man sich das heutzutage nicht mehr vorstellen, aber bei diesem Team spielte es wirklich keine Rolle, wer auf der Trainerbank saß. Unser Multhaup war doch das beste Beispiel. Er stammte aus Essen, seine Eltern hatten ein Fischgeschäft – also wurde er von klein auf ›Fischken‹ genannt. Im Vorjahr hatte er zwar mit Bremen den Titel geholt, galt dennoch eher als Verlierertyp. Aus meiner Sicht hatte er wenig Anteil an den Erfolgen unserer Mannschaft. Der hat mehr mit den Zuschauern als mit uns gesprochen. Wir haben uns selbst die Taktik zurechtgelegt, sind rausgegangen, und ab ging die Post. Da gab es kein großes Theater vorher, keine Videoaufzeichnungen, keine DVDs, kein Pipapo wie heutzutage.«

Aki Schmidt nimmt dies jedoch anders wahr als der vorlaute Assauer, der Kapitän sagt im Rückblick: »Na ja, ganz so war es ja nicht. Jeder Trainer hat seine Handschrift, auch Multhaup, und du musst die Truppe erst mal ins Laufen bringen. Wenn sich dann der Erfolg einstellt, läuft es von allein. Aber Assi hat es in dieser Saison eben übertrieben mit seinem Laisser-faire. Eines Tages, wir trocknen uns in der Kabine gerade nach dem Duschen ab, da zeigt der Assi auf Trainer Multhaup und sagt zu mir: ›Schau mal an, der Hans Albers! Unser Fischken schaut aus wie der Albers!‹ Ich sage: ›Mensch, Assi, der hat das mitgekriegt.‹ ›Nein, nein‹, wiegelt Rudi ab. Und der Trainer lässt sich nichts anmerken. Erst am nächsten Tag bittet er Assauer nach der Teameinheit noch zum Sondertraining. Nur die beiden verbleiben auf dem Platz. Der Trainer sagte: ›Mein lieber Rudi, bleiben Sie mal schön hier. Ich muss Ihnen was zeigen. Sie machen im Spiel zu große, zu raumgreifende Schritte.‹ Dann hat der Multhaup den lang gemacht, mein lieber Schwan. Eine halbe Stunde Einzeltraining, voll Stoff. Wie ein Reh muss Rudi in kleinen Trippelschritten sprinten. Das hat richtig wehgetan. Wir Spieler haben von drinnen zugeschaut und uns köstlich amüsiert. Die meisten meinten, dass er ganz zu Recht endlich mal eine gewischt bekommen hat. Nicht nur einmal musste der Assi so ein Straftraining machen.«
Im Sommer 1965 wechselt Konietzka zu 1860 München, Brungs nach Nürnberg. Die Neuen beim BVB sind Glücksgriffe: Siegfried »Sigi« Held und Reinhard »Stan« Libuda. In der Bundesliga pendeln die Borussen in der Saison 1965/66 nach einer Auftaktniederlage meist zwischen Rang eins und Platz vier. Immerhin gelingt ihnen im Februar 1966 mit einem 7:0 der höchste Derby-Sieg aller Zeiten gegen den Nachbarrivalen FC Schalke 04 – ohne Assauer. Wieder fehlt er in einem der legendärsten Spiele der BVB-Vereinsgeschichte. Als Titelverteidiger des DFB-Pokals erwischt es die Schwarz-Gelben in der ersten Runde mit 0:2 beim FC Bayern. Doch im Europapokal der Pokalsieger startet die Elf von Multhaup richtig durch. Über den FC Floriana aus Malta, ZSKA Sofia, Atletico Madrid und im Halbfinale Titelverteidiger West Ham United aus London ziehen die Dortmunder ins Endspiel gegen den FC Liverpool ein. Als dritter deutscher

Verein nach Eintracht Frankfurt und 1860 München steht die Mannschaft im Finale eines europäischen Wettbewerbs. Die Vorgänger verloren ihre Endspiele. Nun hat der BVB die Chance, Fußballgeschichte zu schreiben. Das jedoch erscheint eine sehr hohe Hürde zu sein, geht es doch gegen die berühmten »Reds« von der Anfield Road, gegen den englischen Meister von 1964 und 1966, gegen die britischen Stars um Yeats, Hunt, Callaghan und St. John und deren berühmten Trainer Bill Shankly. Ein weiterer Nachteil: Das Finale findet im Glasgower Hampden Park statt, also auf britischem Boden. Für Assauer zählt jedoch nur eines: Er darf mitspielen. In den vorherigen Runden hat er vier der acht Spiele gemacht, und er war in beiden Halbfinals gegen die Londoner von West Ham dabei.

»Mit großem Selbstvertrauen und mit der richtigen Portion Coolness sind wir drei Tage vor der Partie nach Glasgow geflogen. Wir hatten uns vorgenommen, das Ding zu gewinnen. Ob wir nun als Außenseiter oder als Favorit hinfuhren, war uns egal. Wir wussten wohl, dass keiner einen Pfifferling auf uns gesetzt hat. Liverpools Trainer Shankly tönte, es gebe nur zwei gute Teams in England: seine erste Mannschaft und seine Reserve. Und überhaupt: Im Finale gegen uns gehe es doch nur um die Höhe des Sieges. Besten Dank für die Extramotivation, haben wir uns gedacht. Vor dem Anpfiff lautete Multhaups letzte Anweisung: ›Meine Herren, wir wollen unsere Haut so teuer wie möglich verkaufen.‹ Für mich persönlich erfüllte sich ein Traum: Da Friedhelm Groppe, zuvor Stammspieler, sich verletzt hatte, schenkte mir Fischken Multhaup das Vertrauen. Ich war der Jüngste auf dem Platz.«

Rund 20 000 Fans reisen aus der Stadt der Beatles nach Glasgow. Sie schmieren das Stadion mit Siegesparolen der Reds voll, sogar die Torpfosten werden rot angemalt. Die knapp 2000 Borussen-Fans sind da deutlich in der Minderheit. Der Hampden Park, damals mit einer Kapazität von bis zu 135 000 Plätzen das größte Stadion Europas, ist mit lediglich knapp über 40 000 Zuschauern gefüllt. Das Wetter an diesem Donnerstagabend, dem 5. Mai 1966 in Glasgow: typisch britisch. Nieselregen, tief hängende Wolken, alles grau in grau. In Deutschland fiebern bis zu 40 Millionen Menschen vor den Fernsehern mit.

»*Bevor es losging, hab ich noch einen verpasst bekommen. Das werde ich mein Lebtag nicht vergessen. Als wir vor dem Anpfiff aus unserer Kabine Richtung Platz gingen, trat mir unser Spielmacher Aki Schmidt mit voller Wucht in den Hintern und schrie mich an: ›Assi, nur ein Fehlpass, und ich bring dich um.‹ Er hatte wohl Angst, dass ich hinten in der Abwehr zu leichtsinnig spiele und zu viel riskiere. Ich bin richtig erschrocken, mein Konter damals war nur halbherzig: ›Du bist ja nicht mehr ganz frisch.‹ Aber so hat er mich motiviert. Ich war im ganzen Spiel hellwach. Das müsste sich heute mal einer erlauben: Es gäbe eine Riesenschlagzeile wegen ›Mobbing‹, und der betroffene Spieler würde wahrscheinlich nach einem Psychologen schreien.*«*

Assauer bildet mit Redder, Cyliax und Kurrat die Verteidigung, dahinter Ausputzer und Kapitän Paul vor Torwart Tilkowski. Der Verbindungsmann zwischen Defensive und Offensive ist Schmidt. Nach vorne sollen Sturm, Libuda, Held und Emmerich wirbeln.

»*Weil es so gegossen hatte, war der Boden weich und tief, der Ball blieb hier und da in richtigen Pfützen hängen. Das Spiel ging gleich mit voller Attacke los. Die Liverpooler stürmten wie verrückt, schossen aus allen Lagen. Torwart Tilkowski und meine Abwehrreihe waren richtig gefordert – überfallartige Angriffe waren das. Wir konnten kaum für Entlastungsangriffe sorgen, haben zu viele Bälle im Spielaufbau verloren. Alle rechneten jede Minute mit der Führung der Liverpooler. Aber wir haben alles überstanden – mit Kampfgeist und Moral. 0:0 stand es zur Pause. Für uns ein Teilerfolg.*«

Auch die zweite Halbzeit beginnt mit Dauerdruck der Engländer, doch dann stellt Sigi Held mit seinem Kontertreffer zum 1:0 den Spielverlauf auf den Kopf. Der BVB führt nach 61 Minuten – aber die Freude währt nur sieben Minuten, denn Hunt gleicht für Liverpool aus. Gnadenlos. Die

Borussen protestieren, da sie den Ball zuvor bereits hinter der Torauslinie gesehen haben und einen Moment unachtsam waren, doch der französische Schiedsrichter Schwinte entscheidet auf Tor – 1 : 1. Englische Fans stürmen den Platz und feiern ihre Lieblinge, für sie ist nun die Wende gekommen, der Sieg nur eine Frage der Zeit. Und für die Dortmunder geht die Abwehrschlacht weiter.

»Ich kann mich noch gut erinnern, wie entsetzt wir waren: Das Ausgleichstor für die Engländer war absolut irregulär. Der Ball war drei Meter hinter der Torauslinie, das sah jeder. Alle blieben stehen, dachten, es wird abgepfiffen, aber der Schiri ließ weiterspielen. Aus dieser Verwirrung heraus machten die den Ausgleich. Die Partie wurde härter, die Liverpooler Jungs haben uns ganz schön auf die Socken gegeben – aber wir hatten keine Angst. Ich bin gerannt wie ein Bekloppter, irgendwann wurden die Schritte in dem Schmuddelwetter auf dem tiefen, matschigen Rasen schwerer und schwerer. Nach etwa einer Stunde hatte ich die ersten Wadenkrämpfe – oh Gott, oh Gott, dachte ich. Aber ich musste durchspielen, weil man ja noch nicht auswechseln durfte. Weil es beim 1 : 1 blieb, gab es Verlängerung. Auch das noch!«

Zweimal 15 Minuten bis zur Entscheidung, sonst hätte es an selber Stelle 48 Stunden später ein Entscheidungsspiel gegeben. Dortmund übersteht die erste Viertelstunde der Verlängerung – weiter heißt es 1 : 1. In der 107. Minute geschieht dann das Unfassbare.

»Ich hab das aus meiner Position gar nicht richtig gesehen. Plötzlich senkte sich diese krumme Bogenlampe von Libuda ins Netz der Liverpooler. 2 : 1 – ein verrücktes, kurioses Ding. Da war auch 'ne Menge Glück dabei. Ausgerechnet Stan machte die Bude, dabei hatte er nicht viel Land gesehen in diesem Spiel.«

Libuda erlebt bis zu jener Minute tatsächlich einen grauenhaften Abend. Fast alles misslingt ihm. Mit seinen Dribblings bleibt er meist schon beim ersten, spätestens aber beim zweiten Gegenspieler hängen. Seine Pässe kommen nicht an, seine Flanken enden im Nirgendwo oder in den Armen des Liverpooler Torwarts Lawrence. In jener 107. Minute nimmt Sigi Held seine letzte Kraft zusammen und startet einen Sololauf nach Pass von Schmidt. Vorbei an Lawler, Milne und Yeats, dringt er in den Liverpooler Strafraum ein und hat nur noch den Keeper vor sich. Er schießt Lawrence an, der Abpraller fällt Libuda vor die Füße. Gedankenschnell zieht er ab, versucht eine Bogenlampe über den Torwart, der weit herausgelaufen ist, ins leere Tor. Der Ball wäre vom Gebälk ins Feld zurückgeprallt, doch Liverpools Abwehrriese Ron Yeats nimmt die Kugel bei seinem stümperhaften Rettungsversuch mit ins eigene Tor. Das ist der Siegtreffer für den BVB. Libuda lässt sich bäuchlings auf den Rasen fallen – ausgelaugt und überglücklich. Emmerich rennt jubelnd auf ihn zu und schreit ihn an: »Mensch, Stan, jetzt müssen wir die 10 000 Mark nicht bezahlen.« Denn diese Strafe hatte Trainer Multhaup Libuda und den Mitspielern angedroht, weil er sie am Vorabend beim Zocken erwischt hatte. Er verschweigt den Vorfall gegenüber der Presse, aber im Falle einer Niederlage hätte die Mannschaft blechen müssen. Mit den letzten Kraftreserven bringt Dortmund das 2 : 1 über die Zeit. Schließlich ist es geschafft. Trainer Multhaup rennt auf den Platz, umarmt seine Spieler, die wissen: Nun kassieren sie die Siegprämie in Höhe von 6000 Mark pro Mann. Viele haben Tränen der Freude in den Augen, als Gustav Wiederkehr, der Präsident des Europäischen Fußballverbandes UEFA, bei der Siegerehrung Borussias Kapitän Wolfgang Paul den Europacup überreicht. Schmidt ist mit seinem Sorgenkind Assauer zufrieden: »Im Finale von Glasgow hat er nach meiner Warnung mit dem Tritt in den Hintern sensationell gespielt, richtig elegant, fast körperlos. Eine intelligente Partie von unserem Küken, er war einer der Besten.«

»Ich war fix und alle wie jeder von uns. Mein Kumpel Aki Schmidt lief die Ehrenrunde mit dem Pott gar nicht mit. Er meinte, er wäre doch nicht bescheuert, noch einmal durch diesen Morast zu stapfen. Ich war überglücklich. Erstens, weil wir die erste deutsche Mannschaft waren, die einen Europacup gewonnen hatte, und vor allem weil mein Vater Franz diesen Triumph vor Ort

in Glasgow miterleben konnte. Er ist nur zweimal in seinem ganzen Leben geflogen: Hin- und Rückflug zum Finale. Dass er das auf sich genommen hat und dabei war – darauf bin ich heute noch stolz. Und natürlich auf den Titel. Dass dieser mein erster und zugleich letzter in meiner gesamten Spielerkarriere bleiben sollte, hätte ich damals nicht gedacht. Mit 22 glaubt man: So, und jetzt geht's erst richtig los.«

Was die Spieler nicht ahnen können: Nach der Partie wird es anstrengend und ungemütlich. Zunächst, weil Fans und Spieler des Verlierers durchdrehen, und in den nächsten Tagen wegen der Siegesfeiern. Noch am Abend in Glasgow belagern Hunderte Liverpooler Fans die Borussen-Kabine, sodass die Spieler den Mannschaftsbus nur unter Polizeischutz erreichen. Die *Westfälische Rundschau* schreibt am 6. Mai 1966: »Schlachtenbummler und Spieler bedrohten und schlugen die Borussen. Wosab wurde regelrecht k. o. geschlagen, Aki Schmidt erhielt einen Tritt gegen das Schienbein und Torhüter Tilkowski einen Boxhieb in die Magengrube. Außerdem schimpften einige Liverpooler Spieler lauthals auf die Spielweise ihres Gegners.«

»Unser Hotel, das Marine in Troon, lag etwa 20 Kilometer außerhalb Glasgows zwischen grünen Golfplätzen an der Irischen See. Auf der langen Busfahrt zurück zu unserem Quartier haben wir erst so langsam realisiert, was passiert ist. Es war der erste große Titel einer deutschen Mannschaft, der weltweit für Aufsehen sorgte, seit dem WM-Gewinn der Nationalelf 1954 in der Schweiz. Und dennoch musste unsere Siegesfeier im Hotel improvisiert werden, weil der Vorstand einen Sieg für beinahe ausgeschlossen gehalten und kaum Vorbereitungen getroffen hatte. Es gab kein festliches Bankett, wie es heute sicher organisiert werden würde. Ganz im Gegenteil: Als wir nach dem Spiel zurück ins Hotel kamen, war das Personal schon weg. Wir mussten erst einmal zusehen, dass wir noch etwas zu essen und zu trinken bekamen, haben dann aber noch lange zusammengesessen mit den Trainern, den Betreuern, den mitgereisten Geschäftsleuten sowie unseren Frauen oder Freundinnen. Es flossen reichlich Bier und Sekt.«

Für manche wohl zu viel. Denn bei einem Fototermin weit nach Mitternacht auf der Hotelterrasse über dem Meer albern die siegestrunkenen Borussen so sehr mit dem Pokal herum, dass die silberne Trophäe in die Brandung fällt. In letzter Sekunde reißt Schmidt das gute Stück aus den Wogen und bewahrt die Glücklichen vor der Häme mit Schlagzeilen wie »BVB gewinnt und versenkt den Europacup«.

Entsprechend mitgenommen und übernächtigt sehen die Sieger dann am nächsten Morgen in ihren dunkelblauen Blazern mit dem schwarz-gelben Wappen auf der Brust und den grauen Hosen aus. Mit dem Flieger geht es nun zurück nach Köln. Schon auf der Rollbahn des Flughafens warten dort Hunderte Fans. An der B 54 werden die Helden von Glasgow in offene Wagen gesetzt und per Autokorso in die Dortmunder Innenstadt kutschiert.

»Die ganze Fahrt war ein einziger Triumphzug. Die Wagen mussten immer wieder anhalten auf dem Weg zum Borsigplatz im Herzen der Stadt. Ich weiß nicht mehr, wie lange wir für den Weg gebraucht haben. Ganz Dortmund war aus dem Häuschen, die ganze Stadt pickepackevoll. Es wurden immer mehr Leute, hatte ich das Gefühl. Es hieß später, rund eine halbe Million Menschen seien auf den Beinen gewesen. Ein Wahnsinn. Vielen von uns fielen hier und da schon die Augen zu. Nach der Ehrung im Rathaus habe ich den Abgang gemacht. Mir wurde das zu viel. Ich war total kaputt, habe einen Freund gebeten: ›Bitte bring mich nach Hause.‹ Ich hatte ja noch kein Auto. Die anderen ließen sich noch stundenlang feiern.«

Die Mannschaft ist ausgelaugt, psychisch und physisch erschöpft. Nach 31 Bundesliga-Spieltagen liegt Dortmund als Tabellenführer auf Titelkurs, einen Punkt vor dem TSV 1860 München. Obwohl Trainer Multhaup den Spielern ein paar Tage freigibt, verspielen sie in den letzten drei Partien den Titel: Dem 0:1 in Bremen folgt das direkte Aufeinandertreffen mit den Sechzigern in Dortmund. Am vorletzten Spieltag gewinnen die Löwen im Stadion Rote Erde mit 2:0, eine Vorentscheidung ist gefallen. Durch das 1:4 des BVB in Frankfurt eine Woche darauf geht die Meisterschale nach München. Drei Niederlagen am Stück – dieser Einbruch der Schwarz-Gelben nach dem Triumph von Glasgow kostet den möglichen zweiten Titel der Saison. Näher sollte Assauer der Meisterschale als Spieler nie mehr kommen. Eine kleine Entschädigung: Für den Europacupsieg bekommt jeder Borusse aus den Händen von Bundeskanzler Ludwig Erhard das Silberne Lorbeerblatt. Diese Ehre wurde zuvor noch keiner Fußballmannschaft zuteil.

»Diese Saison gilt wegen des Europacupgewinns als der Höhepunkt der damaligen Dortmunder Ära. Es war auch der Scheitelpunkt dieser erfolgreichen Truppe, aber das konnte man damals noch nicht erahnen. Dennoch war es meine schönste Zeit als Profifußballer. Wir haben alle keine Millionen verdient, sondern uns einmal im Monat ein Kuvert mit Bargeld auf der Geschäftsstelle abgeholt. Ich habe die Kohle eingesteckt und zur Bank gebracht oder meinen Eltern etwas abgegeben. Man war eben eher bescheiden damals und ich ein sparsamer Mensch. Aufs Geld geschaut habe ich nie wirklich, ich wollte einfach Fußball spielen. Es gab keine Berater, keine Handgelder, bei den Verträgen wurde nicht verhandelt. Für einen Heimsieg bekamen wir in der Liga 500 Mark, für einen Auswärtssieg 750. Bei einem Remis jeweils die Hälfte. Die gesamte Fußballwelt war eine andere. Aber auch eine bessere als später durch die Kommerzialisierung? Schwer zu sagen. Es ging einfach lockerer zu. Wir hatten eine tolle Kameradschaft, auch die Nationalspieler und Stars wie Schmidt, Held, Emmerich oder Libuda hatten keinerlei Starallüren.«

Im Erfolg werden oft die größten Fehler gemacht, das bewahrheitet sich auch im Fall der Dortmunder: Beim BVB herrscht im Sommer 1966 der Irrglaube, der Verein könne allein mit Talenten aus der Region weiter in der Bundesligaspitze mitmischen und sich in Europa behaupten. Doch die anderen Klubs schlafen nicht und suchen bundesweit nach Talenten. Ein klares Versäumnis der Dortmunder, denen zudem auch noch der Erfolgstrainer abhandenkommt. Multhaup unterschreibt heimlich beim 1. FC Köln. Seine Begründung für den überraschenden Wechsel sollte sich später als Prophe-

4. Meine erste Profistation

zeiung herausstellen. Er gibt an, dass er alles aus dieser Truppe herausgeholt habe. Von diesem Punkt an, just im Moment des größten Triumphs der Vereinsgeschichte, geht es bergab mit Borussia Dortmund. Im Grunde gilt das auch für Assauers Karriere als Profi. Nur wenige Wochen nach den Europacuperfolgen gegen West Ham United und den FC Liverpool findet die Weltmeisterschaft in England statt. Aus der Mannschaft des Europapokalsiegers nominiert Bundestrainer Helmut Schön vier Spieler für die Endrunde: das kongeniale Sturmduo Emmerich/Held, Torwart Tilkowski und Abwehrchef Paul. Sein Traumtor im Finale hat Libuda nicht zu einem Platz im deutschen WM-Kader verholfen, und auch Assauer muss zu Hause bleiben.

»Mein Talent und mein Können haben dazu gereicht, dass ich bei Borussia meist gespielt habe und in den kommenden Jahren Stammspieler wurde. Ich bin aber nie Nationalspieler geworden, auch wenn ich zweimal ganz dicht dran war. In unserem Jahrgang waren so viele Spieler, die später auch in der Nationalmannschaft sehr erfolgreich gespielt haben. Natürlich ist das im Rückblick schade, aber ich kann damit ganz gut leben. Der Fußball hat mir dennoch unheimlich viel gegeben.«

Bei der WM in England brilliert ein anderer Jungspund des deutschen Fußballs: Franz Beckenbauer vom FC Bayern München. Er war es, der einer Karriere von Assauer im DFB-Trikot im Wege stand. »Rudi hatte eine super Technik, einen klasse Überblick und konnte wunderbare Pässe nach vorne spielen«, erinnert sich Aki Schmidt, »er war als Abwehrspieler kein reiner Zerstörer, ein kreativer Spieler, wie man heute sagen würde. Doch sein Pech war eben dieser Kerl namens Franz Beckenbauer. Er war der Dominator, er hat die Libero-Position geprägt und über Jahre in der Nationalelf blockiert. An ihm kam keiner vorbei. Es tut mir leid, dass Rudi daher nie Nationalspieler geworden ist. Er hätte es verdient gehabt.« Es hätte sich auch finanziell gelohnt. Ab dem ersten Länderspiel bekam man als Profi 1800 DM Grundgehalt, Schmidt mit seinen 25 Einsätzen im DFB-Trikot schon 3500 DM.

Mit einer Mannschaft, die sich im Umbruch befindet und daher leistungs-mäßig schon über ihrem Zenit ist, geht Assauer dann 1966/67 in seine dritte Profisaison. Mit Heinz Murach muss er sich erneut an einen neuen Trainer gewöhnen.

»Dass Heinz Murach zu uns kam, war ziemlich überraschend. Ich kannte ihn schon aus verschiedenen Jugendauswahlmannschaften, er war Verbands-trainer des Westdeutschen Fußballverbandes in Duisburg. An uns als amtie-renden Europacupsieger mit drei Vizeweltmeistern in der Mannschaft waren die Erwartungen natürlich sehr hoch. Die Meisterschale sollte jetzt endlich her – alles andere zählte nicht. So gingen wir in die neue Saison. Aber von Anfang an gab es Schwierigkeiten.«

Nach einem schlimmen Saisonstart mit vier Niederlagen in den ersten sechs Ligapartien und dem zwischenzeitlichen Absacken in der Tabelle auf den 17., den vorletzten Platz fängt sich die Mannschaft wieder einigermaßen. Doch in den Pokalwettbewerben scheidet der BVB früh aus: im DFB-Po-kal in der ersten Runde gegen den 1. FC Köln und als Titelverteidiger des Europapokals der Pokalsieger gegen die Glasgow Rangers. In Schottland setzt es ein 1 : 2, im Rückspiel kommt man im heimischen Stadion nicht über ein 0 : 0 hinaus. Für Assauer war es mit seinen 22 Jahren bereits das letzte Europapokalspiel der Karriere. Und in der Mannschaft rumort es nun noch mehr als schon zu Beginn der Saison.

»Unsere beiden Torhüter kämpften beispielsweise um den Stammplatz. Hans Tilkowski hatte nach der WM mehr Termine außerhalb des Fußballplatzes, als dass er mal auf dem Rasen stand. Der war viel unterwegs zu der Zeit. Also stellte Murach den Wessel oft ins Tor, dann mal wieder den Tilkowski, es war ein ständiges Hin und Her. Das brachte Unruhe in die Mannschaft. Murach war dann auch noch zu weich, er konnte sich nicht richtig durchsetzen. Diese Art Probleme zogen sich durch die ganze Saison hindurch. Ständig war ir-gendwas.«

Trotz der schwankenden Leistungen reicht es in der Bundesliga am Ende für den BVB wenigstens noch zu Platz drei hinter dem neuen Meister Eintracht Braunschweig und dem TSV 1860 München. Murach ist wegen seines einfallslosen Trainings bei den Spielern sehr unbeliebt, und er wird nicht wirklich ernst genommen. Assauer macht 23 Spiele, ihm gelingt ein Tor – und wieder einmal hat er so seine Probleme mit dem Trainer. »Seine arrogante Art hatte er sich beibehalten, damit eckte er immer wieder an«, erzählt Schmidt, »ich habe oft zu ihm gesagt: ›Beherrsch dich!‹ Er wusste, dass er für einen Fußballer viel zu gut aussah. Rudi strahlte diese Attitüde aus: Mir kann keiner was.«

Der Absturz der Borussia setzt sich in der Saison 1967/68 fort.

»Es war kein Zug mehr in der Mannschaft. In der Führungsetage stimmte es auch nicht mehr. Wir hatten nie sehr starke Präsidenten, aber ab dieser Saison wechselten die auch noch ständig. Das strahlte natürlich auf die Mannschaft ab. Die Spieler wurden langsam älter, junge Leute rückten nicht nach, Leistungsträger verließen den Klub. Richtig geführt, hätte man hier den Grundstein für eine jahrelange Dominanz des BVB in Deutschland legen können. Die Chance ist in dieser Saison verpasst worden. Na ja, und so ging es mehr und mehr nach unten. Heinz Murach wurde in der laufenden Saison von Oswald Pfau abgelöst. Pfau war so ein alter Fuhrmann und galt damals als harter Knochen. Ach, diese Trainergeneration: Lindemann, Pfau, Langner und wie die alle hießen. Heute hätten die überhaupt keine Chance mehr. Auch Oswald Pfau hat in dieser Saison nicht mehr viel bewirken können.«

Am Ende reicht es nach Rang zwei noch am zehnten Spieltag gerade mal zum 14. Tabellenplatz. Assauer wird von Murach und in den letzten Wochen der Saison von Pfau im Mittelfeld eingesetzt, erzielt fünf Treffer in 25 Partien – der Topwert seiner Karriere. Im DFB-Pokal erreicht die Mannschaft das Halbfinale und scheitert dann am 1. FC Köln. Zuvor hatte es Assauer & Co. jedoch beinahe bereits in der ersten Runde beim Regionalligisten VfL Oldenburg, damals in der zweithöchsten Spielklasse, erwischt.

2 : 0 führt der Außenseiter im Januar 1968 zur Pause, der müde und schlappe Auftritt der Borussen hat einen deftigen Grund.

»In der ersten Halbzeit bekamen wir kein Bein auf den Boden. Was daran lag, dass einige Spieler von uns am Abend vorher in unserem Trainingslagerhotel in Bad Zwischenahn – natürlich ohne Wissen des Trainers – reichlich Aale verzehrt hatten. Die lagen uns im Spiel anfangs ganz schön schwer im Magen. Erst nach einer deftigen Halbzeitpredigt von unserem Coach Murach rissen wir uns zusammen.«

Libuda, Held und Paul sorgen schließlich noch für den 3 : 2-Sieg der Aal-Geschädigten über den unterklassigen Gegner. In dieser Zeit verliert der Trainer die Kontrolle über die Mannschaft, jegliche Spur von Disziplin ist verschwunden.

»Wenn wir vor den Spielen in der Sportschule Kaiserau unser Trainingslager bezogen, schickten wir oft jemanden zum Bierholen. Das fiel selten auf. Und wenn doch, war es nicht so schlimm. Ich erinnere mich, dass wir in der Nacht vor einem Auswärtsspiel in großer Runde Poker gespielt und Bier getrunken haben. Plötzlich stand unser Trainer in der Tür – in einem weißen Nachthemd. Murach wurde fuchsteufelswild, doch wir konnten ihn beruhigen: >Trainer, mach dir keine Sorgen, das Ding gewinnen wir auch so!<«

Das Trainerdilemma findet seinen Höhepunkt in der Spielzeit 1968/69. Als Pfau einen Herzinfarkt erleidet, tritt er eine Woche vor Weihnachten zurück und verstirbt schließlich vier Tage vor seinem 54. Geburtstag im Krankenhaus. Nachdem man sich von diesem Schock erholt hat, folgen drei erfolglose Monate unter Helmut Schneider und schließlich das Engagement von Hermann Lindemann. Im Pokal scheitert man blamabel in der ersten Runde mit 2 : 6 an Eintracht Frankfurt, in der Bundesliga geht es nicht weiter rauf als Rang acht. Und noch schlimmer: Es gelingt der überforderten Mannschaft sogar erst am letzten Spieltag, den Klassenerhalt zu schaffen. Noch zwei Spiele vor Schluss der Runde ist man Letzter nach einem 1 : 2 in Köln. Mit einem 2 : 2 in Nürnberg und einem 3 : 0 gegen Kickers Offenbach rettet sich der BVB, die beiden direkten Konkurrenten steigen ab. Zurückbeordert in die Abwehr, erzielt Assauer in 18 Partien nur ein Tor.

Unter Hermann Lindemann schafft Dortmund dann in der Saison 1969/70 einen unerwarteten Aufschwung, auch wenn man im DFB-Pokal wieder früh scheitert – in der zweiten Runde bei Kickers Offenbach. Von Platz 17 aus hangelt die Mannschaft sich ins obere Drittel der Tabelle, wird am Ende ordentlicher Fünfter. Immerhin 20 Spiele macht Assauer, bleibt jedoch ohne Tor. Dann folgt für Assauer der Schock: Er muss gehen, die Schwarz-Gelben verlassen. Denn der Verein ist in Not und muss ihn im Sommer 1970 verkaufen. Werder Bremen macht ein Angebot, der Wuppertaler SV und 1860 München ebenfalls. Seine letzte Partie im BVB-Dress bestreitet Assauer am 3. Mai 1970 – eine derbe 2 : 5-Pleite beim 1. FC Köln.

»Ich wollte nicht wechseln, hatte null Ambitionen, den Verein zu verlassen. Auch weil ich gerade geheiratet hatte. Es war für mich nicht so einfach, die Heimat zu verlassen. Meine Frau kam ja aus Dortmund. Meine ganze Jugend hatte ich hier verbracht. Meine Freunde, meine Familie, die Leute, mit denen ich in Dortmund gespielt habe, alle waren dort. Ich hatte immer gedacht, aussem Pott gehste eh nicht weg. Doch der BVB hatte dicke finanzielle Probleme, im Grunde standen sie vor der Pleite. Mein Vertrag lief aus wie auch der von Lothar Emmerich. Die brauchten dringend Geld, und deshalb haben sie mich verkauft. Werder Bremen bekam den Zuschlag. Ich kann mich noch erinnern, dass es sogar eine Krisensitzung im Vorstand wegen meines anstehenden Verkaufs gab. Ich habe zu Hause gesessen und auf den Anruf gewartet, wie diese Sitzung ausgegangen war. Am Telefon sagte man mir: ›Tut uns leid, aber wir müssen dich verkaufen.‹ Man hatte wohl keine andere Wahl. 150 000 DM Ablöse hat Dortmund von den Bremern damals für mich bekommen. Als Profi musste ich das so hinnehmen. Ich musste Geld verdienen, war ja erst 26 Jahre alt.«

Sein Kumpel Schmidt, nach Ende seiner Karriere im Jahr 1970 Trainer bei Kickers Offenbach, ist empört, als Assauer sich verabschiedet. »Dass er gewechselt hat, war ja okay«, erzählt Schmidt, »doch Rudi hätte nicht einige Spieler nach Bremen mitziehen sollen. Etwa Karl-Heinz Artmann oder ein Jahr später Willi Neuberger und Werner Weist, die jungen Talente. Ich fand das nicht in Ordnung, habe ihn geschimpft. Aber Assi war unverbesserlich. Schon als junger Spieler wollte er im Verein ein wenig mitbestimmen, interessierte sich für Belange des Vorstands. Er war der kommende Managertyp, hat schon als Spieler über den Tellerrand hinausgeschaut, seine Antennen waren ständig empfangsbereit. Ich hatte immer das Gefühl, dass in ihm mehr schlummert und dass er später in einem Job als Leiter und Lenker erst so richtig aufgehen würde.«

»Meine Spielerkarriere beim BVB war eine schöne Zeit. Als junger Kerl konnte man sich einiges erlauben. Was man eben für Späße macht in diesem Alter. Zum Beispiel dieses Dandy-Foto mit der Rose. Ein verrücktes Ding, so etwas hat sonst keiner gemacht. Ich habe mich von einem Fotografen überreden lassen: den Oberkörper frei, der Blick im Profil, nur eine Rose in der Hand. Das gab eine Aufregung – mein lieber Mann. Als ob ich schwul sei! Dabei sollte es nur den Kavalier in mir zeigen.

Auch als Mannschaft haben wir viel erlebt. Ich denke etwa an mein erstes Revierderby gegen Schalke in deren Glückauf-Kampfbahn im September 1964. Da war ich gerade mal 20. Reinhold Wosab, von uns ›Zange‹ genannt, wohnte in Marl, er hat mich abgeholt mit dem Auto. Die anderen kamen im Bus aus Dortmund nach Gelsenkirchen. Das Stadion war wie immer gerappelt voll. Warm war es, richtig heiß. Nach 35 Minuten führten wir Borussen auf Schalke sensationell mit 6 : 0. Das war für mich als junger Bursche das vierte oder fünfte Spiel in der Saison. Bei den Schalkern hat mein Idol Stan Libuda gespielt, Willi Schulz, Egon Horst, Friedel Rausch, Hannes Becher, ’ne richtig gute Mannschaft, nicht irgend so ein Klüngelverein. Aber nicht allein deshalb ist mir dieses Spiel so gut in Erinnerung geblieben. In der Halbzeitpause kam unser Spielobmann Heinz Storck, dem gehörte ein großes Möbelhaus, *mit Sektpullen in die Kabine. Ich dachte, was ist denn hier los? Storck sagte: >Kommt, Jungs, 6 : 0 – da könnt ihr schon mal 'nen Kleinen darauf nehmen.< Und dann wurde tatsächlich in der Pause ein bisschen Sekt getrunken. Wir haben das Ding mit 6 : 2 nach Hause geschaukelt oder besser: geschunkelt. Das muss man sich mal vorstellen! Heutzutage undenkbar.«*

In der zweiten Saison nach Assauers Abschied steigt Borussia Dortmund 1972 in die Zweite Liga ab. Den Erfolg von 1966 hat man teuer bezahlen müssen.

5. Meine Jahre in Grün-Weiß

»Zeitzeuge beim Pfostenbruch«

———

»Der Wechsel von Dortmund nach Bremen 1970 brachte für mich eine gewaltige Umstellung – ein kleiner Kulturschock. Als Kind des Ruhrpotts war ich andere Lebensverhältnisse, andere Menschen, einen anderen Umgang, eine andere Art zu sprechen gewohnt. Bremen besaß eine ganz andere Ausstrahlung, die Leute haben dort auf alles geachtet, die Stadt war gepflegt, alles sehr sauber. Fußball war dort nicht so der absolute Renner. Wenn du da ein Loch gegraben, Wasser reingelassen und ein Bötchen draufgesetzt hast, sind die Leute lieber dort hingegangen. Im Ruhrgebiet gab's nichts anderes als Fußball. Anfang der 70er-Jahre kamen maximal 15 000 bis 20 000 Zuschauer ins Bremer Weserstadion. In der Roten Erde in Dortmund war die Hütte immer gerammelt voll, meist mit mehr als 40 000 Fans. In all den Jahren haben wir mit Werder leider eher unten als oben gespielt in der Tabelle der Bundesliga – doch alles in allem war's 'ne schöne Zeit. Ein bisschen Bremen steckt immer noch in mir.«

Das Debüt für seinen neuen Verein feiert Assauer unter Trainer Robert Gebhardt bei einem Heimspiel, es endet glanzlos 1:1 gegen den 1. FC Köln. Sieben Spiele bleiben die Bremer vom Saisonstart weg ohne Erfolg, erst Anfang Oktober können sie den ersten Sieg feiern mit 2:0 bei Eintracht Frankfurt – allerdings ohne den verletzt fehlenden Assauer. Auf dessen ersten Treffer müssen die Werder-Fans lange warten. Als Abwehrspieler eingesetzt, trifft der mittlerweile 27-Jährige erst kurz vor Saisonende am 8. Mai 1971 beim 4:1 gegen Arminia Bielefeld. Am Ende der Saison landet Werder auf Platz zehn, im DFB-Pokal verabschiedet man sich bereits in der ersten Runde durch ein 1:3 bei Fortuna Düsseldorf.

Mit seinen sechs Bundesliga-Spielzeiten zuvor beim BVB gilt Assauer als erfahrener Spieler. Auch in Bremen versucht er rasch, sich in der Hierarchie des Kaders nach oben zu arbeiten. Ein Mitläufer zu sein ist seine Sache nicht, er will seine Note einbringen. Bernd Brexendorf bekommt als Teenager mit, wie Assauer sich in Bremen einlebt und einbringt. »Als Jugendnationalspieler durfte ich schon mit 16 Jahren bei den Profis mittrainieren. Ich habe mit Ehrfurcht zu den Älteren aufgeschaut. Was Rudi anging, habe ich schnell gespürt: Er war eine Persönlichkeit, später wurde er ja der Kopf der Mannschaft, der Kapitän trotz eines Horst-Dieter Höttges, der das Werder-Aushängeschild war.«

Mittelfeldspieler Brexendorf freut sich über die Hilfe des alten Hasen aus dem Ruhrpott. »Assauer war sehr herzlich, hat alle gleich behandelt – ob einen alten Recken oder einen blutjungen Kerl wie mich. Er hatte keine Staralüren, sprach mit jedem, stellte Fragen: Woher kommst du? Was bist du für ein Typ? Er war auch sehr hilfreich, gab Tipps. Aber immer im üblichen Fußballerton, sehr direkt: ›Ja, bist du denn bekloppt? Was spielst du denn für einen Scheiß?‹ oder auch mal: ›Gut so, Junge, weiter so!‹ Andere Spieler dagegen haben sich nicht so sehr um die Jungen gekümmert.«

Schon in seiner ersten Werder-Saison erlebt Assauer eines der kuriosesten Spiele der Bundesligageschichte. Am 27. Spieltag muss er mit den Bremern auf dem Bökelberg bei Borussia Mönchengladbach antreten. Eine Begegnung, an die sich Fußballfans für alle Zeiten wegen des Pfostenbruchs erinnern werden. An jenem 3. April 1971 ist die Ausgangssituation folgende: Die Bremer liegen auf Rang sieben in der Tabelle, haben ein ausgeglichenes Punktekonto mit 27 : 27 und damit keine großen Ambitionen nach oben oder Ängste in Sachen Abstiegskampf. Die Borussia liegt einen Punkt vor dem FC Bayern München an der Tabellenspitze und will mit einem Heimsieg gegen Werder den Vorsprung ausbauen. Dem Gladbacher Horst Köppel gelingt nach bereits sieben Minuten per Kopf das 1 : 0, doch Heinz-Dieter Hasebrink gleicht schon in der 16. Minute für Bremen aus – 1 : 1. Im Verlauf der Partie vor nur 14 500 Zuschauern bestürmen die Gladbacher das Werder-Tor, doch Bremens Torwart Günter Bernard ist an diesem Nachmittag nicht mehr zu bezwingen. Ein durchschnittliches, wenig aufregendes Bundesligaspiel, bei dem sich die

Zuschauer kurz vor Schluss schon mit dem Remis abgefunden haben. Für Gladbach wäre das 1 : 1 im Titelkampf zu wenig, für Bremen ein ordentliches Ergebnis.

Dann die 88. Minute: Einer Freistoßflanke von Günter Netzer in den Werder-Strafraum springt Borussias Stürmer Herbert Laumen hinterher, doch Keeper Bernard lenkt den Ball über die Torlatte. Weil er zu viel Schwung drauf hat, landet Laumen im Netz. Und dann passiert es: Der linke Pfosten bricht, knickt ab wie ein Ast im Wind. »Plötzlich hörte ich ein Knacken und Knarren«, erinnert sich Laumen an den Moment. »Als ich sah, wie das Tor brach, bin in Deckung gegangen und lag dann da drin wie ein Fisch im Netz. Regelrecht gefangen, das morsche Gebälk auf mir. In der Nordkurve mit den Borussen-Fans setzte Riesengelächter ein.«

»Das mit dem Pfosten war eine der größten Geschichten meiner Karriere. Ein Punkt war uns beinahe sicher, für uns ein Erfolg. Ich lief in den Strafraum, um den Gladbacher Siegtreffer zu verhindern, und habe dann das Holz richtig knacken gehört. Was für ein Bild, als der Laumen da von Pfosten und Netz eingewickelt im Netz lag. Wir mussten erst mal richtig losprusten vor Lachen, nachdem wir erkannt hatten, dass nichts passiert war. Ein Bild für die Götter! Doch dann begannen sofort die Diskussionen.«

Und die Fragen: Was nun? Was tun? Schnell ist den Ordnern, Offiziellen und Spielern klar: Das Tor lässt sich nicht so leicht reparieren oder vernünftig aufrichten. Ob sofort ein Ersatz zu beschaffen ist, bleibt zunächst unklar. Große Hektik bricht aus, einige legen Hand an, andere weigern sich. Viele Meinungen, keine Klarheit. So einen Fall hat es ja auch noch nie gegeben. Zunächst packen Ordner des Bökelberg-Stadions mit an, und auch Bremer Spieler versuchen sich als unbeholfene Handwerker. Szenen wie in einem Slapstickfilm. Die meisten Werder-Profis nehmen an, dass es bei einem Spielabbruch ein Wiederholungsspiel geben wird. Sie wollen daher die Partie, diese letzten paar Minuten, am liebsten auch mit einem provisorischen Tor zu Ende bringen, um wenigstens den einen Punkt zu sichern. Wer weiß, was bei einem erneut angesetzten Spiel passieren wird. Aber genau darauf spekulieren die Gladbacher. Noch einmal, so der Hintergedanke, wird Werder kein Remis erzielen können. »Sie sehen doch, dass hier nichts zu machen ist. Brechen Sie das Spiel ab«, fordert daher Borussia-Kapitän Netzer Schiedsrichter Gerd Neuser auf. Netzers Argument: »Das ist höhere Gewalt. Wir werden noch einmal gegen Bremen spielen müssen.« Mittelstürmer Jupp Heynckes argumentiert da rabiater. Er tritt mehrmals von hinten ins Netz, damit das Tor beim Versuch, es aufzurichten, immer wieder umfällt. Eine groteske Szenerie. Und noch verwirrender, als Rudi Assauer eingreift.

»Ich verscheuchte unsere Jungs vom Tatort, denn Zembski, Björnmose und Deterding wollten das Tor so schnell wie möglich wieder aufbauen. Weil ich damals nicht nur Kapitän, sondern auch ein pfiffiges Kerlchen war, habe ich meinen Mitspielern gesagt: ›Männer, hört auf mich: Nicht helfen! Haut ab hier! Lasst das!‹ Mir war die Regel des DFB für solch einen Fall bekannt: In 20 bis 25 Minuten muss das kaputte Tor – oder eben ein neues – wieder stehen, ansonsten gibt es einen Spielabbruch, und die Punkte werden dem Gast zugesprochen. Mein Glück war: In einer meiner Partien in der Regionalliga mit der Spielvereinigung Herten ist auch mal ein Tor runtergekracht. Damals bekam der Gastverein die Punkte, weil der Gastgeber als Organisator für die Durchführung der Partie verantwortlich ist.
Also machte ich nach dem Pfostenbruch so einen Wind. Denn im Gladbacher Strafraum herrschte immer noch ein heilloses Durcheinander. Die Borussen wollten partout nicht helfen, die Zuschauer boykottierten die Bemühungen meiner Mitspieler, manche Platzordner wurden sogar handgreiflich. Ich schickte alle weg, und meine Kollegen schrien mich an: ›Assi, du bist verrückt! So ein Blödsinn.‹ Ich antwortete: ›Die schaffen das nie. Bleibt ruhig. Die haben keine Chance, wir bekommen die Punkte.‹ Ich habe heute noch im Ohr, wie Gladbachs Trainer Hennes Weisweiler immer gerufen hat: Reißt das Tor runter! Er glaubte auch daran, dass es ein Wiederholungsspiel geben würde. Das hat mich überrascht. Denn die Regel hätte er eigentlich kennen müssen.

Also war ich am Ende nur noch Beobachter und habe mich kaputtgelacht, als die das Tor aufzubauen versuchten. Nach etwas mehr als einer Viertelstunde war Feierabend: Spielabbruch.«

Am 29. April 1971 wertet das DFB-Sportgericht das Spiel mit 2 : 0 Toren und Punkten für Werder Bremen. Die Begründung des Sportgerichts lautet knallhart: »Ein Bundesligaverein ist nun mal kein Dorfverein. Er hat dafür zu sorgen, dass in angemessener Frist ein zusammengebrochenes Tor wieder sachgemäß aufgestellt werden kann.« Nach der Urteilsverkündung ist wenig später auf einem Plakat eines Borussen-Fans zu lesen: »Der DFB hat uns bestohlen, den Titel werden wir trotzdem holen.« Trotz des Rückschlags im Meisterschaftskampf sichert sich die Mannschaft von Hennes Weisweiler am letzten Spieltag vor dem FC Bayern den Titel. Gladbachs Masseur Charly Stock ist so clever, sich den gebrochenen Torpfosten zu schnappen. Das Stück Holz wird im Borussia-Museum ausgestellt.

In Bremen will die Vereinsführung fortan ganz neue Wege gehen, da man sportlich in den zurückliegenden drei Jahren im Mittelmaß versunken war. Man setzt nicht mehr nur auf den Nachwuchs, sondern startet im Sommer 1971 eine für damalige Verhältnisse sündhaft teure Shoppingtour. Für rund zwei Millionen DM werden sieben Spieler gekauft, darunter vier Nationalspieler – und das trotz einer Viertelmillion DM Schulden. Ein Witz in Relation zu den Transfersummen heutiger Tage. »Werder soll mithilfe von Freunden und Gönnern wieder flüssig gemacht werden«, fordert Geschäftsführer Hans Wolff im Herbst 1971. Die Hansestadt Bremen, deren Bürgermeister Hans Koschnick Mitglied der Werder-Schachabteilung ist, lässt den Verein nicht im Stich und streicht Steuerschulden von mehr als 230 000 Mark, erlässt künftige Abgaben und beteiligt Werder an den Einnahmen aus der Stadionwerbung. Als äußeres Zeichen dienen neue Trikots in den Farben der Hansestadt Rot und Weiß mit dem Schlüssel der Stadt als Logo. Symbolträchtig, da sich ja die ortsansässige Wirtschaft und die Stadt selbst finanziell engagieren.

Der Umbau der Mannschaft hat jedoch kein klares Konzept und findet zum Teil ohne Absprache zwischen Trainer und Vereinsführung statt. Geholt werden können dank extrem hoher Gehaltsversprechen unter anderem sogar Nationalspieler wie Peter Dietrich und Pfostenbruchheld Herbert Laumen, beide von Borussia Mönchengladbach. Dazu kommen die Dortmunder Willi Neuberger und Werner Weist. Prominenter aber sind die Namen, die nicht in den Norden wechseln: Paul Breitner und Uli Hoeneß vom FC Bayern sind ein Thema, in ihrem Schlepptau hätte auch Trainer Udo Lattek verpflichtet werden sollen. Die Transfers scheinen auch machbar, doch Werders damaliger Geschäftsführer Hans Wolff will das Duo nicht. Ein Wechsel von Gladbachs Mittelfeldstar Günter Netzer dagegen steht kurz vor dem Abschluss, man einigt sich bereits mit dem Spieler. Nur ein Vertragspunkt fehlt noch: In Gladbach kümmerte sich Netzer nebenbei noch um die Stadionzeitung *Fohlenecho*. Und bei einem Wechsel will er für das damalige Stadionmagazin *Werder-Echo* verantwortlich sein, dieses komplett übernehmen. Doch die Leitung der Zeitschrift war Werders ehemaligem Spieler Klaus Matischak übertragen worden, und diese Entscheidung wird nicht rückgängig gemacht. Ein Jahr später wechselt Netzer daher für rund eine Million DM Ablöse nach Spanien zu Real Madrid.

»Unsere Truppe wurde damals Millionenelf genannt, Fans anderer Vereine benutzten es als Schimpfwort. Woher der Verein plötzlich das Geld hatte, fragte sich selbst Günter Netzer. Natürlich waren wir Spieler angesichts der vielen Einkäufe nicht begeistert. Denn durch die neuen Spieler erhöhte sich die Konkurrenz, da ging es im Training schon mal ordentlich zur Sache – ein regelrechtes Revierverhalten. Da ich um meinen Platz nicht fürchtete, war ich es, der die beiden Dortmunder Jungs angespitzt hatte, nach Bremen zu wechseln. Der Grundgedanke der Vereinsführung aber war richtig. Werder wusste, dass zur kommenden Saison 1972/73 die Transferhöchstgrenze von 100 000 DM fallen, die Ablösesummen hochgesetzt werden sollten. Früher hatte ein Nationalspieler maximal 120 000 oder 150 000 Mark gekostet, wenig später musste man für gute Spieler 500 000 oder 600 000 hinblättern. Deswegen hatte

der Verein beschlossen, einkaufen zu gehen, bevor die festen Ablösen fallen. So konnten die einzelnen Spieler mehr verdienen. Ich denke, wir hatten damals durch unseren Präsidenten Dr. Franz Böhmert und seine Verbindungen zum DFB einige Vorteile, ebendiesen Wissensvorsprung. Das hat er clever ausgenutzt.«

Auch wenn es bei einigen Transfers Komplikationen gibt. Willi Neuberger hatte 1971 im Abstand von mehreren Wochen beispielsweise gleich zwei Verträge unterschrieben – einen in Dortmund, einen in Bremen. Es kommt zum Rechtsstreit, den ein Richter in Dortmund entscheiden muss. Er macht das ganz einfach und fragt den Spieler Neuberger, für welchen Verein er künftig spielen möchte. »Werder kam später mit den besseren Perspektiven, da habe ich umgedacht«, sagt Neuberger im Rückblick, »aber das war nicht die feine Art von mir.«

Unter den erhöhten Ausgaben, vor allem wegen der ungewöhnlich hohen Gehaltszahlungen, muss Werder noch Jahre später leiden – was auch Assauer noch zu spüren bekommen sollte. Doch der Erfolg, den Bremen hatte erzwingen wollen, tritt nicht ein. Das zusammengekaufte Starensemble passt einfach nicht zusammen. Nach acht Spieltagen steht Werder mit 8 : 8 Punkten nur auf Platz sieben der Tabelle. Das ist zu wenig für die Erwartungen rund um die Millionenelf. Vor allem weil Trainer Gebhardt sich stur stellt gegenüber den Neuverpflichtungen. Sein Credo lautet: »Bei mir zählen nicht die Namen, sondern nur die Leistungen.« Ungerührt lässt er daher in jedem Ligaspiel Nationalspieler auf der Ersatzbank sitzen. Am 29. September 1971 trennt man sich schließlich von Gebhardt, da er – so lauteten weitere Anklagepunkte – die Mannschaft psychologisch falsch betreut habe und der Vereinsführung nach schlicht zu altbacken trainieren ließ. Gebhardt ist damals 51 Jahre alt.

In dieser Zeit bekommt Assauer erneut eine Lektion für seinen späteren Managerjob: Schwindeln für Einsteiger. Denn bei Gebhardts Entlassung lügt Geschäftsführer Wolff ebenso ungerührt wie schamlos die Reporter an. Noch am Morgen versichert er, dass niemand an einen Trainerwechsel denke. Nach der Verpflichtung von Nachfolger Willi Multhaup beteuert Wolff: »Ich erfuhr es zuletzt und bin in der Angelegenheit unschuldig wie ein neugeborenes Kind.«

Multhaup, 68 Jahre alt, 1965 mit Werder Deutscher Meister, ist ein alter Bekannter. Er genießt jedoch schon seit drei Jahren den Ruhestand. Da er nicht »bis an die Friedhofsmauer trainieren« wollte, hatte er sich ins Privatleben zurückgezogen. »Ob es diesmal gutgeht, weiß ich nicht, denn ich habe zuletzt nur mit meinen Enkelkindern gespielt«, unkt das Essener Urgestein. Das rechte Bein zieht Multhaup nach, da er mit dem rechten Fuß seit einem Achillessehnenabriss drei Jahre zuvor nicht mehr richtig auftreten kann. Der gesamte Verein, selbst die Spieler, ermuntern den Ex-rentner, mittlerweile Großvater, zum Durchhalten.

So trifft Assauer erneut auf den Coach, den er früher in Dortmund so oft geneckt hatte. Für den »Aushilfsjob« braucht der Trainer nicht mal einen Vertrag, aber natürlich »muss auch Butter bei's Brot«, wie Multhaup im feinsten Ruhrpottdialekt betont. Seine zwei Säulen der Trainingslehre: Kondition und Spaß. »Bei mir werden die Lachmuskeln genauso massiert wie die Wadenmuskeln«, verspricht Multhaup, »aber die Jungs hier hatten offenbar nichts zu lachen. Aber ohne Freude kann man nicht siegen.«

»Ach ja, unser Fischken. Der trug immer dieses Monokel und guckte einen damit streng an. In seiner Heimatstadt Essen besaß er zwei Geschäfte für Herrenmode. Daher war er immer modisch top gekleidet. Seinem Ruf als Schleifer im Training machte er alle Ehre. Multhaup ließ manchmal so hart malochen, dass einige Spieler sogar Verletzungen simulierten, um eine Trainingspause zu bekommen. Wie schon als Trainer beim BVB in Dortmund ließ er eine ganz spezielle Übung machen. Der Ball musste stets rasch zum eigenen Mann weitergeleitet werden – nach jedem Kontakt immer schneller. Das trichterte uns Multhaup knallhart ein: Er klatschte beim Training unentwegt in die Hände und schrie: >Patsch, patsch!< Auf lange Sicht war Multhaup jedoch nur der Platzhalter für Sepp Piontek.«

Der seit 1970 am Knie dauerverletzte Abwehrspieler soll in die Trainer-rolle hineinwachsen. Nachdem Multhaup Piontek, der sich noch in seiner Trainerausbildung befindet, eingearbeitet hat, verlässt er den Verein wieder. Multhaups Bilanz: vier Spiele, zwei Siege, zwei Niederlagen. Am 25. Oktober übernimmt schließlich Piontek, damals erst 32 Jahre jung – und nur vier Jahre älter als Assauer. Nach 202 Bundesligaspielen besteht Piontek an der Trainerakademie in Köln als Jahrgangsbester die Prüfung. Schon während der Ausbildung sitzt er bei Werder Bremen als Spielertrainer auf der Bank. Im Juni wird er zum Dankeschön für seine Spielerkarriere noch einmal in einem Ligaspiel eingewechselt – seit 1969 sind weltweit zwei Auswechslungen pro Fußballspiel erlaubt. Für die letzten vier Spieltage und das DFB-Pokal-Halbfinale gegen Kaiserslautern stellt man ihm den erfahrenen Trainer Fritz Langner an die Seite. In der Liga reicht es dennoch nur zu Rang elf, und im Pokal scheitert man in Hin- und Rückspiel gegen Lautern jeweils mit 1:2. Langner, der den Beinamen »Eiserner Fritz« trägt und stolz darauf ist, als Feldwebel zu gelten, hat also vergeblich versucht, die Mannschaft zum Pokalsieg 1972 zu trimmen.

»Fritz war einer der härtesten Trainer, die es gab. Er legte viel Wert auf Lauf-arbeit und Disziplin. Manchmal mussten wir im Training zehn bis 20 kerni-ge 200-Meter-Spurts nacheinander machen – in vielen Fällen buchstäblich bis zum Erbrechen. Als wäre man bei der Bundeswehr. Aber er hatte auch viel Ahnung vom Fußball – und konnte im Gespräch ein richtiger Kumpeltyp sein. Nie hatte Werder einen Trainer, der so intensiv für den Fußball lebte. Deshalb habe ich ihn ja später zu meiner Managerzeit in Bremen verpflichtet – als Feuerwehrmann im Abstiegskampf.«

In die Spielzeit 1972/73 geht Werder nur mehr mit dem Trainernovizen Sepp Piontek, der den Verein zum alten Glanz der Meisterschaft von 1965 führen soll. Unter ihm wird Assauer zum absoluten Stammspieler, absolviert alle 34 Saisonspiele. Als spektakuläre Neuverpflichtung wird Torhüter Dieter Burdenski von Arminia Bielefeld gekauft – für 320 000 DM statt der selbst für Nationalspieler üblichen 180 000 DM Ablöse. Die Bremer pendeln weiter unspektakulär zwischen Rang neun und 15, schaffen den Klassenerhalt als Tabellenelfter jedoch relativ bequem. Im DFB-Pokal erreichen sie erneut das Halbfinale, unterliegen diesmal aber Borussia Mönchengladbach in Hin- und Rückspiel deutlich.

»Weil Piontek mit Spielern, die er nun trainierte, früher noch zusammengespielt hatte, war das für die Jungs in der Truppe nicht so einfach. Dennoch hat er es geschafft, die Kluft zwischen den Jungen und den Alten im Kader zu überwinden. Er war eine Persönlichkeit, die Spieler hatten Respekt vor ihm. Sepp und ich kamen gut miteinander aus, haben sehr professionell gearbeitet. Wichtig war, dass er die Sprache der Spieler sprach und nicht wie einige Altmeister dieser Zeit nur die Peitsche auspackte.

Aus heutiger Sicht haben wir ja damals alles falsch gemacht, was Training, Ernährung und medizinische Versorgung betraf. Die heutige gute Pflege gab es nicht. Fußball lebte damals von Kraft und Kondition. Nach einem Spiel war es üblich, noch in der Kabine oder danach im Bus ein Bierchen zu zischen. Ein anderes Beispiel: Wenn am Samstag um 15.30 Uhr ein Bundesligaspiel war, kam mittags um zwölf Uhr ein Steak auf den Tisch – und wehe, wenn nicht. Dazu eine Cola. Jeder hat sich im Grunde ernährt, wie er wollte. In diesen Zeiten konnte man auch mal losziehen abends. Man wurde vielleicht erkannt, aber nicht behelligt – schon gar nicht in Bremen. Es gab keine Handyfotos, kein Internet. Nur an einigen Abenden hat der Trainer Kontrollanrufe gemacht, um zu sehen, ob man zu einer bestimmten Uhrzeit in den eigenen vier Wänden war. Aber als verheirateter Familienvater war ich meistens brav zu Hause, wenn die jungen Kerle in der Stadt auf die Rolle gegangen sind.«

Assauer erlebt in Dortmund und Bremen, wie hart bis teils unbarmherzig das Training in den 60er- und 70er-Jahren sein kann – der Drill hat beinahe militärische Züge. Im Winter wird auf frostigem Boden geübt oder auf roter Asche. Rasenheizungen in Stadien oder auf Trainingsplätzen sind unbekannt. Die medizinische Versorgung ist unterentwickelt. »Trocken bleiben«, lautet damals eine Regel – nach heutigen Erkenntnissen gesundheitsgefährdend. Einige Trainer lassen die Spieler beim Training kein Wasser trinken, damit sie Gewicht verlieren. Für Brexendorf, den Mannschaftskollegen Assauers bei Werder und späteren Sportmediziner, im Rückblick eine andere Welt: »Bei Borussia Dortmund wurde der einzige Masseur ›Einreiber‹ genannt. Von Physiotherapeuten, Ärzten oder Entmüdungsbecken keine Spur. Damals hatten wir bei Werder einen Masseur für die gesamte Mannschaft. Als junger Spieler lag ich das erste Mal nach zwei Jahren auf der Massagebank. Vorher hieß es: ›Spiel du erst mal ein paar Jahre, dann hast du es dir verdient, dann darfst du.‹ Es gab auch keinen festen Mannschaftsarzt. Passierte im Training etwas, ist man rasch in eine Praxis in der Stadt gefahren. Nur bei den Spielen war ein Arzt dabei.«

Im vierten Jahr Assauers bei Werder Bremen bleibt die Truppe von Piontek im Ligamittelmaß und zählt dauerhaft zu den sogenannten grauen Mäusen mit Kontakt zu den Abstiegskandidaten. Rang sechs in der Tabelle am ersten Spieltag der Saison 1973/74 ist schon das Maximum, es folgen sechs weitere Partien ohne Sieg. Im DFB-Pokal kommt das Aus schon im Achtelfinale. Den Bayern mit Maier, Beckenbauer, Schwarzenbeck, Breitner, Hoeneß und Müller ist die Mannschaft um Assauer nicht gewachsen – 1 : 2. Doch obwohl es kaum Erfolge zu feiern gibt, gelingt es Assauer als Kapitän, die Truppe bei Laune zu halten.

»Ich habe daher regelmäßig Mannschaftsabende organisiert. Wir haben uns jeden Montagabend nach Training und Saunagang im Gasthof Grothenn's getroffen, weil das die einzige Kneipe mit König-Pilsener war, daran kann ich mich noch erinnern. Wir haben dort getrunken, gegessen, diskutiert und geflachst. Ohne Trainer, ohne Frauen. Da gab es gute Aussprachen, da wurde klar Tisch gemacht. Und wenn es bei uns nicht lief, wenn es persönliche Animositäten gab, dann haben wir gesagt: ›Komm, jetzt hauen wir uns mal alle einen in den Kopp und sprechen uns richtig aus.‹ Der Alkohol lockerte die Zunge, jeder konnte sagen, was ihm nicht passt. Ein reinigendes Gewitter half immer. Als wir einmal eine vierwöchige Testspieltour durch Nord- und Mit-

telamerika, durch die USA, Mexiko, Costa Rica und andere Länder gemacht haben, wollte ich auch da was auf die Beine stellen. Ich habe ein paar Dinge heimlich eingefädelt, und dann hieß es per Flüsterpost, SMS aufs Handy gab's ja damals nicht: heute Abend um 22 Uhr geheimer Treffpunkt hinter dem Hotel, kein Wort zu den Trainern. Dort stand dann ein Bus, alle Mann rein und ab in eine Bar mit Livemusik und allem Schnickschnack. Irgendwann morgens um zwei oder drei Uhr ging es zurück. Herrliche Zeiten waren das.«

Assauer wird wegen seiner direkten und offenen Art geschätzt. Das imponiert Bernd Brexendorf noch heute: »Rudi war beides: ein Kumpeltyp, aber auch ein guter Anführer. Er konnte für die ganze Gruppe sprechen – in guten wie in schlechten Zeiten. Immer sehr klar und geradeaus gegenüber Mitspielern, Trainern, dem Präsidium und den Medien. Auch wenn etwas nicht populär war, hat er sich nie versteckt.« Während Höttges mit seinen 66 Länderspielen quasi der Alterspräsident ist, gibt Assauer den Anführer. »Rudi war einfach die Persönlichkeit bei uns, sehr wortgewandt. Er hat die Leute in seinen Bann ziehen können. Und sportlich war er ein guter Libero, sehr wertvoll für die Mannschaft. Durch seine Leistungen hat sich Assauer Respekt verdient«, erinnert sich Dieter Burdenski. »In diesen Zeiten haben junge Leute wie ich eine Hackordnung innerhalb einer Truppe ja noch anerkannt und die unangenehmen Jobs übernommen: etwa die Koffer tragen. Rudi war trotz Höttges die führende Figur der Truppe, den anderen immer einen Tick voraus.« Auch die Tatsache, dass Assauer schon als Spieler über den Tellerrand seines Profidaseins hinausgedacht hat, beeindruckte Brexendorf: »Als einer der wenigen Fußballer damals hat er sich um die Zeit nach der Karriere gekümmert. Assi hatte eine Immobilienfirma gegründet, mit Sitz an der Weser. Er war ein Netzwerker. Kein Wunder, dass sein Weg später in den Managerposten mündete.«
1974 beginnt das schwierigste Jahr für Assauer im Norden. Denn die Mannschaft kommt in der Saison 1974/75 über Rang 14 nie hinaus, und ein nervenaufreibender Abstiegskampf zieht sich bis zum vorletzten Spieltag hin. Erst Anfang Juni 1975 rettet sich Werder dann gegenüber dem VfB

Stuttgart vor dem Absturz in die Zweitklassigkeit. Im DFB-Pokal-Viertel-finale scheidet die Mannschaft gegen den MSV Duisburg aus. Für Trainer Piontek heißt es nach dieser schlechten Bilanz Abschied nehmen.

Im Jahr 1975 kann Assauer noch als Spieler aus nächster Nähe erleben, was ein richtiger Transferflop ist. Die Integration von Ibrahim Sunday aus Accra in Ghana, 1970 zu Afrikas Fußballer des Jahres gewählt, miss-lingt völlig. Es ist der Versuch, erstmals einen Afrikaner in der Bundesliga zu etablieren, doch mehr als eine Zirkusnummer ist der 25-Jährige nicht. Auf dem Sportpressefest in der Bremer Stadthalle entfacht Sunday zwar Begeisterungsstürme, als er mit dem Ball auf dem Kopf über die gesamte Länge der Halle tänzelt, aber seine Qualitäten draußen auf dem Feld sind eher limitiert. »Der Transfer von Sunday war eine Idee des damaligen Ge-schäftsführers Hans Wolff«, erinnert sich Torhüter Burdenski, »ich weiß nicht, wie Ibrahim zu dieser Auszeichnung in Afrika gekommen war. Vom Körperbau her hatte er die Statur eines B-Jugendlichen, war nicht robust genug für die Bundesliga. Er konnte sich trotz seiner exzellenten Technik einfach nicht durchsetzen. Ein menschlich feiner Kerl, doch er tat sich schwer mit der Sprache und dem Klima, hat im Winter gelitten. Alles war für Sunday fremd, die Kultur, die Religion. Als Moslem war ihm das Essen von Schweinefleisch verboten. Ibrahim hat dann immer gefragt, was da für eine Fleischsorte auf dem Teller war – und wir haben genickt oder mit dem Kopf geschüttelt. Der arme Kerl hat damals so viel Schweinefleisch gegessen, das hat er gar nicht gemerkt.«

Während seiner zwei Jahre im Profikader des SV Werder steht Sunday nur ein einziges Mal in einem Punktspiel auf dem Platz, im Juni 1976 in der zweiten Halbzeit gegen Rot-Weiß Essen. Eine Geste in einem unbedeuten-den Spiel – mehr nicht. Danach ist das Experiment beendet. Der Ghanaer bleibt dennoch in Deutschland und macht an der Sporthochschule in Köln den Trainerschein.

Mit Herbert Burdenski wird für die Spielzeit 1975/76 der Vater des Tor-hüters Dieter Burdenski als Trainer verpflichtet. Der gebürtige Gelsen-chener muss den Verein jedoch nach nur einem Sieg aus zehn Spielen, dem

Abrutschen auf Rang 14 in der Bundesligatabelle und dem Aus in Runde
eins des DFB-Pokals gegen Borussia Mönchengladbach Ende Februar 1976
wieder verlassen. Öffentlich bescheinigt er seiner Mannschaft »Landesliga-
format« und prophezeit, der Verein werde spätestens zum Saisonende die
Quittung für die Vereinspolitik der vergangenen Jahre erhalten und absteigen. Burdenski behält allerdings nicht recht. Als Dreizehnter der Tabelle
geht Bremen schließlich über die Ziellinie – und zwar mit einem jungen
Trainer namens Otto Rehhagel. In seiner ersten Amtszeit erhält Rehhagel
einen Dreieinhalb-Monate-Kontrakt. Das Vertragsende war auf den Tag
des letzten Saisonspiels am 12. Juni 1976 datiert, weil man mit Hans Tilkowski bereits einen neuen Trainer für die kommende Spielzeit verpflichtet
hatte. Der als »Feuerwehrmann« geholte Rehhagel lässt die Mannschaft
defensiver, mit konsequenter Manndeckung spielen. Seine Devise: »Haut-
eng decken und vor allem kämpfen, kämpfen, kämpfen.« Nach einer
0:2-Pleite bei seinem Debüt in Karlsruhe fangen sich die Grün-Weißen
wieder, holen vor allem in den Heimspielen im Weserstadion entscheidende Punkte und sichern sich am vorletzten Spieltag durch ein 2:0 gegen den
MSV Duisburg den Klassenerhalt. Nach dem Spiel stürmen die Fans den
Rasen und tragen Rehhagel auf den Schultern um den Platz. Als Prämie für
den Klassenerhalt kassiert er 20 000 DM. Nun wollen die Verantwortlichen
Rehhagel halten, doch der 37-Jährige entscheidet sich kurzfristig für ein
Angebot von Borussia Dortmund. Zwischen Assauer und Rehhagel sollte
es wenige Jahre darauf ein Wiedersehen geben.
Nach 307 Bundesligaspielen beendet Rudi Assauer seine Karriere am 15.
Mai 1976. In seiner finalen Saison kann er aufgrund einer leichteren Verletzung nur noch 23 Spiele mitmachen, in den Jahren zuvor war er im Dau-
ereinsatz gewesen. Abseits des Fußballs fällt Assauer auf, wo immer er hin-
kommt. Für Burdenski kein Wunder: »Rudi hat einfach das Leben geliebt,
war sehr für Geselligkeit. Er wollte immer gut aussehen, extrovertiert sein.
Für ihn war das Äußere sehr wichtig – ein Trendsetter in Sachen extrava-
ganter Mode. Er hat sich immer die neuesten Sachen geholt, ist damit aus
dem Rahmen gefallen. Leider war er nicht der Fleißigste im Training, da

hat er sich oft zurückgenommen. Natürlich, weil er wusste, dass er in den Spielen Leistung gezeigt hat. Mit seinem Auge und seinem Stellungsspiel konnte er vieles wettmachen«, schwärmt Burdenski noch heute. Der einzige Wermutstropfen aus Sicht des ehemaligen Torhüters: »Meiner Meinung nach hätte er mit etwas mehr Biss viel mehr erreichen können, etwa Nationalspieler zu werden. Er hätte es verdient gehabt – doch an Franz Beckenbauer war eben auf der Liberoposition Anfang bis Mitte der 70er-Jahre kein Vorbeikommen.«

Assauer erlebt sein letztes Profispiel zunächst von der Bank aus, beim 3:2 gegen den 1. FC Kaiserslautern im Weserstadion wird er in der 75. Minute für Horst-Dieter Höttges eingewechselt.

»Ich habe im richtigen Moment aufgehört. Das Gute dabei war: nicht wegen einer Verletzung, die man dann nach seiner Karriere mit sich rumschleppt. Nein, damals war man mit 32 Jahren als Profi ein alter Sack. Trainingsaufbau, Rehaprogramm, richtige Ernährung – das spielte alles noch keine große Rolle. Die heutige Pflege und Rundumfürsorge der Vereine für die Profis gab es noch nicht. Im Nachhinein betrachtet, war es für mich ein großes Glück, nach Bremen gewechselt zu sein. Einerseits, weil Dortmund zwei Jahre nach meinem Abschied dann 1972 absteigen musste, und andererseits, weil ich nach Ende meiner aktiven Laufbahn gleich Manager bei Werder Bremen werden konnte. Ich weiß nicht, ob mir ein anderer Klub diese Chance gegeben hätte.«

1946

1948

1950

Oben links und rechts:
Rudi (links) mit seiner Zwillingsschwester
Karin in Herten

Unten:
Rudi und Karin bei der Einschulung
in der Augusta-Schule

1951/52

Karin **Assauer**

Rudi **Assauer**

Rudi und Karin im 2. Schuljahr mit ihrer Klasse

1958

Die Zwillinge am Tag ihrer Konfirmation

»Mein Vater stammte aus dem Kohlenpott. Was für mich ganz wichtig war: Er hat mich und mein Hobby Fußball immer unterstützt.«

Rudi Assauer

Oben links:
Franz Assauer, Rudis Vater, (links) und ein Bekannter

1964

Franz und Elisabeth Assauer, die Eltern

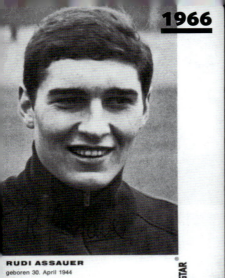

RUDI ASSAUER
geboren 30. April 1944

DERBYSTAR

Links:

Zwei Jahre zuvor war Assauer zu Borussia Dortmund gewechselt. Die Autogrammkarte entstand nach dem Triumph des BVB im Europapokal der Pokalsieger 1966, als Dortmund im Finale von Glasgow mit 2:1 gegen Liverpool siegte

Unten:

Autogrammkarte der Bundesliga-Mannschaft von Borussia Dortmund in der Saison 1966/67 mit Assauer genau im Zentrum, mittlere Reihe, Dritter von links

Original-Autogrammkarte: Assauer machte von 1964 bis 1970 für Borussia Dortmund insgesamt 119 Bundesligaspiele

1973

»Aus Dortmund nach Bremen – für mich war das 1970 eine gewaltige Umstellung, ein kleiner Kulturschock.«

Rudi Assauer

1973

Hoffentlich geht das gut: Verteidiger Assauer als Werder-Kapitän in Aktion in einem Spiel der Bremer gegen Hannover; im Werder-Tor: Dieter Burdenski

1975

1975

Oben:
Die Mauer steht, die Hosen sitzen: Assauer mit seinen Teamkollegen Franz Hiller, Mario Kontny, Jürgen Röber, Per Roentved und Poul-Erik Thygesen (v.l.n.r.) bei einem Bundesligaspiel gegen den Hamburger SV

Rechts:
Mannschaftskapitän Rudi Assauer mit seinem damaligen Trainer Herbert Burdenski

1974

Der Dandy: Assauer zieht blank bei einem Shooting für die *Bild*. Das Blatt titelt damals: »Der schönste Mann der Bundesliga«

6. Mein erster Managerjob bei Werder

»Aus der Umkleide ins Büro«

————

Die Beförderung zum Manager erfolgt über Nacht. So schnell ist noch kein Bundesligaspieler von der Umkleidekabine ins Büro des Vereins gewechselt wie Rudi Assauer im Frühsommer 1976. Mit 32 wird er der jüngste Manager des Profifußballs.

»Ich zog das Trikot aus, am nächsten Tag saß ich am Schreibtisch und war Vorgesetzter meiner Kameraden.«

Und das kommt so: Nach Jahren des Mittelmaßes und sogar Abstiegskampfes stehen bei Werder Bremen 1976 Veränderungen an. Klaus-Dieter Fischer, der einige Ehrenämter innehat, überredet Mannschaftsarzt Dr. Franz Böhmert zur Kandidatur für das Präsidentenamt und bewirbt sich selbst als einer der Stellvertreter. In einer turbulenten Versammlung, in der Böhmert als ›Nichtfußballer‹ heftig attackiert wird, setzt sich das Duo jedoch am Ende durch. Und damit beginnen die Aufräumarbeiten. Der neue Trainer heißt Hans Tilkowski und der neue Manager Rudi Assauer. Die entscheidende Figur in der Rochade der Vereinsverantwortlichen aber ist Franz Böhmert. Er wird Assauers Mentor und später sein bester Freund.

»Franz war mein Ziehvater bei Werder, hat mir immer vertraut. Auf ihn konnte ich mich auch privat stets verlassen. Wenn es wirklich einen guten Menschen auf der Welt gibt, dann ihn. Kein Fußballfachmann, dennoch hat er sein Handwerk verstanden. Böhmert hat in der Folge viele junge Spieler verpflichtet, viel Geld war ja nicht da.«

Nicht mehr, denn die Zeiten der Millionenelf Anfang der 70er-Jahre hatten Spuren hinterlassen – und zwar eine Menge Schulden. Als Werder-Geschäftsführer fungiert bis dato Hans Wolff, und das schon seit 25 Jahren. Er ist der dienstälteste Geschäftsführer aller Bundesligaklubs und im Ranking der selbstbewusstesten Manager die Nummer zwei. Wolff, damals schon 63 Jahre alt, pflegte von sich zu behaupten: »Ich bin der beste Geschäftsführer des deutschen Fußballs. Ich verspüre so etwas wie Jagdfieber, wenn ich auf die Suche nach neuen Spielern gehe. Und ich kann jeden Spieler der Welt holen, egal, ob Indianer, Eskimo oder Chinese.« Arroganter kommt in diesen Tagen nur noch Bayern-Manager Robert Schwan daher, der meint, nur zwei intelligente Menschen zu kennen: »Schwan am Vormittag und Schwan am Nachmittag.«

Trotz der Umtriebigkeit von Wolff macht Werder schwere Zeiten durch. »Der Verein hat bisher von den Siegen nicht profitiert«, klagt der Geschäftsführer, »der Umsatz stieg nur in den Restaurants, in denen Werders Erfolge gefeiert wurden.« Im Laufe der Jahre schaut Assauer seinem Vorgesetzten im Büro immer mal wieder über die Schulter, bekommt so schon als Spieler einen Einblick in die kaufmännischen Aspekte. Mit Verwunderung nimmt er dabei die Arbeitsmethoden und Restriktionen Wolffs zur Kenntnis, zum Teil erfährt er sie ja am eigenen Leib. Den Spielern wird beispielsweise sogar das kostenlose Mittagessen nach dem Training im Vereinsheim gestrichen. Als der jugoslawische Torhüter Dragan Ilic zum 1. FC Saarbrücken abzuspringen droht und sich zu Vertragsverhandlungen ins Saarland aufmacht, reist ihm Wolff hinterher und stellt ihn zur Rede. Er macht dem Torwart ein schlechtes Gewissen: »Dragan, dein Hund hat seit deiner Abreise nichts mehr gefressen. Du solltest dich mal besser um ihn kümmern.« Ilic kehrt daraufhin nach Bremen zurück und bleibt bei Werder.

Ein Lehrling von Wolff im klassischen Sinne ist Assauer aber nie. Dennoch erkennt der Geschäftsführer das organisatorische Talent des Spielers, sagt Mitte der 70er zu seinen Kollegen im Präsidium: »Wenn ich mal aufhöre, wäre der Assauer der geeignete Nachfolger.« Nun soll es also Assauer – gerade noch Libero, jetzt Jungmanager – richten. Man will das Alte hinter sich lassen, eine neue Ära einleiten, neue Wege gehen. Er soll den Verein wirtschaftlich wieder in die Spur bringen, Sponsoren an Land ziehen und die Mannschaft umbauen, damit sie ihren Spitznamen »Sphinx des Nordens« loswird. Gegen starke, meist besser besetzte und in der Liga positionierte Gegner gewinnen die Bremer häufig, gegen schwache Kontrahenten verlieren sie regelmäßig.

»Eines Tages holte mich Hans Wolff in sein Büro und fragte mich: >Assi, willst du unseren Laden schmeißen? Traust du dir das zu? Wenn ja, dann machst du das ab sofort.< Ich habe geantwortet: >Okay. Die Bedingungen stimmen. Es ist eine schöne Stadt, es sind nette Leute. Warum nicht? Mein Ziel wird es sein, den Verein wieder richtig nach oben zu bringen.< Eine spontane Entscheidung. Ich konnte ja damals nicht wissen, was das für mein weiteres Leben, für meinen gesamten Berufsweg bedeuten würde. Ich wusste, dass ich Spaß an der Aufgabe haben würde, aber ein wenig jugendlicher Leichtsinn war schon dabei. Aus meiner Sicht war die Zeit der Frühstücksdirektoren vorbei. Es brauchte einen, der anpackt. Einen Macher.«

Um sich trotz Bürotätigkeit weiter fit zu halten, trainiert Assauer unter Coach Hans Tilkowski mit, regelmäßig, meist ein- bis zweimal pro Woche. So bekommt er auch ein Gespür für den Coach, die Spieler und hautnah mit, was auf dem Platz und in der Kabine gesprochen wird. »So konnte er die Stimmung fühlen, spüren, was bei uns läuft. Der Bezug zum Team blieb«, erinnert sich Torwart Dieter Burdenski, »allerdings hatte sich natürlich etwas verändert. Assauer konnte nicht mehr der uneingeschränkte Kumpel in der Kabine sein. Als Spieler hat man sich mit gewissen Aussagen in Bezug auf den Trainer oder das Präsidium von diesem Zeitpunkt an natürlich zurückhalten müssen. Aber Assi hat das ganz locker und elegant hingekriegt. Wir haben weiter ein freundschaftliches Verhältnis gepflegt, ab und an gemeinsam etwas unternommen. Da hat es keine Rolle gespielt, dass er ab diesem Zeitpunkt mein Vorgesetzter war. Leider hat er mir nicht mehr Geld gegeben bei Gehaltsverhandlungen. Er war ein Mann der klaren Worte und hat sich an Abmachungen gehalten.«

»Der neue Job war für mich eine große Umstellung. Damals habe ich mich gefragt: Nützt es dir nun, dass du Mitte der 60er-Jahre als junger Spieler bei Borussia Dortmund eine Banklehre gemacht hast? Ich weiß es noch gut: Plötzlich saß ich dann da an einem Montagmorgen in meinem Büro auf der Werder-Geschäftsstelle am Schreibtisch und dachte: Watt machste jetzt? Im Grunde musste ich mir ja fast alles selbst beibringen. Learning by doing oder wie wir im Ruhrpott sagen: mit Aug und Ohr.«

Er legt also los. Für Werder Bremen will er ein Programm mit dem Titel »Fußball total« entwickeln, mit zahlreichen PR- und Werbeaktionen, aber auch Showeinlagen. »Rudi war für Werder einfach ein Glücksfall, ein neues Gesicht, das dem Verein neue Strukturen gegeben hat. Positiv war für ihn, dass er einigermaßen in Ruhe gelassen wurde«, erzählt Burdenski. »Die Arbeit eines Managers sah ja etwas anders aus in diesen Zeiten. Vor allem das Medienaufkommen war nicht so groß wie heutzutage, daher auch die Anforderungen, sich der Öffentlichkeit zu stellen und alle Schritte zu erklären, weniger dringend. Der Verein war zuvor mit den Investitionen in die Millionenelf an seine wirtschaftlichen Grenzen gegangen – und darüber hinaus. Sportlich war man aber nie unter die ersten fünf gekommen, den Europapokal sah man nur im Fernsehen.«
Assauer dämpft ganz bewusst die Erwartungen. Ein bis zwei Jahre würde die Übergangszeit sicher dauern, bis die Mannschaft an die oberen Plätze in der Liga hinschmecken könne, so seine Aussage 1976.

»In der neuen Rolle als Manager wurde mir noch akuter bewusst, dass die Bedeutung des Fußballs in Bremen eine ganz andere war als im Ruhrpott. Dort, in meiner Heimat, saßen die Kinder im Stadion auf den Schultern der Väter. Das haste in Bremen kaum gesehen. Da sind die Frauen samstags mit den Kindern zur Nordsee gefahren. Also mussten wir das Interesse der Leute für Werder wecken. Wichtiger als Modenschauen oder andere Veranstaltungen mit den Spielern waren gute Fußballspiele. Das A und O bilden immer gute Leistungen der Mannschaft – nur so kann man Werbung machen, kann Firmen an den Verein binden.«

Die Imagekampagne beginnt mit einem DFB-Pokal-Spiel. Am 6. August 1976 sitzt Assauer erstmals im Anzug auf der Bank neben Trainer Tilkowski, den Ersatzspielern, dem Arzt, dem Masseur und den Betreuern. Gegen den SV Südwest Ludwigshafen kommen immerhin 11 000 Zuschauer ins Weserstadion, das für knapp 40 000 Fans Platz bietet. Bremen gewinnt 4 : 0, ein reiner Pflichtsieg. Aber ein erster Schritt. Eine Woche später führt Assauer seine erste Reise als Werder-Manager ausgerechnet in den Ruhrpott zum Ligaauswärtsspiel beim FC Schalke. Bremen wehrt sich tapfer, verliert dennoch mit 2 : 3.

Im DFB-Pokal erreicht Werder das Achtelfinale und scheidet bei Bayer Uerdingen aus. Doch wenigstens hatte es zuvor drei Heimspiele gegeben. Für den Jungmanager plötzlich ein wichtiger Einnahmefaktor, als Spieler hatte er sich solche Gedanken nicht machen müssen. Jetzt addiert er mit dem Taschenrechner Zuschauerzahlen. 23 500 Fans kommen zu den drei Pokalpartien, daraus resultieren die einzigen Zusatzeinnahmen neben der Bundesliga. Doch im Winter verlieren sich oft nur ein paar Tausend Leute im eiskalten, zugigen Weserstadion.

»Um die Finanzen anzukurbeln, führte ich Werbemaßnahmen ein, die es bis dato noch nicht gab. In der Pause eines Spiels habe ich zum Beispiel die Tore genutzt und an die Latte Jalousien mit Werbung drangehängt. Beim Brüsseler Klub RSC Anderlecht fiel mir auf, dass dort die Tribünenblöcke eigene Namen hatten, sie waren gesponsert. Das habe ich mir abgeschaut. Für die Koordinierung unserer Werbemaßnahmen, quasi als Finanzmanager, stellte ich im Sommer 1976 Klaus Matischak ein, der mit Werder als Mittelstürmer 1965 Deutscher Meister geworden war. Mein Credo lautete: Die Vereine brauchen an der Spitze Leute, die was vom Fußball verstehen, möglichst sogar selbst in der Bundesliga gespielt haben. Skeptisch war ich bei älteren Herren, die nur schlaues Zeug erzählten, aber den Stallgeruch nicht kannten. Daher sagte ich mir: Trau keinem über 50.«

Für seine ersten Transfers ist kaum Geld vorhanden. Einen der Spieler, den er im Spätsommer 1976 an die Weser lockt, entdeckt er ganz in der Nähe seiner Heimat im Ruhrpott. Von Herten, der Stadt, in der er aufgewachsen ist, sind es nach Herne nur 14 Kilometer, eine knappe Viertelstunde Fahrt. Dort, bei Westfalia Herne, spielt der Jugoslawe Miodrag Petrović, 29 Jahre alt. Assauer holt ihn aus der Zweiten Bundesliga Nord nach oben, der Mittelfeldspieler bestreitet immerhin 26 Ligaspiele. Assauers prominentester und wertvollster Einkauf: Abwehrspieler Norbert Siegmann von TeBe Berlin. Er bleibt neun Jahre – und damit letztendlich länger als Assauer – in Bremen und erlebt alle Höhen und Tiefen des SV Werder mit. Stürmer Hartmut Konschal, gekommen von Eintracht Braunschweig, ist sechs Jahre relativ erfolgreich. Karlheinz Meiniger, Mittelfeld, geholt vom 1. FC Nürnberg aus der Zweiten Liga Süd, bleibt zwei Jahre. Keine berauschende, aber eine ordentliche Transferbilanz für einen Neueinsteiger.

Von seinen ehemaligen Kollegen verabschiedet er den Schweden Sanny Aslund zu AIK Stockholm. Peter Dietrich geht zur SG Westend Frankfurt, Wolfgang Schlief zu Eintracht Trier – sie waren eher Ergänzungsspieler. Klaus Rütten muss er sagen, dass die Bundesliga eine Nummer zu groß für ihn ist, er wechselt in der Folge eine Etage tiefer zur Spielvereinigung Fürth. Und Georg Müllner erkennt nach zwei Spieltagen der laufenden Saison, dass er chancenlos ist, und wechselt noch im August zu Eintracht Trier, ebenfalls Zweite Liga Süd. Dies sind die ersten Personalentscheidungen, die Assauer treffen muss. Vorbei ist es mit dem lockeren Spielerleben. Plötzlich ist er gezwungen, knallhart zu kalkulieren und unbequeme Wahrheiten auszusprechen wie: »Junge, der Trainer braucht dich nicht mehr, er plant ohne dich« oder: »Wir haben ein Angebot für dich und würden dich gerne verkaufen«. Meist hängt noch eine Familie daran, Frau und Kinder. Dann steht ein Umzug bevor, eine ungewisse Zukunft – gerade auch weil die Verdienstmöglichkeiten in den 70er-Jahren ja noch nicht so immens waren wie in späteren Jahrzehnten. Der Jungmanager erfährt damals schon die unangenehme Seite des Managerdaseins. Über seinen neuen Job denkt er damals so:

»Für die Spieler möchte ich ein Vertrauensmensch sein, zu dem sie Tag und Nacht mit allen Lebensfragen oder Problemen kommen können. Sie sollen auch das Gefühl haben, dass sie von mir bei Verhandlungen nicht über den Tisch gezogen werden. Ein gewisser Vertrauensvorschuss muss da sein. Abmachungen, die ich per Handschlag treffe, stehen auch später so in der Schriftform. Im Gegenzug erwarte ich von den Jungs, dass sie Charakter beweisen und alles dafür tun, damit wir gemeinsam Erfolg haben. Das Wichtigste ist, ehrlich und geradeaus zu sein.«

Und genau das lebt er selbst vor. Zum Beispiel, als er ganz plötzlich eine schwierige Entscheidung treffen muss. Eine, die über den Profifußball, den Job an sich hinausgeht. Eine, die in die Privatsphäre hineinreicht.

»Eines Tages wird mir zugetragen, dass unser Masseur schwul ist. Ich bin zu ihm gegangen und habe ihm gesagt: ›Junge, wir müssen nicht lange diskutieren. Tu mir einen Gefallen, und such dir einen neuen Job.‹ Klingt hart, war aber notwendig. Vor allem mit Blick auf unsere damaligen Spieler. Als das rauskam, hatten die ein Problem und kein volles Vertrauen mehr. Der Kerl musste die Jungs ja durchkneten, überall anfassen. Um Gottes willen, ich hatte nichts gegen unseren Masseur, er hat einen guten Job gemacht. Es tat mir leid, eine unangenehme Situation. Aber das ging nicht. Ausgeschlossen.«

Auch heute noch ist Homosexualität ein Tabuthema im Fußball, nur ganz wenige, ein verschwindend geringer Prozentsatz der Aktiven, hat sich bis dato überhaupt geoutet. Im November 2011 etwa bekennt sich US-Kicker David Testo dazu, zuvor der Schwede Anton Hysen und als prominentester Fall Justin Fashanu aus England, der sich während seiner aktiven Laufbahn 1990 ein Herz fasst und outet. Acht Jahre später begeht er mit 37 Jahren Selbstmord. Die deutsche Nationaltorhüterin Nadine Angerer spricht offen über ihre Bisexualität, und Exnationalspielerin Ursula Holl ist mit einer Frau verheiratet. In anderen Sportarten gibt es einen viel selbstverständlicheren Umgang mit dem Thema: Die Tennisstars Martina Navratilova und

Amelie Mauresmo haben sich zu ihrer Homosexualität bekannt, ebenso der Turmspringer Greg Louganis, der Rugbyspieler Gareth Thomas und die deutsche Fechterin Imke Duplitzer. Im Männerfußball Deutschlands kein einziger Spieler.

»Obwohl es, statistisch gesehen, welche geben müsste. Unser früherer Schalke-Trainer Jörg Berger hat bei dem Thema immer gesagt: ›Manager, du träumst.‹ Aber ich persönlich habe in über 40 Jahren Bundesliga noch keinen kennengelernt. Es sei denn, der hat sich sehr verstellt. Dass es welche gibt, ist klar. Doch würde sich einer outen – ach du lieber Gott, das wäre ein Riesenproblem. Was dann passieren würde, möchte ich keinem wünschen. Derjenige würde plattgemacht werden, von den Gegenspielern, von den Leuten im Stadion. Ich möchte nicht wissen, was dann in den Arenen gerufen werden würde – neben dem, was sowieso schon gebrüllt wird. Diese Angriffsfläche wäre wie ein gefundenes Fressen. Der Druck wäre enorm – und zu groß. In solchen Dingen ist der Fußball brutal. Diese Hetzjagd sollte man demjenigen ersparen. In fast allen Bereichen des Lebens ist es eine Selbstverständlichkeit geworden, nur im Fußball nicht. Es gibt homosexuelle Bürgermeister und Parteivorsitzende, man denke nur an all die Künstler. Doch scheinbar ist die Männerwelt Fußball nicht bereit für ein solches Outing – dabei leben wir im 21. Jahrhundert. Eigentlich schade. Aber auch ich gebe gerne zu, obwohl ich nichts gegen Schwule habe: Heutzutage ist das ja normal, dass ein Mann mit seinem Partner Händchen haltend durch die Gegend rennt, aber für mich ist das immer noch ein bisschen komisch. Für mein Empfinden ist es etwas anderes als bei einem Pärchen mit Mann und Frau. Aber vielleicht ist das auch nur eine Generationenfrage.«

Die ersten Wochen der Saison 1976/77 mit Assauer als Jungmanager sind zäh, eine Nervenprobe für alle im Verein. Auf Auswärtsniederlagen folgen zu Hause lediglich Unentschieden. Lange hängt man auf Rang 16 fest. Erst am achten Spieltag Anfang Oktober gelingt der erste Sieg, ein 2:0 gegen Bochum. Ab diesem Zeitpunkt packt Werder den Aufschwung und hangelt sich ins Mittelfeld der Tabelle. Nach einem Saisonverlauf ohne besondere Höhepunkte beendet die Mannschaft die Spielzeit schließlich auf Tabellenplatz elf. Das Angriffsspiel ist schwach, fußballerisch hat Werder insgesamt nicht viel zu bieten. Wofür es natürlich Gründe gibt, denn Trainer Tilkowski muss wegen knapper Kassen mit einem sehr kleinen Kader auskommen. Ein Jahr später kämpft Werder mit dem Minikader gegen den Abstieg. Nie sollte man ab Saisonbeginn einen höheren Tabellenplatz als Rang elf erreichen. Mittelstürmer Werner Weist, Volker Ohling, Mario Kontny, die Assauer-Entdeckung Petrović sowie der Ghanaer Ibrahim Sunday verlassen nun den Klub. Dafür holt der Manager in seinem zweiten Amtsjahr vier neue Spieler. Der Grieche Dimitrios Daras von Werders Amateurmannschaft ist nur Ergänzungsspieler. Werner Dreßel, aus der Jugend des 1. FC Nürnberg gekommen, wird über drei Jahre zu einem soliden Linksaußen. Und Jürgen Glowacz macht als Leihgabe vom 1. FC Köln ein paar Stürmertore. Die größte Entdeckung aber ist der 22-jährige Uwe Reinders, den Assauer von Zweitligaklub Schwarz-Weiß Essen nach Bremen holt. Bis 1985 macht er 67 Bundesligatore im Werder-Trikot, wird Nationalspieler und für die WM 1982 in Spanien nominiert.

Kurz vor Weihnachten erlebt Assauer turbulente Tage rund um Trainer Hans Tilkowski, der seinen Job am 19. Dezember 1977 kündigt und damit die Mannschaft keine 24 Stunden vor dem DFB-Pokal-Viertelfinale gegen Borussia Mönchengladbach verlässt. Kurz zuvor hatte die Mannschaft mit einer Dreiviertelmehrheit gegen seinen Verbleib gestimmt. Zum sofortigen Abschied kommt es, da ein nicht namentlich bekannter Spieler ihm vor der Partie, entgegen der mannschaftsinternen Absprache, das Ergebnis der Spielerabstimmung mitgeteilt hatte. Da auch der Vorstand und Manager Assauer vorab informiert worden sind, sieht sich Tilkowski als Opfer einer Intrige und flüchtet. Dabei verzichtet er selbst auf ausstehende Gehälter. Die Pokalpartie gegen Gladbach gewinnt Werder dennoch 2 : 1, und zwar mit Rudi Assauer als verantwortlichem Trainer. Ein Spiel, ein Sieg, eine makellose Bilanz für den Mann, der mal eben auf Doppelfunktion umgeschaltet hat. An Weihnachten 1977 hat der damals 33-Jährige damit ein

Problem: Er würde eigentlich gerne als Trainer weitermachen, braucht aber einen lizenzierten Fachmann an seiner Seite. Denn das alleinige Engagement Assauers stößt auf starken Widerstand des DFB.

Zum ersten Mal geht Assauer nun auf Trainersuche, und seine Wahl fällt auf Fred Schulz, der die nötige Fußballlehrerlizenz besitzt. Für ein halbes Jahr übernimmt dieser ab dem Rückrundenstart am 20. Spieltag das Traineramt bei Werder. Schulz, der mit 74 Jahren zum damaligen Zeitpunkt der älteste Bundesligatrainer ist, erntet viel Kritik. Schnell bekommt er den Spottnamen »Trainer-Opa«. Und die Presse ist sich einig, dass Schulz mit seiner Lizenz nur als Strohmann für den eigentlichen Trainer Rudi Assauer dient. Dem umstrittenen Trainerdoppel gelingt nicht die große Wende, aber durch ein gutes Finish reicht es für Werder am Ende der Saison zum 15. Tabellenplatz, immerhin neun Punkte von Abstiegsplatz 16 entfernt. Das DFB-Pokal-Halbfinale verliert Werder beim 1. FC Köln mit 0 : 1. Dennoch: Die Doppelfunktion von Assauer war ein Erfolg. Doch der Spontancoach findet keinen großen Gefallen mehr an der Rückkehr auf den Trainingsplatz.

»Mir hat der Managerposten mehr Spaß gemacht. Ich habe die Freiheit genossen, mir den Tag nach meinen Terminen einteilen zu können, kurz: das flexible Leben. Als Coach hätte ich fast jeden Tag auf dem Trainingsplatz stehen, immer Präsenz zeigen müssen. Das war nicht der Job, den ich mir für mein Leben vorgestellt hatte. Der Managerposten füllte mich aus, das war meine Welt, auch wenn es 14- oder 15-Stunden-Tage wurden und mich meine Frau Inge und meine Tochter Katy kaum sahen. Wir wohnten seit 1970 in einem gemieteten Reihenhaus in Lilienthal, östlich von Bremen. Für Urlaub blieb kaum Zeit damals, höchstens mal ein paar Tage auf Norderney. Da konnte ich mich mit Tennis fit halten und ein wenig abschalten. Aber ansonsten war das ein Fulltime-Job, man musste ja immer am Ball bleiben – im wahrsten Sinne des Wortes. Dass ich kurz vor Weihnachten 1977 für ein halbes Jahr als Trainer eingesprungen bin, hatte mir Spaß gemacht, sollte aber einmalig bleiben.«

Die Spieler waren jedoch begeistert vom Training ihres Managers. »Rudi wäre für mich ein hervorragender Trainer geworden, wenn er nur gewollt hätte«, findet Torwart Burdenski. »Dafür zu sorgen, dass die Spieler die richtige körperliche Fitness haben, das konnte er. Zweitens hatte er ein Auge dafür, ob ein Spieler zum Verein und zur Mannschaft passte oder nicht. Rudi erkannte, auf welchen zwei, drei Positionen ein Team eine Veränderung benötigte. Des Weiteren musst du das Spiel lesen können, ein Gespür für den Verlauf einer Partie haben und dich clever und cool gegenüber den Medien präsentieren. Dieses Gesamtpaket hat Rudi Assauer verkörpert – ohne Wenn und Aber. Aus meiner Sicht brauchst du dafür keine Lizenz zu machen, keine Ausbildung. Man hat es drauf oder nicht. Ich habe damals oft zu ihm gesagt: ›Mensch, Rudi, warum machst du nicht dauerhaft den Trainerjob?‹ Ich spürte, dass es nicht ganz seine Welt war. Er wollte nicht, dass jemand über ihn entscheidet. Er wollte entscheiden.«

Nachfolger von Strohmann Fred Schulz wird ab 1. Juli 1978 Wolfgang Weber, der als Spieler 15 Jahre ausschließlich für den 1. FC Köln gekickt hatte. Werder ist die erste Trainerstation des ehemaligen Nationalspielers, der ein exzellentes Sporthochschulexamen abgelegt hat und als geschicktes Trainertalent mit psychologischem Einfühlungsvermögen gilt.

Der Umbruch, den Assauer eingeleitet hat und der mit einer Verjüngung des Kaders einhergeht, setzt sich fort. Zwei erfahrene Spieler, Stürmer Werner Görts, zwölf Jahre an der Weser aktiv, und Horst-Dieter Höttges, »Mr Werder Bremen« schlechthin, verlassen den Verein. Mit Stürmer Klaus Wunder, zuvor schon eineinhalb Jahre beim FC Bayern, und Mittelfeldspieler Benno Möhlmann gelingen Assauer zwei Transfers, die Werder weiterhelfen. Dennoch bestätigen die Grün-Weißen während der gesamten Saison ihr Image als graue Maus der Bundesliga. Platz elf ist das höchste der Gefühle, auf dieser Position geht die Mannschaft ohne größere Abstiegssorgen am 34. Spieltag über die Ziellinie. Im DFB-Pokal scheitert Werder in der zweiten Runde mit 2:3 an Eintracht Frankfurt. Das Bemerkenswerteste der Saison: Thomas Schaaf macht unter Trainer Weber und Manager Assauer im April 1979, genau zwölf Tage vor seinem 18. Geburtstag, sein erstes Bundesligaspiel für Werder. Danach bleibt er bis 1995 im Profikader und arbeitet dann ab Mai 1999 dort auch als Trainer.

Für Furore sorgt in jener Spielzeit hauptsächlich Assauer selbst. Er wird etwa zum Luftpiraten, »entführt« eine Maschine der Lufthansa. Der Tatort: über den Wolken zwischen Saarbrücken und Frankfurt. Die Tatzeit: der Morgen des 20. Oktober 1978, ein Freitag.

»Wir waren mit unserer Mannschaft und dem Präsidium nach einem TV-Termin auf dem Weg von Saarbrücken nach Frankfurt, dort sollten wir in eine Maschine nach Bremen umsteigen. Am Abend zuvor hatten wir bei der TV-Aufzeichnung für die Sendung Superschuss von Peter Krohn mitgewirkt. Ein großer Spaß – am nächsten Morgen kam die Ernüchterung: Als unser City-Jet von der Lufthansa wegen Nebels nicht in Frankfurt landen konnte, mussten wir eine Schleife fliegen – 30 Minuten lang. Wir wurden nervös. Unser Anschlussflug nach Bremen war das Problem. Wenn wir den verpasst hätten, wäre es eng geworden mit der Spielvorbereitung für die Partie am Abend gegen Braunschweig im Weserstadion.

Mir kam eine Idee. Daher bin ich mit Horst-Dieter Höttges ins Cockpit. Ich bat den Flugkapitän: ›Sie müssen uns helfen. Wir müssen unbedingt nach Bremen, weil wir am Abend das schwere Spiel gegen Braunschweig haben. Können Sie uns nicht direkt nach Hause fliegen?‹ Doch Pilot Bonnert, obwohl selbst Fußballfan, verweigerte die kleine Entführung. Er sagte: ›Warten Sie ab, Herr Assauer, der Nebel über Frankfurt legt sich.‹ Pustekuchen. Nichts war's. Also zweiter Versuch, ich ging wieder ins Cockpit der Boeing 737. Mein nächstes Argument: ›Werder fliegt seit vielen Jahren mit der Lufthansa. Können Sie sich nicht von der Frankfurter Zentrale das Okay holen?‹ Bonnert nickte, auf meinem Sitz wartete ich auf eine Entscheidung. Es war kurz vor neun Uhr, als der Kapitän eine Borddurchsage an die Passagiere richtete: ›Weil 80 Prozent der Fluggäste ohnehin nach Bremen wollen, fliegen wir nun direkt. Das ist ein Ausnahmefall. Ich bitte die anderen Gäste um Verständnis.‹ Ich war erleichtert und bedankte mich bei den Betroffenen, jeder bekam ein Fläschchen Sekt aus der Bordküche. Unter den Gästen war die Siemens-Vorstandssekretärin Bartsch-Giehr aus München. Wir besorgten ihr eine Karte für das Spiel gegen Braunschweig, bezahlten die Übernachtung im Hotel Crest. Da muss man sich ja erkenntlich zeigen. Vizepräsident Fischer und Präsident Böhmert waren glücklich über meine Flugzeugentführung – ich auch. Hat ja etwas gebracht. Gegen Braunschweig siegten unsere Jungs am Abend im Weserstadion mit 3 : 1 nach einem 0 : 1-Rückstand. «

Zur Saison 1979/80 verpflichtet Rudi Assauer neben den Talenten Jonny Otten und Hans-Jürgen Offermanns den österreichischen Stürmer Gerhard Steinkogler, der sich allerdings gleich im Training die Bänder reißt, über Monate ausfällt und nur eine Saison bleibt. Viel mehr Aufsehen erregt jedoch die Verpflichtung des englischen Nationalspielers Dave Watson von Manchester City für eine Ablösesumme von 800 000 DM. Assauer und Weber hatten ihn beobachtet und für gut befunden. Der Brite soll den Abgang des Dänen Per Röntved kompensieren, der Bremen nach sieben Jahren verlässt und in seine Heimat zurückkehrt. Torhüter Burdenski urteilt im Rückblick über seinen damaligen neuen Vordermann Watson: »Ein sensationeller Kopfballspieler, zweikampfstark, groß gewachsen – eine richtige Kante. Wir staunten nicht schlecht, denn Watson war zu dieser Zeit immerhin kurzzeitig Kapitän der englischen Nationalelf. Bei solchen spektakulären Transfers war Rudi Assauer ein Vorreiter. Er hatte einfach den Mut, so etwas durchzuziehen. Es war damals nicht so ohne, einen derartigen Kracher zu holen. Er musste sich gegen viele Skeptiker im Verein und Widerstände von den Medien durchsetzen – wegen umgerechnet 400 000 Euro, lächerlich im Vergleich zu den heutigen Verhältnissen.«

In seinem ersten Spiel, einem Test gegen Leeds United, macht Watson einen hervorragenden Eindruck, die Abwehr steht trotz der Sprachprobleme gut – die Folge: ein 0 : 0. Im nächsten Spiel, dem Bundesligastart gegen Bayer Uerdingen, bestätigt er sein Können, organisiert seine Vorderleute, gewinnt nahezu jedes Kopfballduell und jeden Zweikampf. Werder siegt 1 : 0, und Assauer ist happy über seinen Coup. Doch im zweiten Ligaspiel am 18. August 1979 beim TSV 1860 München kommt es zum Eklat um Watson.

»*Nach dem Führungstor von unserem Werner Dreßel gerieten wir fahrlässig in Rückstand, die Löwen aus München führten 2 : 1. Watson war ungehalten, da es nicht lief. Er war mit sich und der Leistung seiner Nebenleute nicht zufrieden. In der 36. Minute ist es dann passiert. Er wurde vom Münchner Hermann Bitz provoziert und ließ sich zu einer Tätlichkeit hinreißen. Eine unmögliche Geschichte, ich erinnere mich noch genau. Nach einem Zusammenprall rannte Bitz plötzlich auf Watson zu und traf ihn mit dem Kinn. Da musste ich natürlich wieder dran denken, als der Italiener Marco Materazzi den französischen Superstar Zinedine Zidane im WM-Finale 2006 in Berlin ähnlich provoziert hatte, bis ihn der Franzose niederrammte. Und was hat Watson gemacht? Meine Güte, der ist so erschrocken, dass er seinem Gegenüber richtig eine geknallt hat. Nicht die feine englische Art, eine brutale Tätlichkeit. Bitz sackte wie vom Blitz getroffen zusammen und lag am Boden. Dem Schiedsrichter blieb nichts anderes übrig, als Watson die Rote Karte zu zeigen. Ohne ihn waren wir chancenlos, haben in München 1 : 4 verloren. Das Strafmaß des DFB war hart und für mich etwas überzogen. Watson wurden ganze acht Wochen Sperre aufgebrummt. Als diese im Oktober abgelaufen war, sollte er gegen Schalke auflaufen, hatte sich jedoch zuvor im Training das Knie verletzt. Trainer Wolfgang Weber stimmte einer Pause zu, ich war dagegen. Ich dachte mir, unser Engländer könne doch zumindest mitreisen, um sich besser zu integrieren. Doch Watson weigerte sich. Das hat mich wütend gemacht, er war schließlich ein Teil der Mannschaft, da muss man mitziehen. Ich habe ein Schreiben aufsetzen lassen, in dem ich ihm mitgeteilt habe, dass er für sein Fernbleiben beim Schalke-Spiel eine Strafe von 5000 DM zu zahlen habe. Und für die Tätlichkeit samt Roter Karte aus dem 1860-Spiel nachträglich auch noch einmal 5000 DM. Der Rest der Truppe sollte sehen, dass auch Superstars keine Sonderbehandlung bekommen.*«

Der 33-jährige Watson empfindet dies als einen Schlag ins Gesicht, zumal es Assauer gewesen sei, der ihm zugesichert habe, ihn bei seinem Abenteuer Bundesliga in jeder Weise zu unterstützen. Watson reicht es. Das Heimweh kommt dazu, seine Frau Penny drängt zum Abschied. Also lässt er seinen

Vertrag auflösen und wechselt im Herbst zurück auf die Insel zum FC Southhampton. Immerhin bekommt der Verein die Summe, die er zuvor für seinen Transfer ausgegeben hatte, wieder als Ablöse von den Südengländern. Für Werder markiert dies den Beginn des Niedergangs in der Saison 1979/80. Denn die Lücke, die Watson hinterlässt, ist nicht so schnell zu schließen. Ein Transfer von Gladbachs Libero Hans-Günter Bruns scheitert. Der Südkoreaner Bum Kun Cha spielt im Probetraining vor, entscheidet sich letztlich jedoch für das finanziell lukrativere Angebot von Eintracht Frankfurt. Zwei weitere Rückschläge. Weber, erst 34 Jahre alt, verzichtet auf einen Nachfolger für Röndved und Watson und glaubt an die Stärke des vorhandenen Kaders – ein Trugschluss. Im DFB-Pokal verliert die Mannschaft in der zweiten Runde mit 0 : 2 gegen Hertha BSC, und in der Liga gerät Werder in den Abstiegsstrudel. Trotz einer Negativserie und einem mittlerweile gestörten Verhältnis zwischen Mannschaft und Trainer geht man mit Weber in die Winterpause. Assauer gibt ihm noch eine letzte Chance. Zum Rückrundenbeginn setzt es dann ein 0 : 2 in Uerdingen und eine groteske 4 : 6-Pleite gegen den TSV 1860 München, einen direkten Konkurrenten im Abstiegskampf. Nun liegen die Grün-Weißen nur noch einen Punkt vor dem 16. Tabellenplatz, der den Sturz in die Zweitklassigkeit bedeuten würde. Assauer hat jetzt genug: Weber wird daher am 29. Januar 1980 entlassen und zieht sich daraufhin tief enttäuscht aus dem Trainergeschäft zurück. Am 20. Spieltag setzt sich Rudi Assauer wieder selbst auf die Bank. Es setzt eine derbe Ohrfeige: Bei seinem Exverein Borussia Dortmund unterliegt der Interimscoach mit 0 : 5. Assauer will es bei seinem zweiten Spontanengagement wiederum nicht allein richten, der Verein engagiert daher am 20. Februar 1980 Fritz Langner, der sich mit seinen 68 Jahren bereits im Ruhestand befunden hatte. Wie im Fall Schulz in der Rückrunde 1977/78 fungiert Langner, der damit seinen dritten Trainerjob in der Hansestadt antritt, als Strohmann für Assauer.

Am 30. Spieltag rutscht Werder dann nach einem Zwischenhoch auf den 16. Tabellenplatz und erholt sich nicht mehr, im Gegenteil: Es geht sogar auf Rang 17 herunter, der Abstieg in die Zweite Liga ist damit unvermeidlich – und auch kein Wunder bei 93 Gegentoren. Es erwischt die Bremer mit einem deftigen 0 : 5 im Heimspiel gegen den 1. FC Köln am 33. Spieltag.

»Damals war ich müde und k. o. Die ganzen Transfergeschichten, der Abstiegskampf, das hatte mich ganz schön mitgenommen. Für die Familie war kaum noch Zeit. Ich sah das Problem der Abnutzung, des Verschleißes der Arbeit bei einem Klub auf mich zukommen – nicht so schnell wie bei einem Trainer, aber irgendwann. Ich weiß noch, dass ich mir damals mit 36 Jahren dachte: Mit 60 willst du diesen Managerjob nicht mehr ausüben.«

Torhüter Burdenski, der mit Assauer noch gemeinsam gespielt hat, erlebt beide Interimsjobs des Selfmade-Trainers: »Rudi war zunächst erfolgreich, als er sich auf die Bank setzte und den Trainer gab. Beim zweiten Mal sind wir ja leider abgestiegen. Als Gründungsmitglied der Bundesliga von 1963 hat es uns erwischt. Irgendwie war das aber abzusehen, weil wir in den Jahren davor immer im hinteren Mittelfeld der Tabelle herumgekrebst sind und den Abstiegsrängen nahe waren. Außerdem gab es zwischen 1971 bis zum Abstieg 1980 neun Trainerwechsel, das konnte nicht gut gehen.«

Damit war Werder nur noch zweitklassig – und das mit einer neuen, erstklassigen Tribüne, zu der Rudi Assauer den Anstoß gegeben hatte. 1978 war die Nordtribüne zu einer Zweirangtribüne mit nunmehr etwa 9500 Sitzplätzen umgebaut und waren moderne Flutlichtmasten errichtet worden.

»Eines Tages war ich nach Belgien gereist, um einen Spieler zu beobachten, da dachte ich mir während der Partie im Stadion: Oh, ʼne schöne Haupttribüne haben die hier. Wir haben dieses belgische Modell dann eins zu eins geklaut, sagen wir: kopiert. Das Weserstadion sollte sowieso umgebaut werden, da haben wir uns die Arena in Belgien als Vorbild genommen. Bayern München profitierte seit 1972 vom neu errichteten Olympiastadion, Gelsenkirchen be-

kam zur WM 1974 das Parkstadion. In Bremen mussten wir also nachziehen. Mit einer pfiffigen Finanzierung ging es los. Ich hatte die Unternehmer in Bremen aufgefordert, Werder stärker zu unterstützen und Geld in die Hand zu nehmen. Ich habe alle verrückt gemacht und geackert wie ein Pferd – das war richtiges Klinkenputzen. Ich sagte: >Wir bauen das so!< Mir wurde immer die bange Frage gestellt: >Können wir uns das überhaupt leisten?< Ich habe es schließlich durchgeboxt. Hier war es noch eine Tribüne, mit der Arena Auf-Schalke 20 Jahre später ein ganzes Stadion.«

Assauer macht sich mit seiner Arbeit bundesweit einen Namen und erarbeitet sich einen guten Ruf. Beim FC Bayern München hat man den Jungmanager schon lange im Auge. Da die Bayern Walter Fembeck, damals Geschäftsführer und Manager an der Säbener Straße, entlasten wollen, suchen sie einen hauptamtlichen Manager, um endlich die Krise nach dem dreimaligen Gewinn des Europapokals der Landesmeister von 1974 bis 1976 zu überwinden. Im März 1979 kommt daher der erste Kontakt mit Assauer zustande. Die Bayern wollen ihn nach München holen. Zu diesem Zeitpunkt bestreitet Uli Hoeneß gerade seine letzten Bundesligaspiele während seines Kurzintermezzos beim 1. FC Nürnberg.

»Bayerns Präsident Neudecker rief mich an und sagte: >Herr Assauer, wir brauchen einen guten Manager in München.< Offenbar hatte er Uli Hoeneß den Job nicht wirklich zugetraut, denn soweit ich informiert war, liefen da im Hintergrund schon Gespräche. Ich war mir nicht ganz sicher, ob ich das Angebot annehmen sollte. Natürlich war die Herausforderung da, aber der FC Bayern war eben doch eine ganz andere Welt, zu der ich bis dato keinerlei Bezug gehabt hatte. Neudecker blieb hartnäckig. In geheimer Mission kamen er und seine Frau mit einem Privatjet aus München nach Bremen geflogen. Wir haben erste lockere Gespräche geführt. Neudecker hat mich nach München eingeladen, das sollte der zweite Schritt sein. Ich habe eingewilligt, bin runtergeflogen und habe mir das Trainingsgelände an der Säbener Straße angeschaut – natürlich unter dem Vorwand, ich wolle mich als Manager des

SV Werder ein wenig umschauen und Anregungen holen. Der Plan ging auf. Kein Journalist wurde hellhörig, wir wurden auch nicht erkannt, als mir ein paar Villen in Grünwald gezeigt wurden, in die ich hätte einziehen können. Neudecker hat sogar einen Vertrag ausgearbeitet, den ich lange Zeit in meinen Unterlagen aufgehoben habe.«

Uli Hoeneß ist also beim damaligen Präsidenten Wilhelm Neudecker nur die zweite Wahl – hinter Rudi Assauer. Doch der Werder-Manager zögert, spielt auf Zeit, weil die Bremer wieder mal dick im Abstiegskampf stecken.

»Daher habe ich gesagt: ›Herr Neudecker, ich komme, sobald klar ist, dass wir nicht absteigen.‹ Auf keinen Fall wollte ich eine Entscheidung vor dem 4. April, als wir in München auf die Bayern trafen. Assauer zu den Bayern – und als Manager der Gäste im Olympiastadion? Wie hätte das denn ausgesehen? Das macht man nicht. Ich bat Neudecker um Geduld, wollte alle Fakten, das Für und Wider ausloten. Doch er hatte offenbar Zeitdruck, forderte eine schnelle Entscheidung: ›Herr Assauer, das geht nicht, das muss jetzt sofort passieren: Hopp oder topp.‹ Für mich war klar: Ich haue nicht ab. Ich will meine Bremer nicht sitzen lassen. Und ich wusste, was ich an Werder hatte. Die haben mich, nachdem ich ihnen das Angebot offenbart hatte, auch inständig gebeten zu bleiben. Ich rief Neudecker an und sagte am Telefon ab: ›Danke für das Angebot. Mein Bauch und mein Kopf haben Nein gesagt.‹ Neudecker antwortete: ›Sie können es sich in den nächsten Tagen noch überlegen, Sie sind herzlich willkommen.‹ Ich blieb standhaft.«

Am 1. Mai 1979 hat schließlich Uli Hoeneß seinen ersten Arbeitstag als Jungmanager an der Säbener Straße – mit zarten 27 Jahren. Damit unterbietet er den bisher von Rudi Assauer gehaltenen Rekord deutlich, der ja 1976 über Nacht mit 32 Jahren Werder-Manager wurde. Doch was wäre passiert, hätte Assauer den Bayern und ihrem Präsidenten Neudecker zugesagt?

»Natürlich wäre vieles anders gelaufen. Wer weiß, wofür es gut war, dass ich in Bremen geblieben bin? Vielleicht hätte Uli Hoeneß nicht diese Karriere gemacht. So ist er da reingerutscht. Ich hätte es in München sicher nicht so weit gebracht. Was der Uli in München erreicht hat, weiß jeder. Bayern hatte unglaublich viele Erfolge, die alle mit seinem Namen verbunden sind. Und wir immer ein sehr gutes Verhältnis, das von gegenseitigem Respekt geprägt war. Bis auf kleinere Scharmützel und Wortgefechte hat es nie größere Auseinandersetzungen gegeben, auch bei Transfers liefen die Gespräche und Verhandlungen immer fair ab. Uli Hoeneß ist zu Recht der größte, weil fähigste Manager der Bundesliga. Vielleicht sollte er mir noch mal einen ausgeben dafür, dass ich damals Nein gesagt habe.«

Mit Assauer geht Werder Bremen nun 1980/81 in seine erste Zweitligasaison, Gruppe Nord. Assauer will den Betriebsunfall Abstieg sofort wiedergutmachen und stürzt sich in die Arbeit. Er verpflichtet in Absprache mit Präsident Böhmert einen alten Bekannten als neuen Trainer: Kuno Klötzer, damals 58 Jahre alt. Von 1949 an hatte Klötzer drei Jahre für Werder Bremen gespielt. Wie der Spieler Assauer 1966 mit dem BVB gewann Klötzer den Europapokal der Pokalsieger 1977 mit dem Hamburger SV. Klötzer, Spitzname »Ritter Kuno«, kam von Hertha BSC zum SV Werder und galt als absoluter Fachmann.

Der personelle Aderlass nach dem Abstieg ist groß. Einige Profis sind sich zu gut für die Zweite Liga, andere muss Assauer gewinnbringend verkaufen. Werner Dreßel wechselt zum Hamburger SV, Jürgen Röber zum FC Bayern und Karlheinz Geils zu Arminia Bielefeld. Klaus Wunder beendet seine Karriere, Franz Hiller geht in die Schweiz und Gerhard Steinkogler zurück in seine Heimat Österreich. Präsident Böhmert und Assauer sind gezwungen, einen Neuaufbau zu gestalten. Gefragt sind dafür Mut und Ideen.

Man verpflichtet den Finnen Pasi Rautiainen vom FC Bayern, den Polen Bohdan Masztaler und Klaus-Dieter Jank – sie entwickeln sich alle zu brauchbaren Mitläufern. Mit drei Neuzugängen beweist Assauer jedoch ein echtes Glückshändchen: Er entscheidet sich für die Oldies Klaus Fichtel, 35 Jahre alt, und Erwin Kostedde, bereits 36. Dazu holt der Verein ein Talent aus der Verbandsliga: Norbert Meier, 21. Für Fichtel muss Werder 70 000 DM bezahlen, für Meier 25 000 DM, und Kostedde kommt ohne Ablöse.

Nach dem Flop mit Watson ist das Trio der wohl größte Transfercoup Assauers während seiner gesamten Managertätigkeit bei Werder Bremen. Dadurch gelingt 1981 der direkte Wiederaufstieg. Doch jeder Wechsel hat seine eigene Geschichte.

Klaus Fichtel, Stammposition Libero, findet sich nach 15 Jahren beim FC Schalke unter Trainer Fahrudin Jusufi erstmals auf der Ersatzbank wieder – das Urteil des Coaches: zu alt. Nach einer Anfrage von Rot-Weiß Essen sagt Fichtel daraufhin ausgerechnet dem Schalker Erzrivalen zu.

»*Für Klaus war ausschlaggebend, dass er zu Hause hätte wohnen bleiben können. Sein Sohn wurde im Vorjahr eingeschult, es hätte privat alles gepasst. Doch dann trat bei RW Essen ein Sparkommissar auf, wollte das Monatsgehalt von Fichtel, damals 10 000 DM, drücken. Dieselbe Summe hatte ich ihm als Grundgehalt bei Werder geboten. Dann verlor Essen auch noch die Qualifikationsspiele um den dritten Bundesligaaufsteiger gegen Karlsruhe, fortan war kein Geld mehr da. Fichtel war die Sache so peinlich, dass er einen Freund bat, bei mir im Büro anzurufen, um zu fragen, ob Werder noch an ihm interessiert sei.*«

Assauer hielt sich an alle getroffenen Zusagen. Mit Fichtel als Libero, der alle 42 Saisonspiele mitmacht, kassiert Werder die wenigsten Gegentore aller Zweitligisten. Obwohl sein Entschluss steht, nach der Saison in die Heimat zurückzukehren, verlängert er seinen Vertrag 1981 um ein weiteres Jahr und bleibt noch drei Jahre, erst danach wechselt er zurück zu den Schalker Knappen.

Bei Talent Norbert Meier kommt der Tipp für Rudi Assauer von einem Sportjournalisten. Das Sturmtalent sei der Beste, der momentan im Hamburger Amateurfußball herumlaufe. Und so fährt Assauer an die Elbe, sieht sich das Verbandsligaspiel Lurup gegen Bergedorf an und ist enttäuscht vom so hoch gepriesenen Flügelstürmer.

»Meier zeigte ein schlechtes Spiel. Ich war sauer, weil ich extra hingefahren bin. Trotzdem habe ich ihm eine Einladung zum Probetraining nach Bremen geschickt. Denn obwohl er einen schlechten Tag hatte, war zu sehen, wie gut er mit dem Ball umgehen konnte und wie schnell er war. Meier sagte zu, überzeugte im Training und erhielt einen Vertrag. Meier war übrigens auch beim HSV im Probetraining, deren Manager Günter Netzer lehnte einen Transfer jedoch ab. Zu unserem Glück – die werden sich schön geärgert haben, dass sie das Juwel vor ihrer eigenen Haustür nicht entdeckt haben.«

Der dritte Neue, Erwin Kostedde, steht für das bemerkenswerte Comeback eines Fußballers im Rentenalter von 36 Jahren. 1974 hatte der Mittelstürmer bereits für Furore gesorgt, weil er als erster farbiger Spieler in der deutschen Nationalmannschaft debütierte. Werder Bremen ist sein neunter Verein, in der Saison zuvor war er in Frankreichs Erster Liga bei Stade Laval Torschützenkönig geworden, doch in Deutschland war der in Münster geborene Sohn eines afroamerikanischen GI beinahe vergessen.

»Damals entgegnete ich den nörgelnden Reportern: ›Bei uns braucht der Kostedde nicht mehr zu laufen, es genügt, wenn er im gegnerischen Strafraum steht und mit seinem Hintern noch Tore erzielt.‹ Die Buden hat er ja dann auch gemacht. Nur mit Herumstehen ging unter Trainer Kuno Klötzer natürlich nicht viel, der hat einem dann Beine gemacht. Kostedde hatte Selbstvertrauen, das gefiel mir. Er fühlte sich körperlich blendend in Schuss und wollte es allen Kritikern beweisen, die ihn vor Jahren schon für den Spitzenfußball abgeschrieben hatten. Daher erklärte er sich bei seiner Verpflichtung damit einverstanden, nur pro Spiel bezahlt zu werden. Eine ungewöhnliche wie riskante Nummer, er hätte sich ja verletzen können. Am Ende kassierte er für 42 Einsätze 126 000 DM und zusätzlich knapp 30 000 DM an Prämien.«

Die Sache geht auf: Kosteddes 29 Tore in 42 Spielen sprechen eine deutliche Sprache. Er wird zu Bremens Sportler des Jahres 1981 gewählt, und in der darauffolgenden Erstligasaison glücken ihm immerhin noch neun Tore in 33 Spielen.

Die Transfers sind allesamt aus der Not geboren, da den Verein finanzielle Nöte plagen, ein Loch von einer Million Miesen. Als Zuschauerschnitt benötigt man mindestens 10 000 pro Spiel, um den Etat zu decken. Ein schwieriges Unterfangen in der unattraktiven Zweiten Liga. Der Verkauf von Werner Dreßel und Karlheinz Geils bringt Geld, und bei weiteren Einnahmequellen zeigt Assauer sich erfinderisch. So lockt er den Erzrivalen Hamburger SV mitsamt Franz Beckenbauer, dem Rückkehrer aus der US-Profiliga, ins Weserstadion. Zum Gastspiel des HSV kommen 20 000 Zuschauer – ein weiteres Mosaikstück bei der Rettung des Etats. In Sachen Bandenwerbung startet Assauer mit Charlie Luessen, dem damaligen Bremer Chef der Deutschen Städtereklame, einen Marsch durch die Direktorenzimmer der Sponsoren. Mit Erfolg, denn die Verhandlungen haben zum Ergebnis, dass die Förderer ein Jahr weiter zu Erstligakonditionen zahlen. Auch mit der Stadt Bremen, dem Besitzer des Weserstadions, kann eine Sonderregelung für die Mietzahlungen gefunden werden. Assauer streckt sich nach der Decke.

Sportlich beginnt die Zweitligasaison, geplant als einmalige Strafrunde, ziemlich zäh. Nach einem 1 : 1 bei Rot-Weiß Oberhausen setzt es gegen den 1. FC Bocholt eine 1 : 2-Pleite. Der Bundesligaabsteiger und Topfavorit für den Wiederaufstieg liegt damit auf Rang 18. Klötzer und Assauer erwartet nun ein anstrengender 40-Spiele-Marathon. Am dritten Spieltag gelingt mit dem 1 : 0 bei TeBe Berlin schließlich der so dringend benötigte erste Saisonsieg. Ab diesem Zeitpunkt kommt Werder wieder ins Rollen. Es geht stetig nach oben, am 17. Spieltag ist man erstmals Tabellenführer. Die Mischung in der Mannschaft stimmt, die Neueinkäufe schlagen ein, die Ansprache von Klötzer ist authentisch. Im DFB-Pokal kämpft sich die Truppe um Altstar Fichtel bis ins Achtelfinale vor und unterliegt erst dann bei Fortuna Düsseldorf mit 0 : 2. Nachdem man in der Winterpause schon längst wieder für die Bundesliga plant und der Lauf auch danach anhält, wird die Werder-Familie am 11. Februar 1981 jäh aus allen Träumen gerissen. Trainer Klötzer baut auf der B 214 zwischen Celle und Braunschweig auf vereister Fahrbahn einen schweren Verkehrsunfall, in dessen Folge er einen Rippenbruch, Platzwunden und eine Gehirnerschütterung erleidet. Und wieder springt Rudi Assauer ein, diesmal ohne einen Trainer zu entlassen. Am 15. Februar sitzt er zum dritten Mal in seiner Werder-Ära auf der Trainerbank und verantwortet das 4 : 1 in Osnabrück. Es ist das beste Auswärtsspiel Werders gegen die bis dahin zu Hause unbesiegten Osnabrücker. Im Klub wartet man auf die Genesung Klötzers. Da wegen einer Schlechtwetterperiode zahlreiche Spiele ausfallen, muss Assauer nur noch einmal, am 6. März 1981, aushelfen. Beim 2 : 2 in Braunschweig gelingt es, einen 0 : 2-Rückstand aufzuholen. Somit beendet Assauer sein Trainerintermezzo diesmal ungeschlagen.

»Im März wollte Trainer Klötzer zurückkehren. Doch in seinem Ehrgeiz, sich möglichst frühzeitig wieder der Aufgabe zu stellen, hatte der 58-Jährige einige Warnzeichen unterschätzt. Seinen Freunden in Bremen gegenüber klagte er immer wieder über schreckliche Kopfschmerzen und Schwindelgefühle. Daher haben wir Anfang April einen gründlichen ärztlichen Rundumcheck veranlasst. Die Diagnose war bitter für Klötzer: Die Ärzte warnten vor dauerhaften Schäden, er musste sich dringend weiter schonen. Und wir mussten uns wieder nach einer Alternativlösung umsehen. Für mich stand damals fest: Noch einmal lasse ich mich nicht breitschlagen und schufte in Doppelfunktion als Manager und Trainer. Ich suchte nach einer Langzeitlösung. Und wie es der Zufall so wollte, kam uns die erzwungene Auszeit von Klötzer nicht ungelegen. Otto Rehhagel war gerade frei und brachte sich durch einen Bremen-Besuch bei seinem Kumpel Klaus Matischak, unserem ehemaligen Finanzmanager, bei uns in Erinnerung. Ich wusste ja zu gut, wie Otto tickt. In meiner letzten Saison als Aktiver hatte er im Frühjahr 1976 für vier Monate ausgeholfen, als wir Herbert Burdenski beurlauben mussten. Kurz entschlossen machten wir mit Rehhagel klar Schiff. Ein neues Gesicht tat uns gut. Er hatte neue Ideen, brachte frischen Wind rein.«

Seinen Einstand gibt der 42-Jährige mit einem 4 : 2 in Solingen am 4. April 1981, drei Tage später kommen 23 000 Zuschauer zum 6 : 0 gegen Aachen ins Weserstadion. Mit Rehhagel gewinnt Werder neun Spiele hintereinander. So hält er Rudi Assauer den Rücken frei für dessen Managerjob, da dieser sich nicht so sehr um die Belange der aktuellen Mannschaft kümmern muss. Also ist Assauer im April und Mai von morgens bis abends unterwegs, um die finanziellen Voraussetzungen für den Wiederaufstieg in die Bundesliga zu schaffen.

»Den Aufstieg in die Bundesliga haben wir am 12. Mai 1981 mit einem 3 : 0 beim VfB Oldenburg klargemacht. Unsere Werder-Fans feierten schon lange vor dem Abpfiff richtig schön, da ließen die Oldenburger einige Dutzend Polizisten vor dem Werder-Block aufmarschieren. Die Polizei befürchtete eine Eskalation nach dem Abpfiff. Es kam zu Zwischenfällen, Dosen flogen auf den Platz. Der Schiedsrichter unterbrach die Partie. Da rannte ich quer über den Platz zu unseren Fans, um sie zu beruhigen. Der verantwortliche Einsatzleiter der Polizei allerdings fühlte sich in seiner Kompetenz von mir übergangen und raunzte mich an: >Was wollen Sie hier? Hauen Sie ab, das ist unsere Sache!< Ich musste mich zusammenreißen und ruhig bleiben. Außerdem sollte ich ja auf unsere Fans aufpassen. Ich bekam dabei jedoch mit, wie der Einsatzleiter seine Beamten einschwor: >Sobald die Fans über die Bande springen, haut ihnen auf die Köpfe!< Unmöglich war dieses Benehmen! Man merkte dem Mann an, wie aggressiv er war. Doch zum Glück blieb es zwischen den Fangruppen am Ende alles in allem friedlich.«

Am Abend wird im Mannschaftshotel Hotel Stadt Bremen der Aufstieg recht moderat gefeiert. Ein schickes Abendessen, ohne dass Sekt in Strömen fließt. Der Grund: Die meisten Spieler haben noch keine Verträge für die Bundesliga unterschrieben. Die finanzielle Zukunft des Vereins ist weiter ungewiss, die Lage angespannt. Und zum Zeitpunkt des Aufstiegs hat Werder eine andere große Sorge. Es ist unklar, was mit Rudi Assauer passiert. Denn der FC Schalke möchte ihn unverzüglich als neuen Manager engagieren.

Am 15. Mai wird schließlich bekannt, dass Assauer den SV Werder zum Saisonende Richtung Schalke 04 verlassen will, geködert vom damaligen Präsidenten Hans-Joachim Fenne. Leistungsträger wie Erwin Kostedde und Klaus Fichtel möchten daraufhin plötzlich auch nicht mehr im Norden bleiben. Sie machen Druck und erklären, dass sie sich unter diesen Umständen nicht an die Zusage zur Vertragsverlängerung gebunden sehen. Doch Assauer kann beide Spieler in einer seiner letzten Amtshandlungen davon überzeugen, bei Werder zu bleiben.

Am Vormittag des Abendspiels an jenem Freitag gegen Viktoria Köln erklärt sich Assauer in Bremen auf einer Pressekonferenz, danach eilt er nach Gelsenkirchen, um seine neue Mannschaft schon im Trainingslager für das Schicksalsspiel im Abstiegskampf gegen Duisburg am nächsten Tag zu motivieren. Als die Nachricht von Assauers Abschied in Bremen durchsickert, sind die Fans geschockt, jedoch in zwei Lager gespalten. Es gibt daher beim Spiel Spruchbänder pro Assauer in der Westkurve (»Wir danken dir, Rudi«), aber auch Schmähungen auf der Gegengeraden (»Verräter!«). Rudi Assauer selbst taucht erst kurz vor dem Halbzeitpfiff auf der Tribüne auf und bleibt trotz der Anfeindungen cool. Schalke übrigens verliert am kommenden Tag in Duisburg mit 1 : 5 und fällt damit auf den letzten Platz zurück.

»Heimlich hatte ich im Hintergrund an einer einmaligen Aktion gearbeitet. Meine Idee war, Rehhagel für die Schlussphase des Bundesliga-Abstiegskampfes, als Werder den Aufstieg schon perfekt gemacht hatte, nach Schalke auszuleihen – doch Rehhagel lehnte ab. Seine Begründung lautete, er könne nicht überall und zu jeder Zeit als Nothelfer einspringen. Er wollte den Ruf des ständigen Feuerwehrmannes der Trainergilde abschütteln. Ich musste das akzeptieren. Er hatte sich für Werder entschieden.«

Otto Rehhagel entwickelt sich in den nächsten Jahren überraschend zu einem erfolgreichen Langzeittrainer. Er begründet eine Ära, wird »König Otto« genannt und bleibt bis Saisonende 1994/95. Unter ihm feiert

Werder die größten Erfolge der Vereinsgeschichte, wird zweimal Deutscher Meister (1988 und 1993), zweimal DFB-Pokalsieger (1991 und 1994) und holt 1992 den Europapokal der Pokalsieger. Es war Rudi Assauer, der Rehhagel im Frühjahr 1981 überredet hat, zu Werder zu kommen – eine Idee mit Langzeitwirkung.

Als die Schalker anfragen, kann Assauer einfach nicht Nein sagen, doch die Umstände des rasch durchgezogenen Wechsels verärgern viele Menschen in Bremen. Andere Wegbegleiter empfinden Dankbarkeit. »Für den Verein und uns Spieler war Rudis Abgang ein Verlust. Aber er war ein Kind des Ruhrgebiets, und als der Ruf kam, wurde es eine Herzensangelegenheit«, erzählt Burdenski. »Es war sein Ehrgeiz, unbedingt noch die Schmach des Abstiegs mit Werder 1980 zu tilgen. Und das hat er ja mit dem direkten Wiederaufstieg geschafft. Damit sah er jedoch seine Mission in Bremen erfüllt und wollte sich der neuen Herausforderung stellen. Natürlich war er sehr beliebt in Bremen und hatte dort ein angenehmes Leben. Es war auch keine Frage des Gehaltes. Das war ihm nicht so wichtig. Ich konnte den Wechsel nachvollziehen, es war ein verständlicher Schritt. Er konnte ja nicht ahnen, dass Werder in den Jahren danach so großen internationalen Erfolg haben sollte.«

»Der Reiz, bei Schalke etwas bewegen zu können, dazu meine Heimat Ruhrpott als emotionaler Faktor – dagegen hatte Werder Bremen am Ende keine Chance. Ich wusste: Auf Schalke habe ich bessere finanzielle Möglichkeiten in einer so fußballbesessenen Stadt, bei einem Verein mit so viel Ruhm und Tradition, mit einem Stadion, das bis zu 70 000 Zuschauer fasst.«

7. Meine erste Schalke-Achterbahn

» Glück auf, Glück ab «

Rudi Assauer weiß, was beim FC Schalke 04 auf ihn zukommt. Der ehemalige Profi vom Erzrivalen Borussia Dortmund als neuer, starker Mann in Gelsenkirchen – ein euphorischer Empfang mit offenen Armen ist seitens der Fans eher nicht zu erwarten. Daher dürfen es zum Amtsantritt schon mal markige Worte sein. Der Neumanager sagt: »Entweder ich schaffe Schalke, oder Schalke schafft mich.« Ein Satz, an dem er gemessen werden wird, das ist ihm klar. Aber in seinem Selbstverständnis bedeutet so eine Herausforderung immer: machen, klare Aussagen treffen, Fakten schaffen. Und das angesichts einer beinahe unlösbaren Aufgabe. Zum bis dato chaotischen Finanzgebaren des Vereins fällt ihm als eine Art Wahlversprechen ein: »Ich werde den Sumpf schon trockenlegen.«

Assauer arbeitet sich mit seiner Sekretärin Sabine Söldner ein, die im Juni 1979 mit 19 Jahren auf der Schalker Geschäftsstelle angefangen hatte. Sie erinnert sich nur zu gut an die erste Begegnung mit dem Mann, mit dem sie auch 2012 noch zusammenarbeiten wird. »Er hat an seinem ersten Arbeitstag durch die Gegensprechanlage zu mir gesagt: ›Guten Morgen! Ich hätte gerne einen Tee.‹ Das war's. Mehr nicht. Ich dachte mir: Sind die Werderaner so? Sind die im hohen Norden so arrogant? Was bildet sich der feine Herr eigentlich ein? 14 Tage lang kam Assauer ins Büro, aber zu Gesicht bekam ich ihn nicht wirklich. Schon vor seiner Ankunft aus Bremen gab es ein Missverständnis über einen Termin des neuen Chefs mit Trainer Jusufi. Der Manager und Präsident Fenne gaben mir die Schuld, dass das Treffen nicht zustande gekommen war. Ich wurde nach Strich und Faden zusammengefaltet. Das ging mir alles ganz schön aufn Senf, ich war richtig auf Krawall gebürstet. All diese Geschichten hatte ich eines Tages einem Mitarbeiter erzählt, ohne zu wissen, dass Herr Assauer direkt hinter mir stand. Ich drehte mich um, noch die Teetasse in der Hand, und er fragte mich direkt:

>Was war das?< Ich geigte ihm darauf ganz offen die Meinung und meinte: >Und jetzt packe ich meine Sachen, gekündigt wird mir ja nun sowieso.<«

»*Ich bin ganz ruhig geblieben und habe der Söldner'schen, wie ich sie später genannt habe, geantwortet: >Okay, jetzt haste dir mal Luft gemacht. Alles gut. Und nun beweg deinen Hintern, wir müssen einen Spielervertrag aufsetzen.< Später wurden wir ein Herz und eine Seele. Wir zofften uns und vertrugen uns wieder. Einmal standen wir uns im Streit so nah gegenüber, Nase an Nase, dass ich sie mit meiner Zigarre leicht verbrannte. Kann ja mal passieren im Eifer des Gefechts. Die Zusammenarbeit wurde immer besser. Bis es so war, dass der eine das denkt, was der andere gerade sagt. Und umgekehrt. Wir haben ja auch mehr Zeit im Büro miteinander verbracht als mit unseren Familien. Ich hab sie geduzt, sie hat mich immer nur >Chef< genannt.*«

Schalke gilt Anfang der 80er-Jahre als Skandalmeister. Ein Verein, der von seiner Vergangenheit, den Erfolgen der Mannschaft um den legendären Ernst Kuzorra, lebt und den eine dicke Schuldenlast drückt. In den 70er-Jahren sorgte Schalke für viele negative Schlagzeilen. Erst der Bundesligaskandal 1971, in den einige Schalker Spieler verwickelt waren, die aufflogen, weil sie in Spielmanipulationen für Geld verwickelt waren, dann ein totales Führungschaos mit vier Präsidenten von 1976 bis 1980. Der mit einer kurzen Unterbrechung von 1967 bis 1979 amtierende Präsident Günter Siebert berauschte sich nächtelang an seinen flammenden Reden. Wenn er fragte: »Wo wohnt Günter Siebert?«, gab es in der Kneipe nur eine richtige Antwort. Erwiderten seine Zuhörer: »Im Herzen aller Schalker«, gab es Freibier. Aber Siebert hinterließ Schulden, eine schwere Hypothek für seinen Nachfolger Hans-Joachim Fenne und seinen Wunschkandidaten als Manager, Rudi Assauer. Günter Siebert gab sich als Mann fürs Volk, hemdsärmelig, ein Kumpeltyp. Gelernter Zimmermann, später Kneipenwirt auf Gran Canaria. Fenne dagegen ist Geschäftsmann, ein Unternehmensberater, promovierter Betriebswirt. Fenne liebt weniger die Geselligkeit, sondern Statussymbole. Er fährt Porsche, spielt Golf, raucht

Pfeife. Die zuletzt genannte Leidenschaft teilt er mit Assauer. Doch viel wichtiger: Fenne hilft Schalke aus der Klemme, rettet den Traditionsklub vor dem Konkurs. Während seiner Amtszeit bis Ende 1986 baut er den Schuldenstand von rund sieben Millionen Mark auf 2,2 Millionen ab. Und das ohne Besitz, ohne Rücklagen. Das einzige Kapital waren die Spieler.

Im Sommer 1980 hatte der DFB die Bundesligalizenz für Schalke 04 nur noch unter Sonderauflagen erteilt. So musste der Rechtsaußen Rüdiger Abramczik für 1,2 Millionen DM an Borussia Dortmund verkauft werden, um wieder flüssig zu sein – ausgerechnet an den BVB. Weitere Spielertransfers sollten folgen. Sogar die vereinseigene Glückauf-Kampfbahn, in der einst Ernst Kuzorra und Fritz Szepan gespielt hatten, musste für 850 000 DM an die Stadt Gelsenkirchen veräußert werden. Daher entschied sich Präsident Fenne zur Radikalkur und gab als Losung aus: »Lieber freiwillig absteigen und in der Zweiten Bundesliga gesunden als weiter Schulden machen. Bei unserem Zuschauerschnitt brauchen wir keine Spieler mit Direktorengehältern mehr.« Statt der erhofften und für den Etat errechneten 26 000 Zuschauer pro Spiel kamen allenfalls noch 14 000 ins weitläufige Parkstadion. Fenne plant daher im Winter 1980/81 ganz konsequent den Abstieg. Das Gründungsmitglied der Bundesliga, seit 55 Jahren stets erstklassig, nun als Zweitligaverein? Nahezu unvorstellbar, jedoch unvermeidbar. Noch im Dezember bietet Fenne alle Spieler, »die anderen Klubs noch etwas wert sind«, zum Verkauf an. Für Vorstopper Rolf Rüssmann zahlt Dortmund 800 000 DM Ablöse. 950 000 DM überweist Borussia Mönchengladbach für den Stürmer Wolfram Wuttke. Exnationaltorwart Norbert Nigbur sowie den österreichischen Nationalspieler Kurt Jara wird er vorerst nicht los. Doch der Räumungsverkauf ist für Fenne lebensgefährlich. Bei einem Heimspiel sitzt der Präsident von Leibwächtern umringt auf der Ehrentribüne. »Verräter«, wird er von einer Handvoll Fans beschimpft, und ihm wird gedroht: »Dich machen wir noch alle.« Doch Fenne bleibt bei seinem Konzept und beteuert: »Ich weigere mich, weiter Hunderttausende von Mark zu verschleudern, ich weigere mich, weiter den Steuerzahler für Schalke zur Kasse zu bitten.«

Der Abwärtsstrudel Richtung Zweite Liga scheint nicht mehr aufzuhalten zu sein. Ein wenig Hoffnung keimt auf, als Mittelstürmer Klaus Fischer nach zehn Monaten Pause wegen eines Schienbeinbruchs samt Knocheninfektion im Januar 1981 sein Comeback feiert. Obwohl etwas fülliger um die Hüften, trifft er in der Rückrunde immerhin sechsmal. Besser als Rang 14 steht Schalke trotzdem nie in der Tabelle. Das 1 : 5 beim MSV Duisburg lässt die Königsblauen dann auf den letzten Platz abstürzen.

Es ist das Wochenende um den 15. Mai 1981, an dem Assauer Hals über Kopf den neuen Managerjob übernimmt. Seine erste Amtshandlung: Er entlässt den glücklosen Trainer Fahrudin Jusufi, der seit etwas mehr als einem Jahr im Amt war. Wie schon dreimal zuvor in Bremen übernimmt Assauer die Mannschaft als Manager gleich selbst, diesmal aus freien Stücken. Drei Spiele volles Risiko, im Grunde ein aussichtsloses Unterfangen. Aber Assauer versucht zu retten, was in Wahrheit nicht mehr zu retten ist.

»Der Erste, den ich bei meinem Einstieg auf Schalke habe rausschmeißen müssen, war Fahrudin Jusufi. Der hatte sich, wie sich herausstellte, einem Treffen mit mir verweigert, und dann hab ich dem gesagt: ›Nehmen Sie Ihren Koffer, und hauen Sie ab.‹ Nein, wahrscheinlich war ich netter und habe ihm erklärt: ›Passen Sie auf, wir stehen kurz vor dem Abstieg, es geht nicht mehr. Es tut mir furchtbar leid, aber wir müssen noch etwas anderes versuchen, der Mannschaft noch mal einen Kick geben.‹ Ist mir doch auch immer klar gewesen, dass die Herrschaften einem dann nicht um den Hals fallen. Es tat auch mir weh, eine Beurlaubung auszusprechen. Dahinter steckt immer ein Mensch mit Gefühlen und meist auch eine Familie, die er zu ernähren hat. Aber ich konnte darauf ja keine Rücksicht nehmen, musste immer zum Wohle des Vereins handeln. Mit manchem Trainer hatte ich auch über die Trennung hinaus ein gutes Verhältnis. Es gab aber auch einige, die am Ende die beleidigte Leberwurst spielten. Das tut immer weh, weil ich es ja war, der die Trainer geholt hat. Wenn es dann mit einem nicht klappt, bin ich ja auch beteiligt gewesen an dieser Niederlage.«

Nicht in dieser Situation, denn Assauer hat Assauer verpflichtet, der Manager den Trainer. An seiner Seite ein Mann mit Trainerlizenz, Heinz Redepennig. Nicht mehr als ein Hiwi, der die Ansagen von Chef Assauer ausführt. Am 30. Mai kommen nur 20 000 Fans ins Parkstadion, der Glaube an die eigene Mannschaft ist weg, das 1 : 1 gegen Nürnberg bedeutet Stillstand und Rückschritt zugleich. Der Trainermanager Assauer tritt auf, als hätte er nie etwas anderes gemacht.

»Wir hatten wirklich noch eine Chance vor den drei Spielen. Wir brauchten zwei Siege. Ich dachte: Das schaffst du mit der Truppe. Das erste Spiel gegen Nürnberg war das entscheidende. Da haben sich Szenen abgespielt, unglaublich. Ich glaub, achtmal Pfosten, achtmal Latte, unglaublich. Was der dicke Fischer an dem Tag vor der Kiste vernagelt hat – du hast dir an den Kopp gelangt.«

Doch es sollte der einzige Punkt aus den letzten drei Spielen sein. Auf dem Betzenberg in Kaiserslautern sind die Schalker chancenlos, das 0 : 2 besiegelt dann auch punktemäßig den Abstieg. Zur allgemeinen Unfähigkeit kommt noch Pech.

»Das war auch schön da: Beim Warmmachen schießt irgendein Idiot den Ball auf die Kiste, der Nigbur kriegt den Ball vor den Hinterkopf, fällt um. Vorm Spiel! Wupp, lag er da. Ich dachte, das fängt ja gut an.«

Am Schalker Markt brennen daraufhin die Fahnen, für die Fans ist der Absturz nur vier Jahre nach der Vizemeisterschaft eine Katastrophe. Im Juni 1981 verabschieden sich die Knappen aus der höchsten deutschen Spielklasse, der sie seit 1926 angehört hatten. Die Höchststrafe für die Schalker ist jedoch das letzte Saisonheimspiel am 13. Juni gegen den 1. FC Köln. Die Welt der Königsblauen liegt in Trümmern, Trainer Assauer und das Team müssen Hohn und Spott der nur noch 12 000 Fans ertragen. Das Schlimmste: Zuvor war bekannt geworden, dass Torjäger Klaus Fischer, eines der letzten Schalker Idole jener Tage, nach Köln wechselt. Wegen seiner Verletzung hatte er die Europameisterschaft 1980 – und damit den Titelgewinn der Nationalelf – verpasst, nun fürchtet der Mittelstürmer um die Teilnahme an der Weltmeisterschaft 1982 in Spanien. »Wenn Schalke absteigt, muss ich gehen, sonst ist meine internationale Karriere zu Ende«, erklärte er.

»Während des Köln-Spiels skandiert die Nordkurve in Halbzeit eins ›Fischer raus! Judas raus!‹ – immer wieder. Es wird von Minute zu Minute unerträglicher. Der 0 : 2-Rückstand tut sein Übriges dazu. Als ich in die Kabine komme, sitzt Fischer da wie ein Häuflein Elend, mit den Nerven am Ende. Er war deprimiert. Ein Kerl, der nie zimperlich oder übersensibel war, erlebte gerade einen der bittersten Augenblicke seiner Karriere. Ich ging auf ihn zu, sagte: ›Klaus, es ist deine Entscheidung, ob du dir das noch antun willst, ob du in der zweiten Halbzeit da noch einmal rauswillst.‹ Er nickte nur, ich hatte verstanden und habe ihn ausgewechselt. Das hatte der Klaus nicht verdient. Gelsenkirchen war für den gebürtigen Niederbayern zur Heimat geworden, elf Jahre hatte er für Schalke die Knochen hingehalten, 182 Tore erzielt und war zum Liebling der Fans geworden. Es sollte eine vernünftige Verabschiedung werden im Parkstadion. Schließlich hatte er dem Verein selbst im fortgeschrittenen Fußballeralter von 31 Jahren noch eine Million Mark an Ablöse gebracht.«

Assauer holt bei seinem Rettungsversuch in drei Spielen nur einen Punkt – und sich selbst königsblaue Flecken. Eine groteske Situation: Gerade noch hat er Werder Bremen erfolgreich als Managertrainer in die Bundesliga zurückgeführt, da findet er sich sofort im Alltag der Zweiten Liga wieder – als Sanierer. Er verpflichtet als neuen Trainer seinen ehemaligen Mitspieler und Helden von Glasgow 1966, Siegfried Held. Die Situation ist heikel: Der Ex-Dortmunder Assauer holt den Ex-Dortmunder Held auf die Schalker Bank. Assauer hat nur eine Chance, denn der direkte Wiederaufstieg ist Pflicht.

Wieder ist es sein Job, eine Mannschaft umzukrempeln, und erneut nahezu ohne jeglichen finanziellen Spielraum. Der Österreicher Kurt Jara und der Jugoslawe Vilson Dzoni werden aussortiert. Neuzugang Norbert Janzon vom Meister FC Bayern München wird von Assauer zum neuen Schalker Kapitän gemacht. Volker Abramczik tritt mit 17 Jahren in die Fußstapfen seines älteren Bruders Rüdiger. Stimmt nun die Mischung aus Routiniers und jungen Spielern? Assauer greift durch, will Klarheit, auch im Betreuerstab. Charly Neumann muss als Mannschaftsbetreuer seine Koffer packen, auf der Bank sitzen neben Trainer Sigi Held ab sofort nur noch der Mannschaftsarzt, ein Masseur und Assauer selbst. Und der Neustart glückt. Am 1. August 1981 besiegt Schalke Mitabsteiger TSV 1860 München mit 3 : 1, immerhin 35 000 Neugierige sind ins Parkstadion gekommen. Drei Tage später bei Hertha BSC Berlin die erste Niederlage, wieder zehn Tage darauf der erste Auswärtssieg. Ein Auf und Ab, bis man ab dem neunten Spieltag fünfmal hintereinander gewinnt und insgesamt 13 Partien ungeschlagen bleibt. Das Duo Held / Assauer funktioniert, und Schalke wird Herbstmeister. Zum festlichen Weihnachtssingen im Stadion kommt Gotthilf Fischer mit seinen Chören.

Da die Rückkehr in die Bundesliga fest eingeplant war und von den Fans zuvor als reine Pflichtübung abgetan wurde, fällt der Jubel entsprechend nüchtern aus. Auch bei Assauer herrscht eher Erleichterung als Freude vor, als am 13. Mai 1982 der Wiederaufstieg perfekt gemacht wird. Wattenscheid siegt bei Kickers Offenbach 4 : 1, und Schalke schlägt Wormatia Worms 4 : 0 im Parkstadion. Etwas Euphorie kommt dann zumindest beim letzten Heimspiel gegen Fürth auf. Zur Aufstiegsparty pilgern 60 000 Fans ins Parkstadion, und gefeiert wird nach Hausmannsart des Ruhrgebiets: bei Bier, Korn und Bratwurst. Moderator Wim Thoelke führt durchs Programm, Friedenstauben werden in die Luft gelassen, Fanclubs dürfen sich bei einem Umzug auf der Tartanbahn im weiten Rund des Stadions präsentieren. Das sportlich unbedeutende Spiel endet 3 : 3. Nach Ende der 90 Minuten stürmen die Fans das Spielfeld und feiern dann doch ausgelassen den Zweitligameister. Es darf geträumt werden, auf einem Plakat ist zu lesen: »Deutscher Meister 1982/83«. Schalker Träumereien, aber zumindest in der Vereinsführung und im Management hat eine neue Sachlichkeit gegenüber der Gefühlsduselei der vergangenen Jahre die Oberhand gewonnen. Auch im Umgang mit Spielern, selbst mit von den Fans in den Legendenstand erhobenen Spielern, zeigt sich Assauer knallhart. Sparkurs und wirtschaftliche Konsolidierung gehen vor Dankbarkeit und Großzügigkeit. Das muss Norbert Nigbur am eigenen Leib erfahren. Von 1966 bis 1976 war er Schalkes Nummer eins im Tor. Nach einem dreijährigen Intermezzo bei Hertha BSC Berlin kehrt er 1979 zurück, macht den Abstieg und die sofortige Wiederkehr ins Oberhaus – inklusive aller 38 Zweitligapartien – mit. Weil Nigbur, ein gebürtiger Gelsenkirchener, mit damals 34 Jahren einer der Ältesten und Erfahrensten im Kader ist, holt sich Assauer 1982 Rat bei ihm, was Neuverpflichtungen betrifft. Nigbur empfiehlt Rudi Völler, den jungen, talentierten Stürmer des TSV 1860 München. Doch mangels Finanzkraft entscheidet sich der Manager für günstigere Alternativen, holt unter anderem Hans-Joachim Abel vom VfL Bochum und Hubert Clute-Simon von Alemannia Aachen. Nach wenigen Spielen in der neuen Saison findet sich Schalke wieder im Tabellenkeller der Bundesliga wieder, in den ersten elf Partien mit Nigbur gelingt nur ein Sieg. Doch Nigbur, dessen schwache Leistungen nicht nur durch sein kaputtes Knie zu erklären sind, mault gegen die Einkaufspolitik Assauers. Von seinen Wutausbrüchen ist fast täglich in den Boulevardmedien zu lesen. Nach dem 2:2 in Karlsruhe zitiert Assauer ihn daher in sein Büro in der Geschäftsstelle und macht ihm klar, dass er seine Sachen packen könne und auch nicht mehr zum Training kommen müsse, Stadionverbot erhielt er obendrauf. Es folgt eine Schlammschlacht. Per einstweiliger Verfügung erzwingt Nigbur die weitere Teilnahme am Mannschaftstraining. Dennoch ist es das Ende einer Karriere. Ein Blitztransfer von Assauers altem Kumpel Dieter Burdenski, damals schon 36, scheitert. Der Bremer lehnt ab, das Risiko sei ihm im hohen Alter zu groß. Ab der nächsten Partie steht dann der vom FC Bayern gekaufte und bei den Fans sehr umstrittene Walter Junghans, 24 Jahre jung, im Tor.

»Wenn man in so einer Position ist, muss man Entscheidungen treffen – ob die nun populär sind oder nicht. Man kann sich auch nicht zu lange von einem Spieler auf der Nase herumtanzen lassen, das färbt auf die Mannschaft ab. Die Kollegen denken sich: Oh, mit dem Assauer kannste ja alles machen. Wenn wir keinen sportlichen Erfolg hatten, fielen mir das Arbeiten und Entscheidungentreffen immer sehr schwer. Man macht und tut, überlegt, redet und redet – und dann nippeln die Jungs in den Spielen oft einfach so ab. Das ist immer ein Schlag ins Gesicht. Ich bin ja auf die Herren auf dem Platz angewiesen. Wie der Trainer auch. Du fühlst dich in solchen Momenten, vor allem während der Partien da unten auf der Bank, unglaublich ohnmächtig. Es ist die Schattenseite dieses schönen Jobs. Was man dagegen tun kann? Mit den Jungs reden, sie fragen, warum sie so nervös sind. Ihnen sagen, dass sie nicht wie ein Hühnerhaufen agieren sollen. Bei einigen zart besaiteten Männeken machst du das am besten nicht, die klappen dir sonst emotional zusammen. Auch wenn du dir oft denkst, oh Gott, oh Gott, musst du sie starkreden, ihnen Mut zu sprechen. Du brauchst die Jungs ja.«

Schalke pendelt im weiteren Verlauf der Saison ab dem 15. Spieltag nur noch zwischen Rang 16 und 18 und trudelt damit auf direktem Wege zurück in die Zweite Liga. Da hilft auch eine für Assauer typische Rückholaktion nicht. Wolfram Wuttke kommt von Borussia Mönchengladbach und macht sieben Tore. Zur Winterpause steht die Mannschaft erneut auf einem Abstiegsplatz, das Verhältnis zwischen Spielern und Trainer stimmt nicht mehr. Obwohl Held es zunächst als alter Weggefährte von Assauer recht leicht hatte, gelingt es ihm nicht, aus der Ansammlung von ausgeprägten Charakteren eine Mannschaft zu formen. Seine Unsicherheit, seine zurückhaltende Art und unterkühlt wirkende Ausstrahlung werden ihm zum Verhängnis.

Doch erst kurz vor Beginn der Rückrunde im Januar 1983 wird Sigi Held dann entlassen und durch Jürgen Sundermann, Spitzname »Wundermann«, ersetzt, den Assauer direkt von den Stuttgarter Kickers aus der Zweiten Liga verpflichtet. Für ein Spiel setzt sich Manager Assauer noch auf die Trainerbank und holt beim 0 : 0 bei Borussia Mönchengladbach immerhin einen Punkt. Sein fünfter Ausflug in den Trainerjob, zum zweiten Mal beim FC Schalke, er kann es einfach nicht lassen.

Bei Sundermanns Debüt verlieren die Schalker 1:3 gegen Stuttgart. Die Saison hat den Teufel gesehen. Wenigstens der DFB-Pokal ist nach Jahren der Tristesse und oftmals frühem Ausscheiden ein Lichtblick und spült etwas Geld in die leeren Kassen. Über die Stationen Hessen Kassel, FSV Mainz und Arminia Bielefeld kämpft sich die Mannschaft bis ins Viertelfinale gegen den 1. FC Köln vor. Umso bitterer, dass es ausgerechnet Schalkes Idol Klaus Fischer ist, der seinen Exklub dann beim 0:5 im Müngersdorferstadion mit drei Treffern demütigt.

Im Frühjahr 1983 kommen immer weniger Fans ins Parkstadion, das Vertrauen in die Schalker ist erkaltet. Erst das sensationelle 1:0 beim FC Bayern durch Manfred Drexler am 33. Spieltag lässt die Hoffnungen auf einen Verbleib in der Bundesliga durch das Erreichen der Relegationsspiele aufkeimen. Am 4. Juni gibt es eine große Feier im Parkstadion – es ist der Hamburger SV, der seine Meisterschaft bejubelt. Auf Schalke rüstet man sich dagegen als Tabellensechzehnter für die Relegation gegen den Dritten der Zweiten Liga, gegen Bayer Uerdingen.

»Durch den Sieg bei den Bayern war unser Selbstvertrauen wieder riesengroß. Dennoch spürte ich Unbehagen. Natürlich waren wir als Bundesligist der Favorit. Damals warnte ich die Spieler ganz gezielt auch über die Medien, weil unser Trainer Jürgen Sundermann davon sprach, dass man Uerdingen schon packen werde. Ein gesundes Selbstbewusstsein – ja, schön und gut. Doch Sundermann verkündete, die Chancen stünden 80:20. Der hatte leicht reden mit seinem Damenstrohhut samt der breiten Krempe. Das war sein Markenzeichen – nicht zu vergessen noch das Seidentuch. Damit kam der feine Herr jeden Tag an, ob auf die Geschäftsstelle oder in die Kabine. Unter dem Arm immer die Bild-Zeitung und ein Pornoheft. Ich musste also wieder den Warnenden spielen. Ich sagte, dass erst zum Schluss abgerechnet werde. Eine Plattitüde, klar. Aber ich hatte Angst. Ich wollte nicht zum dritten Mal absteigen in meiner Managerlaufbahn.«

Das Hinspiel am 15. Juni 1983 in der Krefelder Grotenburg verlieren die Königsblauen sensationell deutlich mit 1:3. Zur Halbzeit stand es sogar 0:3, die überheblich agierenden Schalker waren erst nach 30 Minuten überhaupt zu einer Torchance gekommen. Somit ergibt sich folgende Ausgangslage für das Rückspiel im Parkstadion vier Tage später: Nur bei einem Sieg mit drei Toren Unterschied würde Schalke den Klassenerhalt direkt schaffen, bei einem Erfolg mit zwei Toren Vorsprung gäbe es eine dritte Partie, ein Entscheidungsspiel. Libero Bernard Dietz wendet sich flehentlich an die Fans: »Pfeift uns nicht aus, schreit uns zum Sieg! Wir wollen die Wiedergutmachung.«

»Ich war mir sicher, dass wir mit unseren Fans im Rücken kein drittes Spiel brauchen würden. Doch den ersten Rückschlag gab es schon in den Tagen vor dem Rückspiel. Mit dem DFB zoffen wir uns um die Anstoßzeit. Diese war auf 15 Uhr festgesetzt worden. Ich hatte keine Ahnung, warum. Für den Tag des Rückspiels war brütende Hitze von den Meteorologen vorhergesagt. Ich forderte den DFB auf, das Spiel in die Abendstunden zu verlegen. Das war ein klarer Verstoß gegen die sportliche Fairness. Die Uerdinger dürfen ihr Heimspiel abends austragen, wir müssen nachmittags bei diesen extrem hohen Temperaturen ran. Das hat unsere Aufholjagd nicht einfacher gemacht. Wir waren ja diejenigen, die angreifen mussten, die laufen mussten. Uerdingen konnte abwarten und verteidigen. Und so ist es auch gekommen.«

60 000 Zuschauer unterstützen Schalke, glauben an die Wiedergutmachung. Doch Schalke tut sich schwer gegen das Bayer-Bollwerk, geht erst nach 63 Minuten durch Manfred Drexler in Führung. Doch der Uerdinger Ausgleich 20 Minuten später durch den eingewechselten Michael Schuhmacher versetzt ganz Schalke in Schockstarre. 1:1. Nichts geht mehr, der Abstieg ist perfekt. Unter Tränen sagt Vereinslegende Ernst Kuzorra: »Warum muss ich das noch erleben?« Vor der Schalker Geschäftsstelle versammeln sich Stunden später zahlreiche Fans und pfeifen den Mann aus, den sie für den Hauptschuldigen am zweiten Abstieg halten: Rudi Assauer.

Nur fünf Spieler besitzen Verträge für die Zweite Liga, so wenig hatte man sich mit dem Unvorstellbaren beschäftigt. Der zweite Abstieg ist ein Schock – und für den Manager heißt das erneut: kein Urlaub im Sommer, kaum Zeit für die Familie. Abermals gilt es, eine neue Mannschaft aufzubauen. Doch nicht nur das: Einen neuen Trainer muss er ebenfalls suchen. Als Sundermann zögert, das neue Schalker Vertragsangebot zu unterschreiben, wird es Präsident Fenne zu bunt. Er verkündet, dass die Zusammenarbeit mit Sundermann beendet ist.

»In meinen Zeiten als Schalke-Manager kannte ich keinen Urlaub. Wenn mir einer damit ankam, sagte ich: ›Urlaub? Was ist das denn? Meistens langweile ich mich da nur.‹ Nein, Ferien gab es für mich kaum. Ich hab in meinem Büro Urlaub gemacht. Ich erholte mich an meinem Schreibtisch, so war das wirklich. Das war mein Leben. 14 Tage am Stück habe ich, glaube ich, während meiner ganzen Managertätigkeit nie geschafft, höchstens mal zehn Tage. Und wenn meine Herzdamen unbedingt mit mir verreisen wollten, hab ich zu meiner Sekretärin Frau Söldner gesagt: Können Sie das nicht kaputt machen? Irgendeinen Termin reinschieben? Sie selbst hat auch immer große Augen gemacht, wenn sie mich über ihre Urlaubspläne unterrichtete. Dann hab ich geantwortet: ›Urlaub is nich. Es ist grün genug im Ruhrpott, Sie können doch hier Ferien machen.‹
Ich kann mich noch gut erinnern, dass ich als kleiner Junge in den Ferien mit den Eltern höchstens mal zur Tante nach Düsseldorf gefahren bin – von Herten aus hieß das: ab in die Großstadt. Mehr war nicht drin. Das Tolle daran aber waren die Ausflüge zum Flughafen. Da haben wir dann auf der Aussichtsplattform gestanden und den Maschinen bei Start und Landung hinterhergeschaut. Mann, das war für mich als kleinen Steppke eine Schau. Ich wollte Pilot werden. Diese Uniformen! Die Reisen! Und natürlich die Stewardessen nicht zu vergessen. Da konnte ich ja noch nicht ahnen, dass mich später diese verdammte Flugangst plagen würde.
Wenn meine jeweilige Lebensabschnittsteilzeitgefährtin und ich tatsächlich mal verreist sind, dann nach Sylt oder an die Nordseeküste. Oder vielleicht

mal Mallorca, an die Côte d'Azur, so was in der Richtung. Ich wollte mich aber immer bewegen, konnte nicht stillsitzen und nur rumliegen und faulenzen. Ich habe gerne Tennis gespielt, ein bisschen gekickt oder bin im Winter auch mal Ski gefahren – aber das geht ja heute alles nicht mehr.

Viel Schlaf gebraucht habe ich nie. Meistens nur fünf Stunden, und zack, stand ich da wie 'ne Eins. Wenn überhaupt, dann habe ich täglich Urlaub in der Sauna gemacht – mit einer Zigarre und der Bild-Zeitung. Früher meist fünfmal pro Woche, am Trainingsgelände oder wo ich auch immer im Hotel war. Drei bis vier Durchgänge, herrlich. Da kam ich zur Ruhe. Heute mache ich das nicht mehr.«

Assauer entscheidet sich bei der Trainersuche des Sommers 1983 für Diethelm Ferner, der zuletzt bei Hannover 96 gearbeitet hat. Der Schalke-Manager sieht in ihm genau den richtigen Mann für die verunsicherte Mannschaft. Ferner stellt scheinbar den perfekten Kompromiss dar – kein unsicherer Schweiger wie Siegfried Held, kein Zampano wie Jürgen Sundermann. Wie nach dem Abstieg 1981 ist auch diesmal der direkte Wiederaufstieg das Ziel. Was sonst? Die Routiniers Dietz, Drexler und Abel werden von Neueinkäufen von Manager Assauer ergänzt, die sich als Volltreffer erweisen: Klaus Täuber von den Stuttgarter Kickers, der als wuchtiger, nimmermüder Torjäger 18 Saisontore erzielt. Dazu der von Trainer Ferner aus Hannover mitgebrachte Bernd Dierßen als Spielgestalter und Michael Jakobs vom VfL Bochum als Linksverteidiger. Nur ein Mitläufer ist Michael Skibbe, der spätere Bundesligatrainer und Assistent von Nationalelf-Teamchef Rudi Völler. Ebenfalls im Kader: ein Talent namens Olaf Thon, 17 Jahre jung, von Assauer entdeckt beim STV Horst Emscher. Thon macht sämtliche 38 Zweitligaspiele, steuert 14 Tore bei. Ein Raketenstart eines Teenagers. Seine größte Stunde sollte dann im Mai 1984 im DFB-Pokalhalbfinale gegen den FC Bayern München schlagen. Thon stellt sich als eine der größten Entdeckungen Assauers heraus.

Die dünne Finanzdecke am Schalker Markt macht erfinderisch. Fenne und Assauer kommen in der Not auf neue Ideen: Externe Geschäftsleute finanzieren den Kauf von Profis, und der Verein trägt die laufenden Kosten. Erst bei einem Wiederverkauf soll sich der Vorschuss bezahlt machen, da die Ablösesumme zu einem vereinbarten Teil plus Profit zwischen Verein und den Investoren aufgeteilt wird.

Die Mission startet gut, erst am neunten Spieltag verliert Schalke eine Partie, und ab der zehnten Runde verlässt man die Aufstiegsränge eins oder zwei nicht mehr. Ferners ruhige, sachliche Art tut der Mannschaft gut. Es wird ein souveräner Durchmarsch, lediglich die Liebe der Fans scheint erkaltet. Die beiden Abstiege haben Vertrauen gekostet, trostlos wirkt das Parkstadion bei oft nur rund 10 000 bis 15 000 Zuschauern. Mit dem 2:0 in Wattenscheid am 35. Spieltag ist der Aufstieg praktisch geschafft, punktemäßig herrscht eine Woche später nach dem 5:0 gegen Alemannia Aachen Klarheit. Die letzte Partie findet gleich zweimal statt. Nachbar Rot-Weiß Essen wird erst 5:0 besiegt, doch wegen randalierender Schalker Fans und der Verletzung des Rot-Weiß-Keepers Carsten Hallmann durch einen Ordner muss das Spiel nach einem Protest der Essener wiederholt werden. Nur 25 000 Fans sehen dann das 3:2 der Königsblauen wenige Tage später. Die sportliche Achterbahnfahrt ist damit endlich beendet: Zuvor spielte man Jahr für Jahr in der Ersten Liga, dann der Abstieg 1981 und der direkte Wiederaufstieg 1982. Eine Saison darauf der Wiederabstieg und schließlich der Wiederwiederaufstieg 1984.

In der Saison 1984/85 hat sich der Verein unter Ferner endlich gefangen. Schalke landet als Aufsteiger in der Bundesliga auf einem guten achten Platz, sogar eine Europapokalteilnahme scheint in greifbarer Nähe. Mit Olaf Thon reift ein Jahrhunderttalent heran, und mit Klaus Täuber hat Schalke nach langer Zeit wieder einen echten Goalgetter.

Ein besonderer Coup glückt Assauer, als er Klaus Fichtel zu einem Comeback bei den Königsblauen überredet und den Oldie aus Bremen zurückholt. Vorgesehen war der 40-Jährige eigentlich nur als Kotrainer zur Unterstützung von Ferner, doch aufgrund zahlreicher Verletzter in der Abwehr muss Fichtel selbst ran. Beim 4:0 gegen Waldhof Mannheim macht der Libero sein 521. Bundesligaspiel und ist damit Bundesliga-Rekordspieler. Am

21. Mai 1988 tritt Fichtel nach fast 23 Jahren dann endgültig von der Bühne Fußballbundesliga ab – mit 43 Jahren, sechs Monaten und zwei Tagen.

»Der Klaus ist eine Legende, wir haben ihn alle >Tanne< genannt. Ein ganz feiner Kerl, ein Profi, wie ich ihn in all den Jahren selten gesehen habe. Der hat geschuftet, auf seinen Körper geachtet, auf seine Ernährung – nur so konnte er im hohen Alter noch mit den ganzen jungen Küken mithalten. Ich kann mich noch gut erinnern, wie ihm die Schalker Fans gehuldigt haben. Aus Verneigung vor seiner Lebensleistung hatten einige ein Transparent gemalt, darauf stand: >Der Wald stirbt – die Tanne steht<. Eine schöne Idee.

Durch Tanne Fichtel habe ich übrigens meinen guten Freund Werner Hansch kennengelernt. So wurde Fichtels Abschiedsspiel ein wichtiger Moment meines Lebens. Hansch war in den 70ern fünf Jahre Stadionsprecher bei Schalke, doch da habe ich noch in Dortmund und Bremen gekickt. Dann arbeitete er beim WDR als Hörfunkreporter. Für das Abschiedsspiel von Fichtel haben wir Hansch als Moderator engagiert, er durfte sogar Interviews auf dem Platz machen. Es war ja auch nur ein Showkick, diese Partie zwischen Schalke und einer internationalen Auswahl am 26. August 1986. Selbst Uwe Seeler, damals schon fast 50 Jahre alt, kickte eine Halbzeit mit und Johan Cruyff gar 90 Minuten – da war ich mächtig stolz, dass der Niederländer extra nach Gelsenkirchen kam. Einen besonderen Gag hatten sich Werner und ich ausgedacht: Die Altstars wurden in einem Container am Mittelkreis versteckt und sind dann nach und nach herausgekommen und auf den Platz gelaufen. Eine dolle Sache, dieses 6:6. Die ganzen alten Recken waren dabei: Klaus Fischer, Rolf Rüssmann, Rüdiger Abramczik und Helmut Kremers, betreut vom alten Trainer Fritz Langner. Der emotionale Höhepunkt der Partie kam eine Viertelstunde vor Schluss. Klaus Fichtel lief an den Spielfeldrand, zog sein Trikot mit der Nummer fünf aus und streifte das Dress seinem Sohn Christopher über, einem Steppke von zwölf Jahren. Da sind mir fast die Tränen gekommen, eine rührende Geschichte. Dann haben wir den Pferdenarr Fichtel zu seiner Überraschung in einen Sulky gepackt. Hinter einem Trabrennpferd auf die Ehrenrunde – das hat auch noch kein Fußballer zum Abschied erleben dürfen.«

1985/86 wird die letzte komplette Saison von Assauer als Schalke-Manager – zumindest in seiner ersten Ära. Es ist eine, rein sportlich betrachtet, relativ unspektakuläre Saison, mit wenigen Höhepunkten für die Königsblauen, mal abgesehen vom 6:1-Kantersieg im Dezember gegen Borussia Dortmund. Für Unterhaltung sorgen da eher die Verantwortlichen: Nach einem Fehlstart mit drei Niederlagen und dem Absturz auf den letzten Platz kühlt das Verhältnis zwischen Präsident und Trainer merklich ab. Fenne bescheinigt seinem Fußballlehrer Ferner zwar fachlich gute Arbeit, bemängelt aber fehlendes Charisma. Die miesen Zuschauerzahlen macht die Vereinsführung am Trainer fest. Die Mannschaft lässt sich zwar kaum beeindrucken vom Zoff, dümpelt jedoch wenig inspiriert im hinteren Mittelfeld der Tabelle dahin – immer mit dem besorgten Blick nach unten. Trainer Ferner zieht schließlich seine Konsequenzen aus der wiederholten öffentlichen Präsidentenschelte und verkündet schon im Frühjahr 1986, dass er den im Sommer auslaufenden Vertrag nicht verlängern werde.

Erst das Derby-Rückspiel am 33. Spieltag bringt dann doch noch, sportlich gesehen, richtig Brisanz. Denn obwohl die Schalker auf Rang zehn stehen, können sie noch absteigen. Die Knappen führen lange Zeit durch Olaf Thon mit 1:0, ehe Michael Zorc mit einem Handelfmeter zwölf Minuten vor Ende ausgleicht. Dennoch ist das die Rettung – nicht Schalke, sondern der BVB muss am Ende der Saison in die Relegation. Obwohl der Rivale schlechter dasteht, haben sich Desinteresse und Lethargie unter der Schalker Anhängerschaft breitgemacht. Die letzte Partie, ein 2:2 gegen Leverkusen, verfolgen nicht mal 10 000 Zuschauer im Parkstadion. Schalke hält sich zwar in der Ersten Bundesliga – immerhin nun schon zwei Jahre am Stück – und ist doch irgendwie out.

Aus Sicht der Fans und vieler Medien findet ab Mitte der 80er-Jahre eine Entfremdung statt. Nur noch »biedere Bürger in kurzen Hosen, angepasst, bis auf Olaf Thon alle austauschbar. Individualität ist bei den Vereinsoberen nicht gefragt«, schreibt *Der Spiegel* im Oktober 1985. Als sich Stürmer Stephan Täuber, jugendliche 18 Jahre alt, für das Mannschaftsposter mit Goldkettchen am Hals ablichten lässt, herrscht ihn Assauer laut an: »Du hast wohl einen an der Waffel, bist der Jüngste und läufst rum wie in England die Königinmutter.«

Der »Verein zum Anfassen« bekommt professionelle Strukturen in einer Zeit, in der Fußball landesweit mehr und mehr als Industriezweig begriffen wird. Darunter leiden allerdings das Wir-Gefühl und damit die Basis, der Fan. Viele Spieler wohnen damals im Münsterland, weitab von Gelsenkirchen und der Trabrennbahn, wo zu Zeiten der Pferdefreunde Rüssmann, Fischer oder Nigbur immer etwas geboten war. Dies natürlich auch zur Freude der Journalisten, insbesondere der Boulevardmedien. Nun, so der Vorwurf, hätten bei Schalke nur noch »die Doktoren« das Sagen.

»Damals waren wir stolz darauf, dass unser Klub endlich einmal keine negativen Schlagzeilen mehr geliefert hatte. Wir mussten weg von dem Schmuddelimage, hin zu einem richtigen Profiverein. Die ständigen Trainerwechsel, immer neue Vereinsführungen und das launische Bild einer Fahrstuhlmannschaft, die mal absteigt und dann wieder aufsteigt – das alles sollte der Vergangenheit angehören. Doch viele sahen im Chaos das echte Schalke. Den Ort von Trauer und Tränen, Jubel und Partys. Präsident Fenne und ich arbeiteten an einer Imagekorrektur, man musste doch auch an die Sponsoren und Gönner denken, die einen soliden, stabilen Verein unterstützen möchten. Kein Bundesligaklub konnte damals mehr ohne die finanzielle Unterstützung der Wirtschaft auskommen. Das war unumgänglich. Gerade auch weil der Trend bei den Zuschauerzahlen, in jenen Zeiten noch das A und O bei den Einnahmen des Vereins, seit Anfang der 80er-Jahre zurückging. Fenne prophezeite damals, dass immer weniger Reviermenschen künftig Fußballspiele besuchen würden, wenn es nicht gelänge, andere Schichten zu interessieren. Damals war unser Gedanke: Die Malocher werden weniger, sie und die Arbeitslosen reichen als Kundschaft nicht mehr aus. Wir brauchen die neue Mittelklasse, die vielleicht in der Freizeit lieber Tennis spielt, um sich den eigenen sozialen Aufstieg zu beweisen.«

Doch der Gegenwind wird stärker. Der Kurs des Duos Fenne/Assauer bekommt mehr und mehr Widersacher. Dann beginnt auch die Allianz der beiden zu bröckeln. Ab Herbst 1985 verschlechtert sich das Verhältnis zwischen Präsident und Manager. Fenne überlegt sogar zwischenzeitlich, Assauer durch den ehemaligen Spieler Rolf Rüssmann zu ersetzen, der Verwaltungsrat als Aufsichtsgremium lehnt diesen Schritt jedoch ab. Bei der Jahreshauptversammlung im Hans-Sachs-Haus wird Assauer zum Watschenmann. Er wird ausgebuht, zum Teufel gewünscht. Als ein langjähriges Mitglied vom Rednerpult aus die Entlassung »des total unfähigen Herrn Assauer« fordert, brandet unter den Anwesenden großer Jubel auf. Ein Vorwurf: »Hasse kein Pulver, brauchs'e nich auf Schalke«, habe der ach so rüde Manager zwei arbeitslosen Jugendlichen geantwortet, die um Freikarten baten. Ein empörtes Mitglied brüllt: »Das ist nicht mehr der Verein, den ich lieb habe.«

Es wird nun zunehmend ungemütlich für Assauer. Zum endgültigen Bruch mit dem Präsidenten kommt es schließlich, als der den unauffälligen Trainer Ferner für die Saison 1986/87 durch den krawalligen Rolf Schafstall ersetzt – hinter dem Rücken Assauers.

»Bis dahin hat die Zusammenarbeit mit uns ja nicht schlecht geklappt. Aber das Problem war, dass Dr. Fenne über Nacht plötzlich der Meinung war, irgendjemand habe ihm Fußballverstand eingeimpft. Das konnte nicht gut gehen, daher sind wir aneinandergeraten. Bei Schafstall wurde ich komplett übergangen. Als ich die Verhandlungen über die letzten Details des Vertrages mit dem neuen Trainer aufnehmen wollte, höre ich, dass schon alles geregelt ist. Das hatte Fenne erledigt und Schafstall längst unterschrieben. Weil ich einen guten Draht zu unseren Spielern hatte, war mir klar, dass diese Verpflichtung fatale Folgen haben würde. Denn Schafstall und Assauer – das passte überhaupt nicht zusammen.«

Dabei steht der Saisonstart 1986/87 unter einem nicht allzu schlechten Stern: Die Abgänge von Frank Hartmann (zu Kaiserslautern) und Dieter Schatzschneider (ausgeliehen an Fortuna Köln) werden durch die Einkäufe von Jürgen »Kobra« Wegmann (vom BVB) und Libero Wilfried Hannes (aus Gladbach) kompensiert. Doch ehe die Saison richtig losgeht, nimmt das Unglück seinen Lauf. Wegmann bricht sich im Trainingslager den Fuß, und

Hannes machen Muskelprobleme zu schaffen. Von Rang sechs nach dem siebten Spieltag geht es kontinuierlich nach unten. Nach einer 2 : 0-Führung Anfang Oktober im Spiel gegen den 1. FC Köln verliert Schalke noch 2 : 4. Und das ist der Beginn eine Serie von sieben Spieltagen ohne Sieg. Der autoritäre Schafstall sprengt den Zusammenhalt in der Mannschaft. Bernard Dietz, der alte Kämpfer, wird demontiert. Es gibt keine klare Linie bei der Torhüterwahl, mal spielt Pavel Macak, mal Walter Junghans. Natürlich strahlt auch der Zoff zwischen Präsident Fenne, Manager Assauer und Trainer Schafstall auf die Mannschaft aus. Während einer Fahrt zum Freundschaftsspiel nach Rostock schließen die drei zwar noch einmal Frieden, doch mehr als ein Waffenstillstand für die Öffentlichkeit wird es nicht. Es kommt sogar fast zu Handgreiflichkeiten zwischen Assauer und Schafstall. Der Eklat ist letztlich unvermeidlich: Am 28. November verbannt der Trainer den Manager aus dem Trainingslager, separiert ihn damit von der Mannschaft. Und Fenne stimmt dieser Entscheidung zu. Im Dezember ist dann für Assauer Schluss auf Schalke. In einer Marathonsitzung des Vorstandes und des Verwaltungsrates bis weit nach Mitternacht wird der Manager vom Vorstand gegen den Willen des Verwaltungsrates entlassen.

»Auf der Sonderversammlung haben die gesagt: ›Ach du Scheiße, was hat denn der Assauer mit dem Geld gemacht?‹ Und dann haben sie mir verbal was auf die Schnauze gegeben. Mein lieber Mann! Eine Woche musste ich rund um mein Haus Polizeischutz bekommen, irgendwelche Dummköpfe haben mir die Scheiben eingeschmissen. Meine Tochter Katy konnte 14 Tage lang nicht in die Schule gehen, die ist von Schalke-Fans aus dem Bus geworfen worden. Und der Herr Fenne ist da rausgegangen wie Graf Koks von der Rennbahn. Immer schön den Knoten um, mit dem schönen steifen Hemd, zack, zack, zack.«

Zur großen Überraschung erklärt Präsident Fenne am 6. Dezember vor dem Schlagerspiel gegen Bayern München selbst seinen Rücktritt – aus »sachlichen und persönlichen Gründen«, wie er angibt. Fenne und Assauer hinterlassen einen Verein, der sich in einer ähnlich misslichen Lage wie zu Beginn der 80er-Jahre befindet: Schalke 04 hat über fünf Millionen Mark Schulden und kämpft um den Klassenerhalt. Daraufhin wird Günter Siebert von Betreuer und Vereinsmaskottchen Charly Neumann aus seinem Pub in Gran Canaria zurückgeholt und am 2. Februar 1987 von der Mitgliederversammlung zum dritten Male nach 1967 und 1978 zum Präsidenten gewählt. Er verspricht seinen Anhängern wieder Nestwärme. Die Mannschaft entfernt sich aus der Abstiegszone und schließt die Saison im gesicherten Mittelfeld auf Rang 13 ab. Ein Jahr später als im Fall Assauer ist dann auch für Schafstall Schicht auf Schalke.

»Es war ein ungerechter Rausschmiss. Dieser Großkotz Rolf Schafstall ist für mich einer der größten Proleten, die ich in diesem Geschäft kennengelernt habe. Es gibt Menschen, besonders im Ruhrgebiet, mit denen ich ein Bierchen trinken würde, Rolf Schafstall gehört nicht dazu. Und der Fenne hat sich den Doktortitel wohl gekauft. Entweder an einem Fahrkartenautomaten oder in Österreich.«

So lauten Aussagen von Rudi Assauer in den darauffolgenden Jahren, die die Wut und Enttäuschung über den Trainer, der ihn seinen ersten Managerjob bei Schalke gekostet hat, und den Präsidenten, der nicht mehr zu ihm gehalten hat, widerspiegeln. Heutzutage hört sich das im Zuge der Demenzerkrankung ganz anders an. Rudi Assauer ist milde geworden, er hat die Vorfälle schlicht vergessen. Fenne ist im Juli 2010 verstorben, über Schafstall sagt er heute:

»Natürlich würde ich mich mit dem Schafstall unterhalten, also ein kurzes Hallo und ein bisschen Smalltalk. Warum denn nicht? Der hat mir doch nichts getan.«

1986, zum Ende seines ersten Engagements bei Schalke, gilt Assauer als der Sündenbock der königsblauen Gemeinde. Sein Versuch, aus Schalke einen seriösen Verein zu machen, ist damit vorerst gescheitert. Schalke hat also ihn geschafft – zumindest auf der ersten Etappe.

8. Meine Auszeit vom Big Business
»Makler, Urlauber, Oldenburger«

Die Entlassung auf Schalke 1986 hat Rudi Assauer hart getroffen. Obwohl er ein Kind des Ruhrpotts ist, will er daher nicht in Gelsenkirchen bleiben, kehrt nach Bremen zurück und dem Fußballgeschäft erst einmal den Rücken. Assauer nimmt eine Auszeit – gezwungenermaßen, aber ohne große Entzugserscheinungen, wie sich seine Tochter Bettina erinnert: »Papa war anders, hat das Leben genossen. Er war lockerer, aufmerksamer, offener. Sogar ein Kurzurlaub an der Côte d'Azur war plötzlich mal drin. Im Kreise der Familie haben wir viel gemeinsam unternommen. Dann konnte er ein richtiger Entertainer sein, hat die Leute unterhalten. Sonst war er ja mit seinem Kopf meist abwesend, weil ständig beim Verein.« Auch der Sport kommt in dieser Zeit nicht zu kurz. »War Papa im Job, kannte er kaum Hobbys. Als Manager ist er frühmorgens ins Büro, den ganzen Tag hatte er Termine, Feierabend war wirklich erst abends. Dann ging er ins Restaurant zum Essen, oder er hat sich vor den Fernseher gesetzt, meist lief Fußball«, erzählt Bettina. »In den Jahren zwischen Schalke und Oldenburg hat er hier und da ein wenig selbst gekickt, auch mal Tennis gespielt. Er ist privat zu Fußballspielen gefahren, hat ein paar Termine wahrgenommen – alles ohne Druck. Er hat die Freiheit genossen, auch wenn Fußball sein Leben war und ist.«

Assauer macht in der Folgezeit vier Jahre lang in Immobilien. Ein sonderlich glückliches Händchen hat er in dieser Zeit jedoch nicht. Falsche Freunde, falsche Versprechungen, unschöne Ergebnisse – fertig ist die persönliche Finanzkrise. Verzockt, verspekuliert. Im rechten Moment kommt da Klaus Baumgart, die etwas füllige Hälfte des Schlagerduos Klaus & Klaus, die für ihren Schunkelhit *An der Nordseeküste* berühmt ist, in Assauers Leben.

»Klaus Baumgart war ein dufter Kerl, ein gebürtiger Oldenburger. Wir haben uns in Bremen kennengelernt. Ende der Neunziger wurde er Vizepräsident des damaligen Zweitligisten VfB. Er lockte Wolfgang Sidka im Juli 1989 als Spielertrainer in die Unistadt. Sidka führte die Mannschaft gleich im ersten Amtsjahr aus der Amateur-Oberliga Nord in die Zweite Bundesliga. Ausgerechnet zu diesem Zeitpunkt nahm der damalige Geschäftsführer Michael Kalkbrenner das Angebot eines Oldenburger Wirtschaftsunternehmers an und kündigte. Für mich war der Weg frei. Der Anstoß jedoch kam von Sidka: Er schlug mich, obwohl damals aus dem Fußballgeschäft draußen, als Manager vor. Beim VfB wollte man professionellere Strukturen schaffen. Ich war zunächst unschlüssig, hab in Bremen Rat gesucht. Die meisten Verantwortlichen des SV Werder haben die Bemühungen des Nachbarn in diesem 40 Kilometer entfernten Oldenburg mit Argwohn betrachtet, mir abgeraten. Doch mein alter Kumpel, Werder-Präsident Franz Böhmert, empfahl mir, den Job anzutreten. Dabei hatten die Bremer in diesen Zeiten alles gemacht, um sich neue Fans zu backen. Da wurden extra Busse gechartert, um Leute aus Ostfriesland abzuholen und für ausgewählte Spiele ins Weserstadion zu karren. Es war eben eine Zeit, in der man ohne große TV-Verträge und Sponsoren noch um jeden einzelnen Fan kämpfte.«

Die Oldenburger buhlen um Assauer – und kommen dem damals 46-Jährigen ein wenig entgegen, was seine finanzielle Situation betrifft. »Die Vertragsverhandlungen mit ihm waren ganz einfach«, erinnert sich Klaus Berster, der damalige Präsident des Vereins, im Hauptberuf Fabrikant. Er gerät heute noch ins Schwärmen, wenn er hinzufügt: »Rudi hat nie groß etwas gefordert, hat nie stur auf einer bestimmten Sache bestanden. Er war ein angenehmer Verhandlungspartner, eine Seele von Mensch.«
Plötzlich ist Assauer zurück im Geschäft. Er und Sidka, die beiden Ex-Bremer, führen nun den Laden VfB. Während in Italien die WM 1990 läuft, feiert man in Oldenburg »den zweiten Coup nach dem Aufstieg in die Zweite Liga«, so Berster damals. Dennoch warnt er: »Wir setzen uns mit Rudi Assauer einen großen Hut auf. Einen großen Hut brauchen wir aber

auch, und den bekommen wir nicht von der Stange. Halbe Sachen passen eben nicht.« Und Assauer ist eine ganze Sache.

Mit großem Elan geht er an die neue Herausforderung heran – umso ernüchternder fällt für ihn der Moment aus, als er sein künftiges Büro erstmals betritt. In der Nähe des Stadions Donnerschweer stellt ihm der VfB ein kleines Zimmer zur Verfügung, ein Kabuff von ein paar Quadratmetern, aber wenigstens mit Fenster. Nach und nach gestaltet sich Assauer das Zimmer wohnlich. Ein Mitarbeiter oder eine Sekretärin zur Unterstützung sind nicht drin. Immerhin: Nicht weit, ein paar Meter die Straße herunter, gibt es mit Pane Vino einen vorzüglicher Italiener. Die meisten Gespräche und Verhandlungen verlegt Assauer daher an den offenen Pizzaofen. Und abends setzt er sich ins Auto Richtung Bremen, er wird Berufspendler. Die Aufgabe macht ihm Spaß, für manchen Blödsinn ist er immer zu haben.

»Vor allem die Auswärtsfahrten mit der Anreise am Vorabend hatten es in sich. Wir haben immer Skat im Hotel gespielt, da war ich nicht der Schlechteste, nur der Klaus Baumgart war noch gerissener – und besser. Einmal saßen wir lange im Restaurant eines Hotels in St. Pauli zusammen. Ich erinnere mich noch, wie in Griffweite unseres Tisches der Wagen mit den ganzen Schnapsflaschen stand. Sehr gefährlich – aber eher für die Kellner und den Restaurantbesitzer. Wenn keiner hingeschaut hat, haben wir immer mal wieder kurz an den Flaschen genippt, sie dann wieder zugeschraubt und zurückgestellt. So hatten wir an dem Abend 'ne Menge kostenlose Drinks, ist niemandem aufgefallen. Richtig feucht-fröhlich ging es auch während einer Party im Seehotel Fährhaus zu. Der Hotelbesitzer Hansi Brinkmeyer hatte Mannschaft, Betreuer und Trainer zu einer Schiffsfahrt auf dem Bad Zwischenahner Meer eingeladen. Es wurde reichlich gegessen und getrunken. In seinem Übermut sagte Baumgart plötzlich zu mir: >Assi, wenn du jetzt in vollen Klamotten ins Wasser springst, bekommst du 500 DM.< Ich sprang, klar doch. Nichts hatte ich ausgezogen. Ein schöner Gag, eine hübsche Summe. Noch aus dem Wasser rief ich Klaus zu: >Und wenn jetzt du reinspringst, zahle ich dir 1000 DM.< Auch Baumgart sprang. Das hat der sich nicht nehmen

*lassen, der machte jeden Spaß mit. Doch dann gab es ein Problem. Natürlich
konnte er schwimmen, aber 120 Kilo Körpergewicht lassen sich nicht so leicht
aus dem Wasser ziehen, und die Klamotten machten ihn noch schwerer. Das
war nicht so ohne. Auf dem Anlegersteg sind wir uns dann triefend nass, aber
glücklich in die Arme gefallen.«*

Assauers erste Amtshandlungen als Neumanager: Klinkenputzen für Neuverpflichtungen. Er stellt Kontakte her zu großen Firmen wie Becks oder Rügen-
walder Mühle mit der berühmten Teewurst. Er holt Ex-DDR-Nationalspieler
Wolfgang Steinbach vom 1. FC Magdeburg, der eigentlich seine Karriere beenden wollte, dazu Thomas Gerstner vom FC Homburg, Mikhail Rusyaev
von Alemannia Aachen und als Schlüsseltransfer Torjäger Radek Drulak aus
dem tschechischen Olmütz. Ein Quantensprung – auch ein neues, standesge-
mäßeres Büro wird zu seiner Freude angemietet. Mit Sidka als Spielertrainer,
der immerhin noch 17 Spiele in dieser Saison macht und dabei einen Treffer
erzielt, pendelt der VfB zwischen Platz neun und zwölf und wird am Ende
der Spielzeit im Juni 1991 Zwölfter. Eine Saison der Konsolidierung, die allerdings überlagert ist von einem ganz heiklen Thema: Das berühmt-berüch-
tigte Donnerschweer-Stadion, wegen seiner engen und hitzigen Atmosphäre
als »Hölle des Nordens« gefürchtet, ist nicht mehr zeitgemäß, völlig veral-
tet. Der Umzug ins städtische Marschwegstadion, eine eher stimmungsarme
Leichtathletikarena, wird kontrovers diskutiert, muss letztlich aber sein. Die
Pläne dafür liegen schon lange in der Schublade – doch Assauer forciert sie
gemeinsam mit dem ehrenamtlich tätigen Präsidium und wird dafür kriti-
siert. Weil die Schulden des Vereins mittlerweile rund 1,3 Millionen DM be-
tragen, muss der VfL Oldenburg das Donnerschweer-Stadion zwangsverkau-
fen. Immerhin: Dank der 2,8 Millionen DM Einnahme ist man so auf einen
Schlag schuldenfrei. Ein Großprojekt als Schritt in die Zukunft, wichtiger
waren und sind Assauer jedoch stets die kleinen Leute.

*»Ich weiß noch, wie eines Tages während eines Spiels in unserem Stadion ein
leicht angetrunkener VfB-Fan über den Zaun aufs Spielfeld geklettert war.*

Er sollte dafür Stadionverbot bekommen. Ich bin extra zur Verhandlung gefahren und habe den zuständigen Herren gesagt: ›Das geht nicht, sie würden dem Mann damit sein Leben nehmen – erlassen Sie ihm bitte die Strafe.‹ Es hat geklappt. Danach haben wir ihm in der ersten Zeit während der Spiele einen Aufpasser zur Seite gestellt. Aber er hatte seine Lektion gelernt und hielt sich fortan an die Regeln.«

Die sportlichen Erfolge verdrängen den unter den Fans umstrittenen, aber vollzogenen Stadionumzug. In der Saison 1991/92, der zweiten des Gespanns Assauer/Sidka, als die Vereinigung von West und Ost in der Zweiten Liga zu einer Spaltung in Nord und Süd geführt hatte, setzt sich der VfB Oldenburg in der Nordstaffel überraschend in der Spitzengruppe fest. Man hangelt sich konstant nach oben, Platz zehn ist die schlechteste Platzierung der Spielzeit, zwischendrin feiert man ein aufsehenerregendes 5 : 0 gegen Hannover 96. Es läuft so gut, dass Baumgart witzelt, man könne auch »unseren Busfahrer oder Masseur mitspielen lassen – wir würden trotzdem gewinnen«. Bis zum letzten Spieltag bleibt der VfB im Rennen um den Aufstieg in die Bundesliga. Für die Oldenburger geht es zum SV Meppen. Ein Sieg vorausgesetzt, bedeutet eine gleichzeitige Niederlage von Bayer Uerdingen den erstmaligen Bundesligaaufstieg. Es setzt ein vor und danach in der Vereinsgeschichte nie mehr da gewesener Fankonvoi Richtung Emsland ein. Rund 6000 Anhänger fahren die etwa 100 Kilometer nach Meppen. Manager Assauer steht kurz vor der Krönung seines Schaffens in Oldenburg. Die Sidka-Elf gewinnt tatsächlich mit 2 : 0, doch Uerdingen rettet sich mit einem 0 : 0 beim FC St. Pauli ins Ziel und steigt auf. Immerhin kommen zur trotzigen Nichtaufstiegsparty im Zentrum Oldenburgs rund 8000 Fans. Dennoch: Der verpasste Aufstieg ist ein Turning Point – von da an geht es bergab.

»Die schlimmsten Hämmer in der Zeit aber waren weder Niederlagen noch der verpasste Aufstieg. Da war der Autounfall unseres Mittelfeldspielers Thomas Gerstner, bei dem er Frau und Kind verlor. Eine größere Tragödie kann man sich im Grunde nicht vorstellen. Wir sind mit der gesamten Mannschaft

zur Beerdigung nach Mainz gefahren, um Thomas zu zeigen, dass wir bei ihm sind und zu ihm stehen. Das waren ganz schwere Momente. Natürlich hat er auch finanzielle Hilfe bekommen.

Komplett unter Schock standen wir, als unser Torjäger Jerzy Hawrylewicz, der seit Januar 1988 für den VfB spielte, in einem Match der Zweiten Mannschaft einen Herzinfarkt erlitt. Jerzy musste von Trainer Klaus-Peter Nemet reanimiert werden. Das war im April 1992, der Kerl war 33. Jerzys Gehirn wurde bei dem Herzstillstand für wenige Minuten mit Sauerstoff unterversorgt und nahm dadurch großen Schaden, woraufhin er sein Leben lang am Apallischen Syndrom litt. Er war im Wachkoma gefangen. Ich kümmerte mich darum, dass die Familie mit seiner Frau Ewa und den drei Kindern genügend Geld von der Versicherung bekam. 1995 wurde Jerzy aus der Reha-Klinik entlassen und von seiner Frau zu Hause gepflegt – bis zu seinem Tod am 13. Februar 2009. Beinahe 17 Jahre lang lag er im Wachkoma. Es war schrecklich, sich derart machtlos zu fühlen, wenn man so eine hilflose Person sieht. Da rückt alles, jeder Sieg, jeder Auf- oder Abstieg, einfach alles in den Hintergrund.«

Im dritten Jahr der Zusammenarbeit kommt es zu ersten Meinungsverschiedenheiten zwischen Assauer und Sidka. Sie wachsen sich zu Animositäten aus, wie in einer kriselnden Beziehung lebt man sich nach und nach auseinander. Das zuvor hervorragend funktionierende Duo ist sich bei Einschätzungen von Spielern und Transfers plötzlich nicht mehr einig, außerdem befürchtet Sidka stets, Assauer würde am liebsten selbst den Trainerjob ausüben. Trotz der Einkäufe des Routiniers Jonny Otten von Werder Bremen und des jungen Arie van Lent geht es in der aufgestockten Zweiten Liga mit 24 Mannschaften für die Oldenburger peu à peu nach unten. Sieben Teams müssen am Ende der Saison 1992/93 absteigen, als Drittletzten erwischt es auch den VfB. Was Sidka jedoch nicht mehr im Amt erlebt. »Schon nach dem ersten Spieltag, einem 2:2 gegen Freiburg, hatte ich so ein komisches Gefühl, ein Gespür, dass das mit den beiden nicht mehr gut geht«, erinnert sich Expräsident Berster, der über eine Entlassung Sidkas nachdenkt. »Aber damals hatte ich keine Traute, keinen rechten Mut und hätte auch keine Mehrheit im Verein gefunden für solch eine für die Fans unverständliche und unpopuläre Entscheidung.«

Der VfB wurstelt sich durch die Saison. Nach vier Auswärtspleiten hintereinander und einem 2:6 in Jena wird Sidka schließlich am 21. Februar 1993 entlassen. Rudi Assauer hat diesen Entschluss mitgetragen, das Aussprechen der Kündigung aber dem Präsidium überlassen – da hält er sich lieber vornehm zurück. Das Miteinander des einstigen Erfolgsduos ist längst Vergangenheit. »Sie konnten einfach nicht mehr miteinander«, stellt Baumgart damals fest. Sidka, einst Vater des Aufstiegs, lasse sich nicht mehr helfen, sei nicht mehr offen gegenüber Neuverpflichtungen, so lauten Anfang 1993 die Vorwürfe.

Der Trainer ist verbittert, denn die Entlassung trifft ihn tief ins Mark. Auch deshalb, weil er die Entscheidung des Präsidiums durch seine Frau erfahren muss, die die Nachricht im Videotext liest. »Das hatte ich nicht verdient«, beklagt sich Sidka. Die Verantwortlichen samt Manager Assauer rechtfertigen diesen Affront damit, dass sie nach ihrer Sitzung von zig Reportern belagert worden waren und vergeblich versucht hatten, den Trainer telefonisch zu erreichen.

»Den Abstieg haben wir auch mit Trainer Werner Fuchs nicht verhindern können. Ich hatte ihn als Sidkas Nachfolger verpflichtet. Ich habe alles versucht. Und das Beste, womit man Fußballer überall auf der Welt motivieren kann, ist Geld. 400 000 DM hatte ich der Mannschaft als Prämie für den Klassenerhalt versprochen. Auszahlen musste der Vereine die Summe nicht, immerhin etwas. Beim internen Abschiedsessen in einem Oldenburger Restaurant mit dem gesamten Team sangen die Spieler: >Nie wieder VfB!< Bis auf den Torwart haben alle den Absteiger verlassen. Eine Mannschaft hat sich komplett aufgelöst – meine war es nicht mehr. Ich hatte in der Zwischenzeit ein anderes, lukrativeres Angebot bekommen – nicht irgendeines.«

Mitten in den Abstiegskampf des Frühjahres 1993 platzt die Nachricht, dass der FC Schalke 04 Rudi Assauer zu einer Rückkehr überreden möchte. Im März kontaktiert Schalke-Präsident Günter Eichberg den VfB-Manager. »Das hat mich fast vom Hocker gehauen«, erinnert sich Berster, »wir alle haben nichts geahnt.« Die Oldenburger Verantwortlichen wehren sich gegen den Abschied ihres prominenten Managers, wissen aber, dass sie angesichts der Herausforderung und Verlockung keine Chance haben. Assauers Handschlagvertrag mit dem VfB-Präsidium gilt zwar bis Saisonende 1994, doch der Manager lässt sich rasch davon entbinden – mit dem Versprechen, zumindest bis Saisonende 1993 weiter für Oldenburg zu arbeiten. Kurzfristig fungiert Assauer daher als Doppelmanager, eine halbe Woche Oldenburg, eine halbe Woche Schalke.

In Gelsenkirchen drängt man den verlorenen Sohn zu einer schnellen Entscheidung, weil man von einem Stellenangebot des Deutschen Fußball Bundes (DFB) Wind bekommt. Der Verband will mit Assauer an der Spitze ein Büro namens »Aufbau Ost« gründen. Doch der Umworbene entscheidet sich für das neuerliche Engagement bei Schalke, kümmert sich ab dem 1. April erneut um die königsblaue Transferpolitik und wickelt nebenher die Saison der Oldenburger ab, allerdings mit reduzierter Arbeitskraft. Sein Vertrag wird dann Ende Mai zum 30. Juni endgültig aufgelöst. Von nun an ist Schalke wieder seine neue, alte Welt.

»Die Aufgabe hat mich damals sehr gereizt. Ich wusste: Bei Schalke konnte ich noch einiges bewegen, etwas gutmachen. Zudem wollte ich ein paar Dinge geraderücken, für die ich in meiner ersten Amtszeit niedergemacht wurde, obwohl ich es nicht zu verantworten hatte. Also stand Schalke auch mir gegenüber in der Pflicht. Und gerade weil ich für viele Schalker Fans ein rotes Tuch war, wollte ich den Job annehmen. Ich hatte gelernt, diplomatischer mit den Dingen umzugehen. In den 80er-Jahren etwa sagte ich, dass Schalke ein Sumpf sei, den ich mit dem Schaufelbagger trockenlegen müsse. Das sollte mir nicht mehr passieren, hatte ich mir bei meiner Rückkehr vorgenommen.«

In Gelsenkirchen erwartet man Assauers Rückkehr mit gemischten Gefühlen. Während Schatzmeister Rüdiger Höffken lobt, Assauer sei »eine starke

Persönlichkeit und ein harter Mann«, steht auf einem Schalker Fanplakat während eines Bundesligaspiels gegen den 1. FC Saarbrücken im Frühjahr 1993: »Wenn Assauer kommt, gehen wir!«

Knapp drei Jahre hat Assauer in Oldenburg gewirkt, seine Arbeit fand jedoch nicht nur Bewunderung, dafür war der Abgang zu abrupt. Der Konflikt mit Sidka und die zunehmenden Auseinandersetzungen mit dem Präsidium, deren Meinungen zu sportlichen Dingen der oft sture Exprofi nicht akzeptierte, hatten für Misstöne gesorgt. Unterm Strich aber fiel das Fazit positiv aus. »Rudi Assauer hat Oldenburg in dieser Zeit zu einer Fußballstadt gemacht. Das war sein Motto und ein Begriff, den er geprägt hat«, bilanziert Expräsident Berster. »Er hat Sachverstand und Kompetenz in den Verein gebracht und verhalf dem VfL in der Fastaufstiegssaison zu insgesamt 8,5 Stunden TV-Präsenz.« Aus heutiger Sicht, da jedes Spiel bis zur Zweiten Liga im Pay-TV zu empfangen ist, eine lächerliche Zahl – für damalige Zeiten ein sensationelles Ergebnis.

Der VfB Oldenburg führt heutzutage ein tristes Dasein im Mittelfeld der Niedersachsen-Liga, in der fünfthöchsten Spielklasse. Die Heimspiele verfolgen im Schnitt nur noch rund 1000 Zuschauer, zu den besten Zeiten Anfang der 90er-Jahre kamen regelmäßig bis zu 10 000 Fans. Es war Rudi Assauer, der auch später stets Kontakt hielt zu seinen Mitstreitern aus dem Präsidium und für den klammen Verein zwei kostenlose Gastspiele des FC Schalke organisierte. Der Benefizkick im Juli 2001 trug zum Erhalt des damals mitten im Insolvenzverfahren stehenden VfB bei.

9. Meine wildesten Jahre bei Schalke

»Pott in der Hand, Meister im Herzen«

———

»Telefon. Ich gehe ran. Die Stimme kenne ich doch. Günter Eichberg ist dran, der Schalke-Präsident. Er kommt schnell zum Punkt: ›Herr Assauer, wir brauchen Sie.‹ Er sagt mir, dass es Schwierigkeiten gebe. Schwierigkeiten? Nett formuliert. Schalke stand damals das Wasser bis zum Hals, hatte schlappe 20 Millionen DM Schulden. Der Lizenzentzug drohte, weil der DFB die Auflösung der Marketing-GmbH verlangte, die genau diese Summe an Miesen angehäuft hatte. Eichberg fragt mich, ob ich als Manager zurückkehren möchte. Einfach so, am Telefon. Ich sage zu – eine Bauchentscheidung. Sechs Jahre und drei Monate war ich weg und plötzlich wieder zurück. Als wären wir nie getrennt gewesen, Schalke und ich.«

Schalke 04 ist ein Magnet, dessen Herzstück die Fans sind. Für die Menschen im Revier war und ist der Fußball seit jeher mehr Selbstverwirklichung als in Hamburg, München oder Köln. Bergbau und Fußball, vereint in einer Welt: unter Tage, auf Schalke. Aus einem Phänomen erwächst eine Tradition, im deutschen Fußball einmalig. Königsblau ist »rauschhafter Jubel und Selbstmord, das reicht von selbstloser Hingabe bis zum Meineid«. Besser als Nordrhein-Westfalens Exkultusminister Jürgen Girgensohn kann man es nicht auf den Punkt bringen.

1904 wurde Schalke von Arbeitern im Gelsenkirchener Stadtteil Schalke gegründet. Damals bot der Verein den aus Nieder- und Oberschlesien zugezogenen Bergleuten Heimatersatz und Anschluss. Zwischen den Malochern und den Stars kam keine Distanz auf, auch nicht in den 30er-Jahren, als die Spielform des Schalker Kreisels ihre Geburtsstunde erlebte, ein legendäres, perfektes Kombinationsspiel, das von der Mannschaft um Ernst Kuzorra und Fritz Szepan ausgeübt wurde.

Sieben Meistertitel hat der Verein gewonnen, und ungezähltes Herzblut wurde vergossen. In einem Fragebogen einer Zeitschrift wird Assauer einmal gefragt: »Wem würden Sie einen Orden verleihen?«

»Willy Gies und seinen Freunden für die Gründung von Schalke anno 1904.«

Und wer ist Ihre Lieblingsfigur in der Geschichte?

»Ernst Kuzorra.«

Rudi Assauer ist zurück. Am 1. April 1993 übernimmt er den Managerposten bei Schalke ein zweites Mal, diesmal von Helmut Kremers, der zum dritten Mal entlassen wird. Jetzt will es Assauer allen beweisen. Noch einmal Schalke – von dieser Aufgabe hat er zuvor heimlich geträumt. Nun will er die Schmach seines Scheiterns von 1986 tilgen, doch erst einmal muss er Schulden tilgen. Assauer ist zurück. Willkommen im Chaos.

»Damals sind alle im Verein mit Benzingutscheinen, Tankkarten und Autotelefonen ausgestattet worden. Nahezu jeder Wunsch wurde den Spielern erfüllt, kuriose Versprechungen gemacht. Die Mannschaft ist immer mit einer Chartermaschine zu den Auswärtsspielen geflogen. Und dann haben sich alle gewundert, dass der Verein am Boden lag. Als die Spieler nach einem Heimspiel im Parkstadion ihre Trikots in die Nordkurve schleuderten, war das für die Fans ja eine feine Geschichte. Aber ich bin richtig giftig geworden und habe angeordnet: ›Der Verlust der Trikots wird allen Spielern von ihrem Gehalt abgezogen.‹«

Gemeinsam mit Geschäftsführer Peter Peters macht sich der neue, alte Manager an den Schuldenabbau. Sie läuten einen radikalen Sparkurs ein. So schön es für Assauer ist, dass ihn Günter Eichberg zurückgeholt hat, so bedrückend stellt sich die Lage des Vereins dar, die der Klinikbetreiber zu verantworten hat. Wegen seiner verschwenderischen Finanzpolitik wurde Eichberg, von 1989 bis 1993 Präsident, auch »Sonnenkönig« genannt. Am Ende seiner Regentschaft lagen dunkle Wolken auf Schalke.

»Auf'nem Bierdeckel standen die Verträge drauf oder auf irgendwelchen Zetteln – obwohl es das Jahr 1993 war und nicht 1893. Einfach irre. Bierdeckelverträge, Serviettenverträge – und wir hatten die ganzen Personalkosten am Bein. Dazu all diese Bonusgeschichten. Der eine Spieler kam zu mir, weil er noch auf einen versprochenen Neuwagen wartete, dem anderen sollte der Umzug bezahlt werden. Es nahm kein Ende. Ich erinnere mich noch, dass einmal eine Rechnung von BP ins Büro flatterte über schlappe 5000 Mark. Ich habe meine Leute gefragt, ob die eine Cessna im Parkstadion versteckt hätten. Die Lösung war: Es gab Tankkarten. Jeder konnte frisch, fromm, fröhlich tanken und dann auch noch seine Verwandten bedienen – dabei trugen alle natürlich Schalke im Herzen. Ich habe dieses Bonussystem gestrichen und bekam sofort einen Anruf von Udo Lattek, unserem Extrainer. ›Assi, das kannste doch nicht machen‹, sagte er am Telefon zu mir. ›Doch‹, sagte ich.«

Der Umsatz des FC Schalke beträgt in der Saison, in der Assauer zurückkehrt, knapp 23 Millionen Mark. Der Manager, nach kurzer Zeit auch mit Sitz und Stimme im Vorstand ausgestattet, steigert den Betrag vorsichtig und kontinuierlich, von Jahr zu Jahr, um ein paar Millionen im einstelligen Bereich. Der Quantensprung gelingt in der Saison 1996/97. Da sind es dann bereits über 75 Millionen Mark Umsatz.

»Mitte der 90er-Jahre hieß die schlimmste Krankheit bei Schalke Ungeduld. Man hat jahrelang für Luftschlösser Gelder ausgegeben, die noch gar nicht eingenommen waren. Anerkannte Wirtschaftsprüfer, die mir kurz nach meiner Rückkehr im Frühjahr 1993 noch rieten, zum Konkursrichter zu gehen, schlackerten zweieinhalb Jahre später mit den Ohren. Ab 1996 sollte dank der Verlängerung des Vertrages mit dem Hauptsponsor wieder kräftig in die Mannschaft investiert werden. Besser als zu hohe Steuern zu zahlen.«

In den letzten Wochen der Saison 1992/93 ist Schalke mit Trainer Helmut Schulte, der im Januar Udo Lattek abgelöst hat, Mittelmaß, wenigstens mal kein Abstiegskampf. Das Comebackspiel Assauers wird ein Erfolg: Am

3. April 1993 gelingt ein 4 : 1 beim 1. FC Nürnberg. Am Saisonende liegt die leblose graue Mannschaft dann auf Platz zehn. Das Gehaltsniveau und das aktuelle Leistungsvermögen klaffen bei dieser Truppe weit auseinander. In der darauffolgenden Saison reißt Assauer am 10. Oktober 1993 der Geduldsfaden. Nach einem 1 : 3 gegen den SC Freiburg und dem Absturz auf den letzten Platz wird Schulte entlassen. Lediglich ein Sieg in elf Spielen ist einfach zu wenig. Als neuen Trainer verpflichtet Assauer zwei Tage später den Sachsen Jörg Berger, einen selbst ernannten »Feuerwehrmann«. Ein kurzfristiger Retter in der Not, der nur einen Vertrag bis Saisonende erhält. Doch Berger entpuppt sich als Glücksgriff, obwohl sein Debüt mit 1 : 5 bei Bayer Leverkusen kräftig danebengeht.

»Der Einstand von Jörg stand wirklich unter keinem guten Stern. Wir muss-ten nach Leverkusen. Da machte es patsch, patsch, patsch. Kirsten, Sergio, wieder Kirsten – nach einer halben Stunde stand es 3 : 0 für die Gastgeber. Für die Schalker Fans war unser Torhüter Jens Lehmann der Buhmann. Sie skandierten: >Lehmann raus< und >Gehrke rein<. Trainer Berger ließ Leh-mann zur Pause in der Kabine, er wollte ihn schützen, brachte Ersatztorwart Holger Gehrke. Der gute Jens war fix und alle, ist noch vor dem Abpfiff mit der S-Bahn nach Hause gefahren. Wir verloren 1 : 5, ein Desaster. Das ging wirklich gut los für Jörg. Mann, Mann, Mann.«

Noch dicker kommt es für Schalke einen Tag danach. An jenem Sonntag tritt Präsident Eichberg aus privaten Gründen von seinem Amt zurück. Der Klinikbetreiber will seine geschäftlichen Aktivitäten künftig ins Aus-land verlagern und fliegt noch am selben Tag nach Palm Beach, Florida. Er weiß, warum. Eine Woche später deckt *Der Spiegel* Eichbergs Vermächt-nis auf: einen riesigen Schuldenberg und dazu Steuerbetrug, Finanztricks, Pfändungen, ungedeckte Bürgschaften, Lizenzerschleichung und Schieds-richterbestechung – so lauten die Vorwürfe. Der Sonnenkönig soll Ver-bindlichkeiten in Höhe von 100 Millionen DM zwischen dem Verein, der inzwischen aufgelösten Marketing-GmbH und seinen Kliniken hin- und hergeschoben haben. Schalke ist damit dem Ruin nahe. Die Vereinsbücher sind in dieser Zeit geführt worden »wie bei einem Taubenzüchterverein«, so ein Verwaltungsratsmitglied gegenüber dem *Spiegel.* Es droht der Lizenzentzug durch den DFB. Der FC Schalke ist damals, wirtschaftlich gesehen, klinisch tot. Doch nun schlägt sich das Glück auf Assauers Seite. Und Egidius Braun, der damalige DFB-Präsident.

»Hinter vorgehaltener Hand war Braun ein Schalke-Fan. Bei einer Sitzungspause sind alle Verhandlungsteilnehmer zum Pinkeln gegangen. Plötzlich tauchte Braun auf der Toilette neben mir auf und sagte: ›Assi, pass auf. Du machst das jetzt so, so und so. Dann klappt das Ding. Keine Sorge.‹ Er ging wieder raus aus der Herrentoilette und ich kurz darauf wieder zurück in den Sitzungssaal. Dort hielt ich einen kleinen Vortrag, erzählte den Leuten: Also wir machen das jetzt so, so und so. Die Teilnehmer nickten, sagten: Ja, so ist es okay. Guter Plan. Ich dachte mir: Leck mich in de Täsch! Das geht ja auf. So habe ich die Lizenz für die darauffolgende Saison gerettet. Das war 'ne Nummer!«

Die Schalker kommen mit einer Geldstrafe von 300 000 DM davon, eines der größten Verdienste Assauers. Sportlich berappelt sich die Mannschaft langsam, feiert am 15. Spieltag mit einem 3 : 1 gegen Leipzig den ersten Sieg unter Neutrainer Berger. Den letzten Tabellenplatz sind sie nach dem 18. Spieltag los. »Defensive Ordnung ist die Basis des fußballerischen Handwerks. Wenn man da unten drinsteckt, muss man die Ärmel hochkrempeln«, fordert Berger. Nach nur neun Punkten in der Hinrunde startet das Team eine beeindruckende Aufholjagd und erzielt bei den ersten zwölf Spielen der Rückrunde acht Siege, verliert nur einmal. Der Klassenerhalt wird am 32. Spieltag gesichert, und am Ende landet die Mannschaft auf Platz 14. Ein vierter Abstieg aus dem Oberhaus bleibt den Knappen damit erspart. Für Assauer ein Meilenstein: Er half bei der Sanierung, rettete die Lizenz und stellte den Trainer ein, der den Klassenerhalt sicherte.

Danach beginnt der Manager, den Kader kräftig auszumisten. Spieler wie Radmilo Mihajlovic, Bent Christensen und Aleksandr Borodyuk, die unter Eichberg irrwitzig hoch dotierte Verträge erhalten hatten, müssen bereits im Sommer 1993 gehen. Verpflichtet werden unter anderem Jiri Nemec und Youri Mulder, ein Jahr später Radoslav Latal und Rückkehrer Olaf Thon vom FC Bayern. Assauer beweist ein goldenes Händchen.

Die beiden darauffolgenden Spielzeiten verlaufen für Schalker Verhältnisse, rein sportlich gesehen, relativ ruhig und entspannt. Berger, der schon den 1. FC Köln und Eintracht Frankfurt aus dem Keller in den Europapokal geführt hat, wiederholt dieses Kunststück in Gelsenkirchen. Nach Rang 14 in der Spielzeit 1994/95 schraubt er die Ziele weiter hoch. Vor der Rückrunde der Saison 1995/96 auf Rang acht, legen die Schalker eine fulminante zweite Saisonhälfte mit einer Serie von zehn ungeschlagenen Spielen hin. Als Tabellendritter zieht man dann zum ersten Mal seit 19 Jahren in den UEFA-Cup ein. Für Assauer bedeutet dies die Rückkehr auf die internationale Bühne nach beinahe 30 Jahren, seit seiner Zeit als Spieler bei Borussia Dortmund.

In der Führungsetage erlebt Assauer erneut turbulente Zeiten. Die auf Eichberg folgenden Präsidenten Helmut Kremers und Bernd Tönnies sind jeweils nur kurze Zeit im Amt. Tönnies muss sich im April 1994, nur wenige Wochen nach seiner Wahl, einer Nierentransplantation unterziehen und stirbt im Juli an den Folgen einer Lungeninfektion. Im September wird daher Exprofi Helmut Kremers auf einer für Schalke typischen, weil emotional und chaotischen Mitgliederversammlung kurzerhand zum Präsidenten gewählt, weil er einen massentauglichen Satz am Rednerpult spricht: »Gegen Dortmund mussten wir uns doch früher nicht mal umziehen.« Kremers entlässt Assauer, beachtet die Satzung jedoch nicht und muss ihn nur einen Tag später wieder einstellen. Assauer hat seine Macht nun endgültig zementiert. Schon im Dezember muss Kremers seinen Posten wieder räumen. Mit Gerd Rehberg wird am 12. Dezember 1994 ein Mann Vorstandsvorsitzender, der keinen Wert mehr darauf legt, ständig in der Zeitung zu stehen. Er steht lieber für Kontinuität.

Die Saison 1996/97 sollte eine historische werden auf Schalke. Dieses Jahr sollte alles verändern, einen nie da gewesenen Entwicklungsschritt in der Vereinsgeschichte markieren. Zunächst deutet jedoch nichts darauf hin, als Assauer dem Kader nach und nach ein Beneluxgesicht verpasst. Von Standard Lüttich kommt der Belgier Marc Wilmots, der sich den Spitznamen »Kampfschwein« erarbeitet und einer der Publikumslieblinge wird. Von Roda Kerkrade holt der Manager die beiden Niederländer Marco van Hoogdalem und Johan de Kock. Insgesamt gibt Assauer drei Millionen Euro aus. Auf die hohen Erwartungen folgt jedoch eine hohe Niederlage: 0 : 4 beim VfB Stuttgart. Nach dem ersten Spieltag ist Schalke Letzter. Bis zur fünften Runde dauert es, dann kann Jörg Berger den ersten Saisonsieg feiern: ein mühsames 1 : 0 bei Reviernachbar MSV Duisburg. Im UEFA-Pokal wird den Königsblauen ausgerechnet Kerkrade zugelost. Doch Schalke gewinnt ohne Probleme 3 : 0, im Rückspiel in den Niederlanden reicht ein 2 : 2 für den Einzug in die zweite Runde.

»Ich ging in Kerkrade zur Pressekonferenz und erlebte den gegnerischen Trainer Huub Stevens, der nach dem Ausscheiden seiner Mannschaft richtig sauer und übel gelaunt war. Als ihm eine Frage eines Journalisten nicht passte, weil er glaubte, dazu schon etwas gesagt zu haben, wurde er pampig und raunzte den Mann an: >Hörst du schlecht?< Das amüsierte mich, dieser Typ hatte Leidenschaft. Ich stand in seiner Nähe und sah das Feuer in seinen Augen. Plötzlich erinnerte ich mich wieder an unsere erste Begegnung.«

Das war im Sommer 1995, als der FC Schalke ein Freundschaftsturnier mit Köln, Frankfurt, Schalke und Gastgeber Roda JC Kerkrade im Stadion Kaalheide bestritt. »Es war bullig heiß an diesem Tag«, erinnert sich Huub Stevens. »Als die Mannschaften sich aufwärmten, lief dieser Herr Assauer im feinen Anzug einfach auf dem Platz herum, überall, mitten zwischen den Spielern. Und ich dachte, ich sehe nicht recht, dieser Mann hatte doch tatsächlich eine Zigarre im Mund. Das darf doch nicht wahr sein! Die Spieler mussten durch den Zigarrenrauch laufen.«

»Weil es so schwül war, lief dieser komische Holländer in kurzen Hosen herum und sonnte sich. Zwischendrin feuerte er seine Spieler beim Warm-up an. Danach saß dieser Stevens tatsächlich in kurzer Hose auf der Trainerbank.«

Die beiden verlieren sich aus den Augen, doch nicht aus dem Sinn. Unmittelbar nach den UEFA-Cup-Spielen gegen Kerkrade im Herbst 1996 unterliegt Schalke in der Bundesliga gegen Leverkusen 1:2 und scheidet drei Tage später im DFB-Pokal nach einem 2:3 gegen Bochum aus. Diese zwei Heimpleiten und der Absturz in der Liga auf Rang 12 markieren das Ende der Ära Berger. Der ehemalige DDR-Auswahltrainer wird von Assauer am 3. Oktober 1996 nach 99 Bundesligapartien entlassen. Die Fans sind außer sich und attackieren den Manager. Natürlich hatten sie nichts mitbekommen von der stetig wachsenden Kluft zwischen Coach und Mannschaft. »Alle Fans und wir Journalisten waren total überrascht und regelrecht geschockt von dieser Nachricht«, erinnert sich Reporter Werner Hansch, damals bei Sat.1 Kommentator, und erklärt: »Mit Berger sind die Schalker erstmals seit 1977 wieder in den Europacup eingezogen und haben die erste Runde überstanden. Alle haben sich gefragt: Was ist denn da los? Das hat es ja noch nie gegeben. Doch Rudi hatte beste Drähte in die Mannschaft hinein, speziell zu den Führungsspielern. Er war so nah dran, die Jungs nahmen ihn ins Vertrauen. Youri Mulder etwa meinte: ›Manager, bei diesem Trainer ist es egal, ob er da draußen selbst steht oder ein Besenstil. Wir machen das allein.‹ Ab diesem Moment war Berger nicht mehr zu halten. Und dann zog Assauer diesen in Deutschland völlig unbekannten Stevens aus dem Hut. Nur Experten wussten damals: Als Spieler war er Verteidiger, dreimal Meister mit Eindhoven, sogar UEFA-Cup-Sieger und Nationalspieler. Aber als Trainer ein unbeschriebenes Blatt. Ich muss sagen: Das war eine von Rudis besten Entscheidungen, wirklich sehr mutig.«

»Bei einem Saunagang zündete ich mir eine Zigarre an und fragte mich: Wer soll der Nachfolger von Jörg Berger werden? Was für einen Typ Coach brauchen wir? Die deutschen Trainer, die auf dem Markt waren, konntest

Beim 70. Geburtstag von Vater Franz: Rudi und Karin mit ihrem älteren Bruder Lothar

1977

Assauer in Doppelfunktion: als Trainer und Manager, hier im DFB-Pokalspiel des SV Werder
Bremen gegen Borussia Mönchengladbach (2 : 1). Neben ihm Vereinsarzt Dr. Wilhelm-Rudolf

1977

Modisch immer ganz vorne dabei: Assauer mit dem Präsidenten von Werder Bremen, Dr. Franz Böhmert, später langjähriger Freund und Mentor

1982

Skeptische Blicke in der ersten Schalker-Ära: hier mit Trainer Siegfried Held

»Huub und ich –
das war ein Team.
Im Pott sagt man zu
solch einer Konstellation:
ein Kopp und
ein Arsch.«

Rudi Assauer

1996

Im Oktober 1996 verpflichtet Assauer den Niederländer Huub Stevens als Trainer

2

S04 - MEISTER DER HERZE

4

ST ST

ASSAUER!

7

8

Rudi, ohne Dich ist alles doof

Höhepunkte mit Schalke 04

1 | Der Pott ist im Pott: Assauer mit Stevens nach dem Gewinn des UEFA-Cups gegen Inter Mailand beim Autokorso durchs Parkstadion am 22. Mai 1997

2 | Der »Meister der Herzen«: Schalker Fans stehen beim Pokalfinale gegen Union Berlin (2:0) am 26. Mai 2001 zu ihrer Mannschaft

3 | Mit Stolz im eigenen Stadion: Assauer beim ersten Heimspiel in der Arena AufSchalke, einem 3:3 gegen Bayer Leverkusen am 18. August 2001

4 | Feindbild der VfB-Fans: Die Stuttgarter Anhänger fürchten, dass der Schalke-Manager Spieler des VfB zu den Königsblauen holt (28. Februar 2004)

5 | Die Ohnmacht des Zweiten: Assauer erlebt seine bitterste Stunde als Schalke-Manager: Am 19. Mai 2001 fehlen nur vier Minuten zur ersten Meisterschaft seit 1958

6 | Fan-Nähe: Assauer in der Arena AufSchalke (1. November 2003)

7 | Mit Stevens und Zigarre: Assauer feiert mit seinem scheidenden Trainer den DFB-Pokalsieg gegen Bayer Leverkusen (4:2) am 11. Mai 2002

8 | Vermisstenanzeige im Schalker Fanblock: »Rudi, ohne Dich ist alles doof« (6. März 2009)

2009

Schreibtischtäter: Rudi Assauer in seinem Büro in Gelsenkirchen

2011

Links und rechts:
Assauer bei einem Shooting für
das Modelabel Clark Ross Knitwear

Rechts:

Assauer mit seinem Markenzeichen, der Davidoff-Zigarre

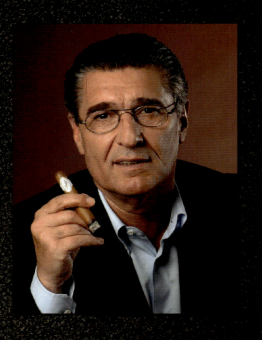

Unten:

Die Original-Urkunde der Stadt Dortmund als Ehrung für den Triumph im Europa-pokal der Pokalsieger 1966 mit Borussia Dortmund. Daneben: Die Mitgliedsausweise der drei Vereine, die Assauers Leben geprägt haben: Werder Bremen, FC Schalke 04 und Borussia Dortmund (von unten)

RUDOLF ASSAUER

Mitglied der Meistermannschaft
des Europapokalsiegers der Pokalmeister im Fu...
Ballspielverein „Borussia" 09 Dortm...

sprechen wir für seine hervorragenden sportlich...
gen im Jahre 1966 unsere

BESONDERE ANERKENNU...

aus.

Dortmund, den 1. 8. 1967

OBERBÜRGERMEISTER

OBERSTA...

du vergessen. Da fiel mir dieser kauzige Holländer wieder ein. Ich habe mich noch mal informiert. Die Auskünfte bestärkten mich. Das Führungszeugnis war auch in Ordnung, keine Vorstrafen. Dann habe ich aus der Sauna Rodas Vorsitzenden Theo Pickée angerufen. Er ahnte noch nichts und fragte: >Worum geht's, Herr Assauer?< Nach einem einstündigen Telefonat hatte ich alles geregelt. Mir war klar: Huub kommt.«

Fehlte nur noch das entscheidende Telefonat mit dem Niederländer. Assauer ruft an. Mailbox. »Im Auto habe ich die Ansage abgehört«, erzählt Stevens, »diese ganz tiefe Stimme werde ich nie vergessen: >Ruf mich zurück, wenn du Interesse hast, Trainer bei Schalke zu werden. Tschüss!< Einmalig. Ich rief zurück, wir vereinbarten ein persönliches Gespräch am nächsten Tag bei mir in Oirsbeek. Heimlich natürlich. Ich wollte nicht, dass wir erkannt werden, dass unser Geheimtreffen auffliegt. Ich erklärte ihm den Weg, und wir machten aus, dass ich an der Autobahnausfahrt warten würde. Daher bat ich ihn: kein übermäßig auffälliges Auto! Und was macht Assauer? Er kommt mit seinem Dienstwagen, auf dem Rückfenster ein riesiger Schalke-Aufkleber. Ich fluchte vor mich hin, fuhr hupend an dem Wagen vorbei und dann vor ihm her bis zu mir nach Hause. Dort parkte er sein Auto in der Einfahrt, jeder konnte es sehen. Ich schüttelte nur den Kopf. Im Gespräch aber hat mich Rudi mit seiner direkten, offenen und ehrlichen Art überzeugt. Dass er mich als Nobody, als Verlierer der ersten UEFA-Cup-Runde geholt hat, dazu gehörte viel Mut. Ich sagte zu.«
Nach zähen Verhandlungen mit der Führungsspitze von Roda unterschreibt Stevens schließlich und kommt – allerdings zu spät. Am 9. Oktober, seinem ersten Arbeitstag auf Schalke, gerät er in einen Stau. 15 Minuten Verspätung sind für den Disziplinfanatiker ein Grauen, es ist ihm furchtbar peinlich. Noch ärgerlicher gestaltet sich dann der sportliche Start: Es setzt ein 0 : 3 in Bremen. Erst im nächsten Versuch glückt der erste Dreier – mit einem 2 : 0 gegen den Hamburger SV. Assauer und Stevens – aus dieser Konstellation entwickeln sich der Erfolg und eine echte Männerfreundschaft. »Rudi war immer der ideale Puffer für mich, hielt mir gegenüber

dem Vorstand und den Medien den Rücken frei. Ich war neu und fremd in der Bundesliga, aber er nahm mich aus dem Wind«, schildert Stevens seine Sicht und rühmt das wachsende Vertrauensverhältnis zwischen Manager und Trainer: »Er hat sich in all den Jahren nie eingemischt, nicht in die Aufstellung, nicht in die Taktik. Ich habe mich nie beobachtet gefühlt. Auch wenn er mal in der Kabine war, hat er meist nur zugehört, höchstens mal ein paar aufmunternde, emotionale Worte an die Mannschaft gerichtet. Am Anfang stand er einmal mit brennender Zigarre in unserer Umkleide, da hab ich ihn aber ganz schnell rausgeschickt.« Und Assauer fügt sich. Beobachter sind erstaunt.

»Weltweit findet man nur wenige Trainer von seinem Kaliber. Er ist der beste Trainer, den ich je zu Schalke 04 geholt habe. Er ist ein besessenes Arbeitstier, hat große Fachkompetenz. Er wusste und weiß, wie man mit guten Fußballern umzugehen hat, und ist einfach top im Einschätzen der Qualitäten neuer Spieler. Am Laptop speichert er alles ab: Laufwege, wie man Freistöße schießt und, und, und. Seine Vorbereitung auf jede einzelne Trainingseinheit ist so akribisch wie die auf ein Spiel. Huub ist ein Mensch, den der Ehrgeiz fast zerfrisst. Er kann es nicht ertragen zu verlieren. Außerdem wollte er immer alles ausdiskutieren bis zum bitteren Ende – das hat mich oft wahnsinnig gemacht. Aber Huub ist ein ganz ehrlicher Kerl mit viel, viel Verstand in der Birne.«

Von morgens bis abends gibt es für das Gespann Assauer/Stevens nur Schalke. Der Niederländer lässt einen typischen Tag Revue passieren: »Wir waren ja beide keine Langschläfer, haben uns meist schon ab 7.15 Uhr auf der Geschäftsstelle in seinem Büro bei Kaffee besprochen. Um neun Uhr sind wir rüber in die Kabine zum Trainerstab und zur Mannschaft. Es folgten Training und Termine, jeder ist seinen Weg gegangen. Wenn kein Spiel oder eine Spielerbeobachtung anstanden, hockten wir oft noch bis abends im Büro und diskutierten.«
Stevens gibt den Arbeiter, und Assauer ist das Gesicht des Vereins, ab 2000 assistiert von Exprofi Andreas Müller, der beim Manager in die Lehre geht.

Er arbeitet zunächst ohne Vertrag, ein Handschlag reicht. Man kann sich aufeinander verlassen. Auch wenn das Zusammensein manchmal fast schon wehtut. »Immer wenn ich in sein Büro gekommen bin, musste ich den Rauch seiner Zigarren zur Seite wedeln, um etwas zu sehen«, erinnert sich Müller und lacht. »Ich selbst habe nie geraucht, höchstens mal im Karneval. Außerdem habe ich dank Rudi genügend geraucht in meinem Leben, wenn auch nur passiv.« Damit ist er in guter Gesellschaft. Siehe Stevens.

»Unser Exbundeskanzler Gerhard Schröder war auch Zigarrenliebhaber. Als er noch in Amt und Würden war, hatte ich einen unvergesslichen Abend mit ihm bei einer Veranstaltung in Berlin, zu der ich eingeladen war. Irgendwann im Laufe des Abends waren nur noch Schröder und ich da. Wir saßen bei ihm am Kamin, pafften vor uns hin und tranken Weißwein und Grappa. Er hat mir sogar das Du angeboten. ›Donnerwetter, Herr Bundeskanzler‹, hab ich geantwortet – und natürlich angenommen. Es ist richtig spät geworden in jener Nacht. Irgendwann kam dann einer von Schröders Mitarbeitern herein und sagte: ›Herr Bundeskanzler, Sie müssen doch morgen früh arbeiten, Sie haben einen wichtigen Termin im Kabinett.‹ Er antwortete ganz cool: ›Ja, ja, das kriegen wir schon hin.‹ Schröder hat die hellen, leichten Sorten Tabak aus der Dominikanischen Republik geliebt – ich auch. Die dunklen Sorten aus Kuba wie die Cohiba haben wir beide nicht gerne gemocht, die brannten so auf der Zunge.«

Stevens erarbeitet sich mit der Zeit den Ruf des Schleifers. Er sagt: »Maloche ist auch eine bestimmte Qualität. Fußball ohne Arbeit funktioniert nicht.« Torhüter Jens Lehmann meint heute im Rückblick über die harte Trainingsarbeit: »Ich stand bei Huub Stevens immer stramm. Ich hatte immer Schiss, wenn ich nicht gut genug war, dass er mich aussortieren würde.« In der Bundesliga ist Schalke am Ende der Saison 1996/97 Zwölfter, graues Mittelmaß. Eine durchwachsene Saison endet damit tabellenmäßig in gewohnten Gefilden. Aber wenigstens sahen die Schalker dabei gut aus, denn das Erscheinungsbild wurde dank Stevens vereinheitlicht.

»Es war Huub, der bei uns die einheitliche Kleiderordnung eingeführt hat. Alle sollten entweder mit demselben Trainingsanzug oder im selben Klubanzug herumlaufen – das war Pflicht. Er kannte das aus Holland, dort ist das selbstverständlich. Da setzen sich selbst die verletzten Spieler bei Heimspielen im Klubanzug auf die Tribüne. Ich habe immer Anzug getragen – und bei internationalen Spielen die Krawatte rausgeholt. Wenigstens musste ich da nicht lange überlegen. Es gab ja pro Saison nur eine vom Ausstatter. Er selbst liebte und liebt den Trainingsanzug, sagt stets, das sei der ideale Anzug für den Profi. Wenn wir mit dem Bus gefahren sind, saß ich immer ganz vorne, hinter dem Fahrer Friedhelm Dzeyk. Auf der Beifahrerseite ganz vorne war Huub, er wollte immer freie Sicht haben, seine Assistenten saßen dahinter. Auf längeren Fahrten haben wir dann die Karten rausgeholt.«

Der Schalke-Bus tourt in jener Saison 1996/97 quer durch Europa, bis zur Endstation Mailand. Die Mannschaft ist untergebracht im Hotel Castello di Casiglio in Erba, das an ein Schloss erinnert mit dem typisch italienischen Schnickschnack. Das Frühstücksbüfett dort ist reichhaltig, es gibt alles, was das Herz begehrt. Doch Rudi Assauer hat keinen großen Hunger, das Essen ist ein reiner Zeitvertreib an diesem Mittwochmorgen. Nicht, dass er sich noch satt fühlen würde vom Bankett des Vorabends mit den Sponsoren, Betreuern, Trainern und der Mannschaft. Nein, er möchte lesen. Nach und nach trudeln die Schalker Spieler im Frühstückssaal ein. Der Manager will in den Augen, in den Gesichtern der Profis lesen, ein Gefühl bekommen für ihre Verfassung: Wie haben die Jungs geschlafen? Haben sie sich in den Betten gewälzt? Haben sie in der Nacht vor dem Finale überhaupt ein Auge zugetan? Assauer setzt sich an einen Tisch und beobachtet die Spieler. Jeden Einzelnen. Als wäre er ein Arzt, der nun eine Diagnose stellen muss. Hier und da macht er einen Spaß, dort hält er einen Plausch. Und mit einem Mal wird Assauer klar: Der Pott geht an diesem 21. Mai 1997 nach Schalke, keine Frage. Obwohl der Gegner Inter Mailand heißt im Rückspiel des UEFA-Cup-Finals. Obwohl die Italiener haushoher Favorit sind, die stärkere Mannschaft und die besseren Einzelspieler haben.

Obwohl die Italiener zu Hause antreten dürfen in ihrem Giuseppe-Meazza-Stadion, in dem sie das 1 : 0 der Schalker von vor zwei Wochen wettmachen wollen.

»*Mir fiel es wie Schuppen von den Augen, aber ich konnte das in diesem Moment ja niemandem sagen. Wie wäre das denn angekommen? Jetzt spinnt er, der Alte, hätten die gesagt. Aber ich wusste in diesen Momenten: Da kann nichts schiefgehen, da brennt nichts an. Schon gar, weil wir in diesem Quartier übernachteten. Das Hotel für das Finalrückspiel hatten wir wegen des riesigen Trubels ganz bewusst etwas außerhalb der Stadt Mailand gewählt, draußen am Comer See. Und ein wenig wegen des Aberglaubens: Denn dort residierte die deutsche Nationalmannschaft während der WM 1990 in Italien – hat ja geholfen. Also war ich völlig ruhig und entspannt. Wir mussten erst noch die Stunden bis zur Abfahrt mit dem Mannschaftsbus Richtung Stadion rumkriegen.*

Der Tag im Hotel zog sich hin wie Kaugummi. Auch als Spieler war das immer eine Qual bei so späten Anstoßzeiten am Abend: Je bedeutender das Spiel, desto dringender und sehnlicher wünschst du dir den Anstoß herbei. Man tut, was man kann, damit die Zeit vergeht.

Ich bin zur Ablenkung in die Innenstadt gefahren, auf der Domplatte etwas herumspaziert, aber das wurde mir schnell zu viel. Assauer hier, Rudi da. Ein Foto, ein Autogramm, ein Schulterklopfen. Ich wollte meine Ruhe haben. Die fand ich zurück im Hotel auch nur begrenzt. Plötzlich tauchte ein italienischer Spielerberater auf, er wollte mal wegen unseres Torhüters Jens Lehmann nachfragen, was man da so machen könne. Den habe ich freundlichst gebeten, das Hotel zu verlassen. Aber ruckizucki.

Mittags habe ich mit Huub einen Spaziergang durch die Parkanlage gemacht, wir haben ganz locker über das gequatscht, was da am Abend wohl kommt. Und ich habe ihm gesagt: ›Pass auf, Huub. Wir gewinnen das Ding. Das wird gar nicht zu verhindern sein.‹ Ich gebe gerne zu: Es hat gekribbelt, die ganze Zeit. Da hast du keine Muße, dich hinzusetzen und was zu lesen – geht nicht. Am Nachmittag habe ich mit den Betreuern ein kleines Kreisspielchen ge-

macht: fünf gegen zwei. Um sich die Zeit zu vertreiben, die Beine zu vertreten und die Birne freizubekommen. Richtig locker machen konnte sich keiner. Der Einzige, der einen Spruch und Witz nach dem anderen rausgehauen hat, war unser Busfahrer. Wir nannten ihn >Rocky Balboa<, ein irrer Typ.«

Die gesamte Truppe ist in jener denkwürdigen Saison 1996/97 mit vollem Einsatz dabei. Die Spieler werden zu Eurofightern und damit zur Legende. Von Runde zu Runde steigert sich die Mannschaft von Huub Stevens im UEFA-Pokal mehr und mehr in einen Rausch, der sie bis ins Finale gegen Inter trägt. Im Hinspiel gelingt Marc Wilmots im zum Bersten gefüllten Parkstadion nach 70 Minuten der Siegtreffer – 1 : 0.

»Wir sind verdient ins Endspiel eingezogen, nicht glücklich, wie uns manche weismachen wollten. Wir haben es mit dem lieben Gott und viel Kampf und Widerstand gegen alle Umstände geschafft. Runde für Runde. Kerkrade, Trabzonspor, Brügge, Valencia, Teneriffa – so hießen unsere Gegner auf dem Weg ins Finale. Ich habe immer noch diesen Ohrwurm parat, den unsere Fans damals gedichtet und ständig gesungen haben. >Wir schlugen Ro-da, wir schlugen Trab-zon, wir schlugen Brügge sowieso. Va-len-cia, Te-ne-riffa. In-ter Mai-land, das war 'ne Show.< Kann ich heute noch vor mich hinträllern. Aber wir hatten nicht nur die besten Fans, wir hatten den Willen, den Zusammenhalt und das Miteinander dieser ganz und gar außergewöhnlichen Truppe. Die Italiener haben zwar gesagt: >Guck mal an, diese Schalker, wen die alles aus dem Weg geräumt haben bis ins Endspiel.< Doch ihr Selbstverständnis war eher: >Wer ist denn bitte Schalke zero quattro?< In den Zeitungen, das hatte ich mir übersetzen lassen, stand lediglich, dass wir sympathisch seien.«

In den Tagen und Stunden vor dem Finale setzt eine wahre Völkerwanderung aus dem Ruhrpott gen Süden über den Brenner mit dem Ziel Mailand ein. Ein Jumbojet, elf weitere Chartermaschinen mit 2100 Fans, zwei Sonderzüge für je 1008 Anhänger sowie eine endlose Blechlawine von Autos und 60 Bussen machen sich auf den Weg. Und das, obwohl den Schalkern offiziell nur 10 284 Tickets zur Verfügung gestellt werden. Nach dem 1 : 0-Sieg im ersten Finale in Gelsenkirchen reisen ganze Fanklubs nach Italien, um Karten vor Ort zu erhaschen. Auf dem Schwarzmarkt werden noch am Spieltag Preise von bis zu 1000 DM und mehr pro Ticket bezahlt.

»Es war der Schalker Tag schlechthin, ganz Mailand königsblau gefärbt. Viele Italiener sagten, so viele Auswärtsfans hätten sie noch nie gesehen in ihrer Stadt. Wo sich sonst die Tauben auf dem Domplatz niederließen, aalten sich nun Schalker in der Sonne. Unser Betreuer Charly Neumann zündete im Dom ein paar Kerzen an.

Das Giuseppe-Meazza-Stadion war beinahe zur Hälfte blau-weiß, ein unglaublicher Anblick – etwas für die Abteilung Gänsehaut. Im weiten Rund verteilten sich mehr als 20 000 unserer Fans, viele schätzten knapp 30 000. Wie die Ameisen strömten die alle nach und nach am Abend in die große Schüssel. Und zu Hause im alten Parkstadion versammelten sich rund 40 000 Menschen, um die Liveübertragung auf der Videoleinwand zu verfolgen. An dem Abend hätte man wohl den Hauptbahnhof Gelsenkirchen klauen können oder das Dach des Musiktheaters, das hätte keiner gemerkt. Und es hätte auch keinen gekümmert.«

Der Anpfiff rückt näher. Die Nervosität der Spieler steigt. Verteidiger Yves Eigenrauch etwa, der mit der Sonderbewachung von Inter-Star Youri Djorkaeff beauftragt ist, sagt zu Rudi Assauer: »Manager, wenn ich an das Spiel denke, werde ich verrückt. So groß ist die Anspannung.« Die ausführliche Vorbesprechung und Vorbereitung auf den Gegner findet noch im Hotel statt. Daher hält Trainer Stevens vor dem Anpfiff in der Kabine keine große Ansprache mehr.

»Also, wer da nicht motiviert genug war und bereit, bis zum Umfallen zu rennen – dem war ja wohl nicht zu helfen. In solch einem Spiel! In Mailand war ich wie sonst meist auch in der Kabine dabei, habe mal einen Klaps auf

die Schulter oder den Hintern gegeben, mal einen umarmt, gesagt: >He, Alter, jetzt komm! Zeig's ihnen!< Aber meistens habe ich meinen Mund gehalten, ich wollte nur als moralische Stütze dabei sein. Es war meist ein Gewusel und Gebrabbel in der Kabine, jeder hat seinen Senf dazugegeben – außer der Trainer sprach. Dann war Ruhe. Du hättest 'ne Stecknadel plumpsen hören können. Und das Herzwummern der Spieler.«

Endlich beginnt das Spiel. Stevens lässt überraschenderweise sehr offensiv agieren, will Inter möglichst weit weg vom eigenen Strafraum halten und nicht nur stur verteidigen. Die Taktik geht auf. Mit einem 0:0 wäre Schalke am Ziel seiner Träume. Bis fünf Minuten vor Schluss geht auch alles gut. Dann sind die Schalker einen kurzen Moment unachtsam, und schon trifft Inters Mittelstürmer Ivan Zamorano zum 1:0. Königsblau taumelt, rettet sich jedoch wie ein angeschlagener Boxer, der schon kurz in den Seilen hing, in die Verlängerung. Der zweite Niederschlag droht. Ein Heber von Maurizio Ganz senkt sich in der 109. Minute über Torhüter Lehmann an die Latte. Zentimeterglück. Jetzt geht es ins Elfmeterschießen, ab zur Nervenprobe.

»Die Mannschaft stand an der Mittellinie im Kreis. Wenn einer der Schützen dran war, ist er vorgelaufen zum Elfmeterpunkt. Ich stand unten an der Seitenlinie, natürlich neben Huub. Obwohl es verboten war, hab ich mir eine Zigarre angesteckt, zur Beruhigung. Dennoch hatte ich ein gutes Gefühl wie am Vormittag im Hotel. Da war wieder diese eigenartige Sicherheit: Wenn es einer schafft, dann diese Truppe. Sie hatten den größeren Willen. Also war ich relativ entspannt. Vielleicht war ich aber auch innerlich so aufgeregt, dass mein Körper mich ruhiggestellt hatte. Zum Selbstschutz.«

Es geht los. Stevens steckt Lehmann vor dem Elfmeterschießen noch einen Spickzettel zu, der Torhüter lässt ihn in seinem Stutzen verschwinden. Darauf befinden sich sachdienliche Hinweise für den größtmöglichen Triumph: Welcher Schütze von Inter schießt bevorzugt in welche Ecke? Die

Zusatzinfos: Wie schießt er? Flach, halb hoch, unter die Latte – je nachdem, ob er einen kurzen oder einen langen Anlauf nimmt. »Ich hatte und habe eine Liste mit 2500 Elfmeterschützen aus aller Welt auf einer CD gespeichert. Ich erfasse das alles mithilfe des Internets und aktualisiere diese Liste jede Woche«, erklärt Stevens.

»Ein positiv Verrückter! Und was machte dieser Holländer während des Elfmeterschießens, als es gerade um den größten Erfolg unseres Vereins in den letzten 50 Jahren ging? Er notierte fein säuberlich jeden Schützen und wie der abgeschnitten hat. Unten rechts, oben rechts. Was auch immer! Mann, Mann, Mann! Das hätte er sich doch danach noch zig Mal auf Video anschauen können, aber nein, Ordnung musste sein. Einen Sinn hatten die hektischen Notizen natürlich schon: Wenn es nach jeweils elf Schützen immer noch Unentschieden gestanden hätte, wäre das Spielchen von vorne losgegangen. Mit Vorteil Huub. Er hätte sofort parat gehabt, wie der erste Elfmeter des jeweiligen Schützen geschossen war. Ein Tausendprozentiger, unser Trainer.«

Ingo Anderbrügge, der »Mr Elfmeter«, beginnt – 1 : 0 für Schalke. Hart und sicher. Für Inter kommt als erster Schütze Ivan Zamorano – und Lehmann hält. Die Nächsten verwandeln alle sicher. Für Schalke Olaf Thon und Martin Max, zwischendrin Djorkaeff für Mailand. Dann kommt Aaron Winter.

»Den Schuss von Winter hat unser Jens nicht gehalten, den hat er am Tor vorbeigeguckt. Später hat er mir erzählt, dass er vor der Ausführung zu Schütze Winter gesagt hat: >I keep standing in the middle.< Also: >Ich bleibe in der Mitte stehen.< Der Holländer bekam weiche Knie und schlenzte die Kugel vorbei. Als Marc Wilmots, unser Kampfschwein, den letzten Ball zum 4 : 1 verwandelte, gab es kein Halten mehr. Erst später auf TV-Bildern habe ich gesehen, was ich da für einen Luftsprung samt Becker-Faust gemacht habe. Nur für einen kam der Sieg zu früh: für Huub. Die Spieler jubelten schon längst, während er noch den Elfer von Wilmots notierte.«

Jetzt kann die königsblaue Party beginnen. Die verletzten Spieler wie Youri Mulder, die bei den Spielerfrauen gesessen haben, kommen von der Tribüne auf den Rasen. Als Kapitän bekommt Olaf Thon den Pokal überreicht – ein fast irrealer Moment im halb leeren Stadion, da die Italiener fluchtartig abgehauen sind. Die Schalker lassen sich jetzt mit den schönsten Dingen des Lebens fotografieren: mit ihren Frauen und dem Pott, dem UEFA-Pokal.

»In einer Metallkiste hatten unsere Betreuer, diese Schlawiner, heimlich ein paar Pullen Bier und Schampus mit ins Stadion geschmuggelt. Wilmots, Thon, ach beinahe alle Spieler wollten mich erwischen, mich mit Schampus nass machen. Immer wieder bin ich geflüchtet, da ich mein Sakko noch den ganzen Abend gebraucht habe. Ein anderes hatte ich nicht dabei. Durch das Ziehen und Zerren wurde das gute Stück ein bisschen ausgeleiert – egal. Als ich zurück in die Kabine kam, herrschte für ein paar Momente beinahe Totenstille: Alle wollten und mussten erst mal sacken lassen, was da passiert war. Dieser FC Schalke, vor drei, vier Jahren beinahe noch per Lizenzentzug aus der Bundesliga geflogen, war Europapokalsieger. Ein Meilenstein, der Beginn einer neuen Ära. Finanziell sind wir von da an in ganz andere Dimensionen vorgestoßen, ein regelrechter Boom wurde losgetreten. Auch im Marketing haben wir einen Riesensprung gemacht.«

Weit nach Mitternacht geht es dann im Bus zum Flughafen Mailand-Linate, dort wartet eine Chartermaschine auf den Schalker Tross. Am Airport kommen die meisten für einen Moment zur Ruhe. Einige Spieler nippen gedankenverloren an einem Sektglas oder einer Pulle Bier, andere lehnen sich an ihre Frauen und Freundinnen. Yves Eigenrauch, der Djorkaeff-Leibwächter, stammelt vor sich hin: »Yves Eigenrauch aus Lerbeck gegen Youri Djorkaeff, den die ganze Welt kennt. Ich habe mir unheimlich viele Gedanken gemacht. Viel mehr als nötig. Die Italiener waren überheblich. Ich glaube, das alles begreife ich erst in zehn Jahren, wenn ich nicht mehr Fußball spiele.«

»Als ich beobachten konnte, wie unser Jens ziemlich angestrengt versucht hat, einer dicken Havanna aus meiner Zigarrenkiste ein paar Rauchwolken zu entlocken, habe ich mich kaputtgelacht. Richtig süß war das. Nur die Warterei am Flughafen nervte. Die Italiener haben uns fast zwei Stunden hängen lassen. Unfreundlich waren sie – klar, angefressen. Nur die Anhänger vom AC Mailand unter den Flughafenangestellten hatten gute Laune, wir hatten dem Erzrivalen ja den Pott aus den Händen gerissen. Als es irgendwann doch losging, hatte der Jens immer noch eine Zigarre zwischen den Zähnen und ist damit sogar über die Rollbahn zum Flieger gegangen. Ich dachte: Spinnt der denn? Nicht, dass die den Kerl noch verhaften.«

Während des Fluges vergisst Rudi Assauer sogar seine Flugangst. Der Pilot gratuliert, juchzt vor Freude ins Bordmikrofon. Die Spieler und Betreuer singen immer wieder: »Steht auf, wenn ihr Schalker seid.« Selbst bei Start und Landung sitzt kaum einer. Die Stewardessen müssen mehrere Augen zudrücken. Der Schlachtruf »Steht auf, wenn ihr Schalker seid« entstand übrigens 1997 beim Halbfinalrückspiel gegen Teneriffa. Es war die Geburtsstunde eines Gassenhauers, der in jedem Stadion Deutschlands mittlerweile Standard ist. Von Block I des Parkstadions aus verbreitete sich das Mitmachlied an jenem Abend in Minuten wie ein Lauffeuer über die Ränge. Und nun brachte der Schalke-Tross damit ein Flugzeug zum Wackeln. Hoch über den Wolken. Im siebten Himmel.

»Wir sind dann trotz unserer selbst verschuldeten ›Turbulenzen‹ sicher in Münster-Osnabrück gelandet. Der Pilot ließ eine Schalke-Fahne aus dem Fenster des Cockpits wehen, so sind wir übers Rollfeld zum Standplatz. Dann ging es mit dem Bus zur Geschäftsstelle. Während dieser Fahrt bin ich mal leicht eingedöst, ansonsten wurde nicht mehr geschlafen. In den Büroräumen angekommen, bot sich ein Bild der Verwüstung. Die Faxgeräte quollen über, lauter Glückwünsche. Unglaublich. Weiter ging es per Autokorso zum Parkstadion. Die ganze Stadt war auf den Beinen. Nach der Präsentation des Pokals im Stadion ging's noch ins Rathaus zum Eintrag ins Goldene Buch der

Stadt. Mensch, was hatten einige der Jungs Augenringe – daher trugen sie Sonnenbrillen bei Regenwetter. Gegen 22 Uhr war endlich Feierabend. Nichts ging mehr. Wir waren groggy vom Feiern.«

Der Pott ist im Pott. Rudi Assauer lässt die Trophäe ab dem 22. Mai 1997 im Schalker Klubheim hinter Glas ausstellen. Fans nehmen lange Wartezeiten in Kauf, um sich davor fotografieren lassen, in den ersten Wochen danach herrscht dort beinahe Belagerungszustand. Auch für die Mannschaft hat sich der Triumph gelohnt. Assauer zahlt an jeden Spieler des Kaders 75 000 DM aus, die höchste Prämie der Vereinsgeschichte.

»Ich bin heute noch stolz darauf, dass ich die Eurofighter-Mannschaft so zusammengestellt habe, dass wir den UEFA-Cup 1997 gewinnen konnten. Das waren meine Jungs. Für vieles, was danach geschah, war dies die Initialzündung.«

Dabei hatten Assauer und Stevens zuvor hinter verschlossenen Türen einen Plan ausgeheckt, der den größten Triumph der Vereinsgeschichte beinahe verhindert hätte. »Wir wollten zu Beginn meiner Tätigkeit diese etwas in die Jahre gekommene Truppe umbauen, etwas verjüngen«, erzählt Stevens. Mit der Leistungsexplosion seiner Spieler hat auch er nicht gerechnet. »Dann gewinnen die sensationell den UEFA-Cup! Ja, was machst du dann? Wenn du deinen Plan durchziehst und verdiente Spieler nur wegen ihres Alters verkaufst, hätten uns die Fans ausgelacht, hätten gesagt: Jetzt spinnen der Stevens und der Assauer. Du kannst dich eben nach Erfolgen nicht von bestimmten Spielern verabschieden, das ist ganz schwierig, das wird nicht akzeptiert. Schon gar nicht, wenn sie Publikumslieblinge sind. Deshalb haben wir in den Jahren darauf Probleme bekommen.«

Durch den UEFA-Cup-Sieg ist man, obwohl in der Liga schwacher Tabellen-Zwölfter, als Titelverteidiger für die kommende Europapokalsaison qualifiziert. 1997/98 – in der Bundesliga steht die Mannschaft auf Platz fünf – trifft Schalke dann erneut auf Inter Mailand – ein Witz des Schicksals. Nach drei erfolgreich überstandenen Runden, in denen man Hajduk Split, RSC Anderlecht und Sporting Braga ausschaltet, gibt es im Viertelfinale ein 0 : 1 in Italien. Beim Rückspiel im heimischen Parkstadion verlässt die Eurofighter dann endgültig das Glück: 1 : 1 nach Verlängerung und damit Endstation.

Nach dem sensationellen Triumph von 1997 wollte keiner der Helden den Verein verlassen. Nun, ein Jahr später, gehen mit Jens Lehmann (der zum AC Mailand wechselt) und Thomas Linke (der zum FC Bayern geht) zwei Stützen der Mannschaft. Danach beginnt der sukzessive Absturz. 1998/99 wird man nur Zehnter, 1999/2000 gar Dreizehnter. Vier Jahre hintereinander verabschiedet man sich bereits in Runde zwei aus dem DFB-Pokal. Von 1999 bis 2001 ist man im Europacup nur Zuschauer. Erst im fünften Jahr unter Assauer fängt sich die Mannschaft wieder, ein wesentlicher Faktor für das Comeback der Stärke ist der Transfer von Andreas Möller im Sommer 2000, der vom Erzrivalen Borussia Dortmund kommt. Schalke schnuppert nun am Titel, es wird das dramatischste Bundesligafinale aller Zeiten werden, das der Verein und Assauer erleben.

Als Schalke zuletzt Deutscher Meister wird, ist Rudi Assauer 14 Jahre alt. Er sieht das Spiel im Fernsehen. Nicht zu Hause, denn die Eltern konnten sich keinen Fernseher leisten, sondern in einer Kneipe in Herten, in der sich Teenager Rudi ein paar Mark als Kegeljunge verdient. Eine überfüllte, stickige, verrauchte Bude. Männerschweiß, Bier und das Lärmen von schweren Kugeln, die auf Holz krachen.

»Ich weiß noch: Der Berni, der Günter und der Manni haben die Tore gemacht. Das 3 : 0 hat der Manni mit dem linken Huf reingeballert, das werde ich nie vergessen.«

Klodt, Siebert, Kreuz heißen die Torschützen im Finale 1958, Assauer hat sie alle noch präsent. Schalke besiegt den Hamburger SV im Niedersachsen-Stadion von Hannover vor über 80 000 Zuschauern souverän mit 3 : 0

und holt den siebten Meistertitel der Vereinsgeschichte. Bis heute der letzte. Unzählige vergebliche Anläufe seither prägen den Klubmythos. Diese letzte Meisterschaft scheint wie ein ewiger Fluch auf dem Verein zu lasten. Fans von Bayern München und vom Erzrivalen Borussia Dortmund feiern im Jahr 2008 mit Hohn und Spott: »50 Jahre kein Meister – FC Schalke.« 1958 empfangen rund 200 000 Fans den Sonderzug aus Hannover, als dieser am Tag nach dem Finale im Gelsenkirchen Hauptbahnhof eintrifft. »Da standen mir die Tränen in den Augen«, erinnert sich Manfred Kreuz später, »alles war so voller Menschen, man hätte sich einfach von oben fallen lassen können und wäre doch immer aufgefangen worden.« Der Autokorso mit den Helden der Stadt kommt kaum durch. Eine Elf aus Ruhrpott-Jungs am Ziel ihrer Träume. Sechs Gelsenkirchener, drei Wanne-Eickeler und zwei Duisburger, trainiert von einem Österreicher, von Edi Frühwirth. Mit Willi Koslowski spielt sogar ein gelernter Bergmann im Team – alles Legende.

43 Jahre und genau einen Tag später, es ist wieder ein Samstag, wird Rudi Assauer, nun Manager und Macher auf Schalke, endlich auch Meister – glaubt er. Er ist am Ziel seiner Träume – glaubt er. Für vier Minuten und 38 Sekunden. Denn tatsächlich wird er nur Meister der Herzen.

»Auf Schalke war es für mich der schlimmste Moment. Weil es sportlich nicht gerecht war. Da verzweifelst du. Das ganze Drama habe ich mir nie wieder angeschaut, da würde ich bekloppt werden. Trotzdem weiß ich noch beinahe jedes Detail der letzten Spielminuten, die habe ich in Ausschnitten gesehen, als Wiederholung vielleicht fünfmal. Im Mai 2011 sagte jemand zu mir: ›Herr Assauer, da ist jetzt 10-jähriges Jubiläum. Sie wissen doch, Meister der Herzen und so.‹ Ich antwortete: ›Schau zu, mein Lieber, dass du deine Beine in die Hand nimmst.‹«

Der 19. Mai 2001 ist das Schreckensdatum der Schalker Fußballgemeinde. Bayern München wird Deutscher Meister. So weit, so normal. Doch es sollte das irrwitzigste und emotionalste Finale einer Bundesligasaison werden.

Und für Schalke der tragischste Moment der Vereinsgeschichte. Im Nachhinein ein fast schon unwirklicher Tag.

Zunächst aber ist es ein herrlicher Tag. Die Sonne brennt, wolkenloser Himmel. Gefeiert wird schon vor dem Anpfiff. Mit einer sentimentalen Party nimmt man nach 28 Jahren Abschied vom Parkstadion. Das allein hätte schon genügt an Emotionen. Ein bisschen Wehmut, ein wenig Folklore, ein nettes Spielchen gegen die Spielvereinigung Unterhaching und ein paar Tränchen – ach, es hätte so ergreifend schön sein können. Kein Schalker dachte ernsthaft mehr an den Titel, den würden sich die Bayern an jenem 34. Spieltag doch nicht mehr nehmen lassen mit ihren drei Punkten Vorsprung. Was hilft da schon das bessere Torverhältnis der Königsblauen? Bayern, so die Stimmung in Gelsenkirchen, wird auswärts beim Hamburger SV das letzte Pünktchen mit ihrem pragmatischen Trainer Ottmar Hitzfeld souverän einfahren. Zur Not mit einem 0 : 0. Man hat sich in Gelsenkirchen schon eine Woche vorher dem Schicksal ergeben, dem ewigen Bayern-Dusel. Denn vor dem 33. Spieltag ist man noch Tabellenführer, und das bis zur letzten Minute. Schalke hält in Stuttgart tapfer ein 0 : 0, und Bayern müht sich im Olympiastadion gegen Kaiserslautern ab, kommt aber über ein 1 : 1 nicht hinaus. Für Schalke wäre das eine ideale Ausgangssituation. Punktgleich gingen sie dann in den letzten Spieltag, ein Sieg gegen Haching – und fertig wäre der erste Titel nach 43 Jahren Warten und Leiden. Doch in lächerlichen sieben Sekunden dreht sich das Bild am 12. Mai. Ein Tor hier, ein Tor dort. Krassimir Balakov trifft für den VfB Stuttgart gegen Schalke zum 1 : 0, und sieben Sekunden später macht der gerade eingewechselte Alexander Zickler für die Münchner das 2 : 1 gegen Lautern. Die Bayern können ihr Sekundenglück kaum fassen. Sie sind nun praktisch Meister, der letzte Spieltag nur noch ein Schaulaufen der Münchner.

Andreas Müller, der Schalker Teamassistent und Azubi von Rudi Assauer, kramt am Mittag des 19. Mai 2001 ein altes Trikot vom HSV aus dem Schrank. »Ich hatte das als Aktiver einmal mit Niko Kovac getauscht. Mir kam spontan die Idee, das Ding ins Parkstadion mitzunehmen«, erinnert sich Müller. »Als ich zum Stadion gefahren bin, dachte ich mir: Ach, komm. Warum nicht? Irgendwie hatte ich so ein Gefühl, dass es hilft, damit etwas Unglaubliches passiert. Ich habe es übergezogen und mich so auf die Tribüne gesetzt.« Unten zwischen Kabine, Innenraum und Tartanbahn schlendert Rudi Assauer herum. In sich gekehrt, melancholisch, wehmütig. In der einen Hand eine Zigarre, mit der anderen wischt er sich ein paar Tränen von den Wangen.

»Ich habe in diesen Momenten mit niemandem sprechen wollen. Mir ging die ganze Geschichte dieses Stadions durch den Kopf, dazu meine eigene hier als Manager bei Schalke. Die Jahre nach meinem Einstieg 1981, all die turbulenten Zeiten, Abstieg, Aufstieg, das 6:6 gegen die Bayern im DFB-Pokal, meine Entlassung 1986, meine Rückkehr 1993, die Feier nach dem UEFA-Cup-Sieg 1997. Ich lehnte mich an die Trainerbank, Gedanken schossen mir durch den Kopf wie: nur noch 90 Minuten hier. Dieses Stadion wird leider keine Meisterschaft mehr erleben, daher soll es wenigstens ein schöner Abschied werden. Ein Sieg, eine fröhliche Feier des zweiten Platzes – immerhin hatten wir uns das erste Mal für die Champions League direkt qualifiziert, die Spiele finden dann drüben in der neuen Arena statt.«

Niemand konnte ahnen, dass dieses Stadion mit dem letzten Spiel seine größte Stunde erleben sollte. 65 000 Zuschauer sind zur Huldigung des WM-Stadions von 1974 gekommen, manche klettern schon Stunden vor Anpfiff in die Baumkronen hinter der offenen Gegengeraden. Dabei sein ist alles. Sag zum Abschied leise Glück auf! Ein buntes Rahmenprogramm darf nicht fehlen: Musikkapellen, Polonaisen, auf der Gegengerade bereitet man eine große Choreografie für die Sekunden vor dem Anpfiff vor. FDP-Politiker Jürgen W. Möllemann, bei Schalke Aufsichtsratsmitglied, bringt den Ball per Fallschirmsprung in den Mittelkreis des Platzes. »Danke, Parkstadion« steht auf einem Banner, das wie die gute, alte Werbung an Italiens Stränden der 80er-Jahre von einem Flugzeug gezogen wird. Fans seufzen gerührt. Eine gelungene Aktion des Schalker Fanklub-Verbandes. Eine bunte Jahrmarktatmosphäre.

Und mittendrin ein Gegner, die Spielvereinigung Unterhaching. Eine Mannschaft, die ums Überleben kämpft, gegen den Abstieg. Die Mannen aus der Münchner Vorstadt suchen die Flucht nach vorne. Schalke ist ergriffen – und liegt schnell hinten: 0 : 2. Der Außenseiter führt. Nico van Kerckhoven und Gerald Asamoah treffen in den letzten beiden Minuten vor der Pause für die Knappen: 2 : 2 zur Halbzeit, eher peinlich als feierlich. Die Fans nehmen es hin, denken sich: typisch Schalke. Und in Hamburg? Nichts. 0 : 0. Alles wie erwartet. Dem FC Bayern fehlen lockere 45 Minuten zum Titel. Pay-TV-Sender Premiere bittet Bayerns Vorstandsboss Karl-Heinz Rummenigge und Rudi Assauer vor die Mikrofone. »Wollen Sie Herrn Rummenigge schon zum Titel gratulieren?« Assauer antwortet trotzig und mit eher gespielter Hoffnung: »Nein. Der Kalle weiß, was im Fußball noch alles passieren kann.« Rummenigge grinst in sich hinein.

»Bewundernswert, wie die Hachinger auch nach der Pause verzweifelt und aufopferungsvoll gegen den Abstieg gekämpft haben. Sie hielten voll dagegen, nach 69 Minuten lagen wir wieder hinten. 2 : 3 – was für eine Schmach. Unsere Jungs kamen mir vor wie gelähmt, die einfachsten Dinge gingen schief. In Hamburg passierte nichts, gar nichts. Aber wir mussten doch zumindest unsere Pflicht erfüllen, dachte ich, wenigstens gewinnen, falls da oben im Norden ein Wunder geschah. Dann kam der Verrückte, der Jörg Böhme. Er drehte das Spiel, machte binnen zwei Minuten zwei Tore. Das habe ich noch vor Augen: Erst knallte er einen Freistoß unter der hochspringenden Mauer rein, dann schlenzte er die Kugel ganz brasilianisch am Hachinger Torwart vorbei – 4 : 3. Wenigstens wurde es noch 'ne gute Show. Ab und zu wandte ich mich an unsere Betreuer, die Radio hörten. Ein Blick reichte, die Antwort war Kopfschütteln mit zusammengepressten Lippen. Nichts Neues in Hamburg, 0 : 0. Unser Torjäger Ebbe Sand erzielte in der 90. Minute das 5 : 3, rannte an der Eckfahne zu einem Fan mit Trommel, haute kräftig auf die Pauke. Dunkel vernahm ich, wie es durchs weite Rund schallte: >HSV! HSV! HSV!< Ein Rumpelsieg war dieses 5 : 3. Nicht ganz würdig für die letzte Partie im Parkstadion vor 65000 Fans. Aber okay, ein versöhnliches Ende – solche Ge-

danken gingen mir durch den Kopf. Unterhaching musste absteigen. Das Spiel lief noch, als ich mir überlegte: Da musst du ein paar nette Worte finden, die Hachinger trösten.«

Plötzlich Schreie, spitze Schreie. Menschen auf den Tribünen recken ihre Hälse. Was ist los? Irgendwo eine Schlägerei? Es muss etwas passiert sein. Das Gemurmel wird zum Raunen, hilflos blicken sich die Leute an. Andere pressen in dem Lärm ein Ohr an ein Radio oder drücken die Kopfhörer noch fester in den Gehörgang. Wieder andere starren ihr Handy an. Na, komm schon, eine SMS? Einige rufen jemanden an, der fernsieht oder Videotext hat. Das Handynetz bricht zusammen. Man glaubt zu wissen, um was es geht. Das 1:0 für Hamburg? Ja! Ja? Man will es aber nicht glauben, darf es nicht. Das Unglaubliche hieße: Schalke wäre Meister. Sekunden der Schwerelosigkeit, ohne Zeit und Raum. Bis die Anzeigetafel die beiden Logos vom HSV und Bayern zeigt, darunter in schwarzen Ziffern 1:0 – die Erlösung. Völlig entrückt und erleichtert, endlich glauben zu dürfen, was unglaublich erscheint, brechen nun alle Dämme. Eine Explosion der Sinne. Die Fans stürmen den Platz, die Ordner öffnen gedankenschnell die Tore der Nordkurve. Menschen, die nicht wissen, wohin mit ihren Glücksgefühlen, purzeln über den Rasen. Spieler, Betreuer hüpfen auf der Tartanbahn am Spielfeldrand umher wie kleine Kinder. Trainer Stevens traut dem Ganzen noch nicht, er versucht, die Fassung zu bewahren. »Ich hatte ein komisches Gefühl«, erinnert sich der niederländische Trainer, »ich war mir nicht sicher, denn ich hatte gelernt: Im deutschen Fußball muss man immer bis zur letzten Sekunde wachsam sein.« Hinter dem Stadion drückt einer auf den Knopf, das vorbereitete Feuerwerk wird gezündet.

»Während der Saison, als wir in der Tabelle ganz oben standen, habe ich immer wieder gemahnt: ›Wer vorher feiert, feiert umsonst.‹ Nun ließ ich mich mitreißen, da kannste nicht anders. Unten am Rand des Spielfelds brach eine Hektik aus, das kann man sich nicht vorstellen. Immer wenn man jemanden fragen wollte: Ja, ist es denn aus, das Spiel in Hamburg, kam wieder einer, der

einen umarmt hat, fast umgehauen hat. Und dann begann das ganze Drama erst so richtig. Ich kann diesen Moment noch heute spüren, diese Sekunde, als es meinen ganzen Körper durchzuckte. Da schrie Benno Fuhrmann, dieser baumlange Kerl von Premiere, auf der Tartanbahn: ›Hamburg ist aus. Aus! 1 : 0, Ende. Ihr seid Meister.‹ Jetzt flippten alle aus. Jeder schnappte sich irgendeinen, wilde Umarmungen, immer mehr Fans stürmten den Rasen. Daher flüchteten einige Spieler in die Kabine.«

Bei Premiere sind die Reporter im Trubel ohne Kontakt zur Regie. Weil der Innenraum mit Fans geflutet wird, räumen die Helfer die Monitore weg, und über Kopfhörer ist die Regie nicht zu verstehen. Fuhrmann schnappt sich Andreas Müller zum Interview, sagt ihm, dass bei Bayern Schluss sei, und gratuliert live auf Sendung: »Es ist zu Ende in Hamburg. Sie sind Meister.« Müller fährt immer noch ein Schauer über den Rücken, wenn er heute davon erzählt. »Ich habe in die Kamera gerufen: ›Ich trinke auf den HSV. Ganz großes Kompliment an den HSV, vielen, vielen Dank. HSV, ich liebe euch!‹ Danach hat mir irgendjemand so einen Fünf-Liter-Bierhumpen in die Hand gedrückt.« Der Wahnsinn ist jetzt nicht mehr zu stoppen, die Falschmeldung vom Spielende in Hamburg bahnt sich ihren Weg durch das Stadion wie eine Flutwelle. Assauer macht eine Jubelfaust, fällt allen in die Arme, erst Müller, dann Möllemann, der immer noch in seinem gelbblauen Fallschirmspringeranzug steckt.

Währenddessen sind die ersten Spieler im Kabinentrakt des Stadions angekommen, nebenan im Trainerzimmer läuft ein kleiner Fernseher: Ah, die Aufzeichnung aus Hamburg, denken sie sich. Doch als die Realität zur Gewissheit wird, starren alle wie paralysiert auf den Minibildschirm. Das Spiel ist gar nicht aus, es läuft noch. Huub Stevens kommt hinzugeeilt, spricht ein Stoßgebet. Draußen im Stadion erscheint inmitten der ausufernden Mega-Party plötzlich ein flackerndes Bild eines Fußballspiels auf der Videoeinwand. Es ist live. In der Bundesliga ist es eigentlich verboten, Livebilder aus anderen Stadien zu zeigen – es wirkt, als habe gerade eine höhere Macht dieses Verbot aufgehoben. Unten auf dem Rasen drehen sich die Fans Richtung Südkurve, über der die Leinwand behelfsmäßig angebracht wurde. Ganz Schalke bekommt den Mund nicht zu – als würden alle ein Ufo beobachten. Sie verstummen. Das ist echt, keine Erscheinung. In Hamburg läuft die 95. Minute, und es gibt einen indirekten Freistoß für Bayern im Strafraum des HSV, Schiedsrichter Markus Merk hat so entschieden.

»Verursacht hat den Freistoß Torhüter Mathias Schober, ausgerechnet unser Schobi, einer der Eurofighter von 1997. Das muss man sich noch mal vor Augen führen: Es war sein drittes Saisonspiel, das zweite von Beginn an, wir hatten ihn damals nach Hamburg ausgeliehen. Ein ganz lieber Kerl. Aber wenn der Gute ein bisschen pfiffiger in dieser Sekunde gewesen wäre, hätte er den Ball nach dem Rückpass einfach mit dem Fuß auf die Tribüne gebolzt und nicht in die Hand genommen. Ich habe ihm damals keine Vorwürfe gemacht und will das auch im Nachhinein nicht tun. Aber wenn er doch – ach, Schluss damit. Und dieser Fischer vom HSV! Noch so 'ne Geschichte. Der wurde in der 90. Minute eingewechselt, die Hamburger wollten Zeit schinden. Der Typ ging ganz rechts in die Mauer, direkt am Pfosten. Die standen da mit Mann und Maus geschlossen kurz vor der Torlinie. Und wenn er da so stehen geblieben wäre, dann wäre nichts passiert. Als der Schwede Andersson von den Bayern schoss, rückte Fischer nach innen rein. Genau zwischen seinem Standbein und dem Pfosten ging der Ball rein, da hat nichts anderes dazwischengepasst. Unfassbar.«

Das ist das 1 : 1. Abpfiff. Bayern ist Meister. Premiere-Kommentator Marcel Reif sagt in Hamburg über den Sender: »Leute, ich geb's auf. Ich geb's auf. Ich habe so etwas noch nicht erlebt.« Sein Kollege Fritz von Thurn und Taxis kommentiert im Parkstadion das Unkommentierbare zunächst mit nur drei Worten: »Um Gottes willen!« Er denkt weiter, sagt: »Hoffentlich tut sich hier keiner was an.« In den Katakomben des Parkstadions müssen Assauer und sein Azubi Müller erste Hilfe leisten. »Unsere Jungs waren alle fix und alle. Manchen schossen direkt Tränen in die Augen«, erzählt Müller. »Die Spieler waren wie in einer Schockstarre. Ich hatte mich schon

nach ein paar Minuten wieder gefangen, war eher wütend. Alles, aber wirklich auch alles, was in diesen Minuten gegen uns hätte laufen können, ist gegen uns gelaufen. Das fühlte sich an wie eine ganz heftige Grätsche. Wenn diese Bilder heute irgendwo als Zusammenfassung im Fernsehen kommen, dann schalte ich direkt ab. Ich kann's nicht mehr sehen.«
Jeder im Stadion will in diesen Augenblicken stark sein, nicht weinen, die anderen trösten. Doch kaum einem gelingt es.

»Auch ich habe geheult – und wie. Aber das tat gut, es musste raus. Wir waren fix und alle, hatten ja gedacht: Wir sind durch, wir haben es! Meister! Erstmals seit 1958! Es wäre die Krönung meiner Arbeit gewesen. In der Kabine bei den Jungs herrschte Totenstille, alle wirkten wie gelähmt, nur hier und da war ein Schluchzen zu hören. Unser Buyo, der Mike Büskens, hat am schlimmsten geweint. Dass Fußballer nur eiskalte, berechnende Profiteure sind, erzählt mir nichts davon! Ich habe ein paar Worte an die Jungs gerichtet, obwohl auch mir ganz und gar nicht danach war und ich mir blöd vorkam: ›Männer, so ist das. So ist Fußball, grausam, aber wahr.‹ Es war furchtbar. Ich hab mich immer gefragt: In welchem Film sind wir denn? Wann wachen wir auf? Vier Minuten, 38 Sekunden dauerte die Glückseligkeit. Die Leute hatten erst Freudentränen geweint – und danach aus Trauer und Wut.«

Anderssons Schuss geht in Mark und Bein. Wie ein Stromschlag. Über allem ist jetzt das Knallen und Zischen des Feuerwerks zu hören, als wäre es der Spott der Bayern. Auf dem Rasen heulen Fans, liegen sich schluchzend in den Armen. Und bei manchen schlägt Trauer in Wut um.

»Das war Beschiss. Das alles hatten wir dem Merk zu verdanken, der die vier Minuten Nachspielzeit gab. Manche lästerten später, er habe so lange spielen lassen, bis die Bayern ihr Tor machten. Und dazu noch der schlimme Fehler beim entscheidenden Freistoßpfiff. Danach hat Schiri Merk nie wieder ein Spiel auf Schalke gepfiffen. Dafür haben wir gesorgt, da haben wir beim DFB Druck gemacht.«

Auch Merk wollte nicht mehr – eine Pause aus Selbstschutz, die er sich eigenmächtig verhängt hat. Als er im Oktober 2010 erstmals wieder in die Veltins-Arena kommt, um als Experte für TV-Sender Sky die Partie gegen den 1. FC Kaiserslautern zu analysieren, wird er mit Schmähungen und einer Bierdusche empfangen. Es fliegen Gegenstände, eine kleine Billardkugel verfehlt ihn nur knapp. Merk reagiert gelassen.

»Wir haben am selben Abend den Bayern anstandshalber zur Meisterschaft gratuliert – auch wenn das einem noch mal einen Stich ins Herz versetzte. Damals sagte ich: ›Jetzt werden die Bayern noch mehr verachtet als vorher!‹ Was mich geärgert hat: Sie hatten unsere Tragik noch ins Lächerliche gezogen, indem sie den Begriff ›Meister der Herzen‹, eine Medienerfindung, in der Folge auch gerne benutzten. Klar hielten von dem Zeitpunkt an noch mehr Fans zu uns. Klar haben uns alle den Sieg im DFB-Pokal eine Woche später gegen Union Berlin gegönnt – aber Meister ist Meister. Und was mich ebenfalls gefuchst hat: Die ganze Saison über habe ich gebetsmühlenartig auf die Frage nach dem Titel immer wieder gesagt: ›Die Bayern werden Meister.‹ Dass ich auf so bittere Art und Weise recht behalten sollte, machte die Sache noch schwerer verdaulich. Meister der Herzen? Hör mir auf! Wir waren der Meister der Schmerzen!«

Dran glauben muss an diesem Tag zunächst die Kabine der Gastgeber im Parkstadion. Die Schalker Spieler machen ihrem Ärger Luft. Flaschen und Stühle fliegen, Fernseher gehen kaputt, Bänke und Türen werden demoliert. Die Reparaturkosten übernimmt der Verein. Trainer Stevens denkt sofort an die Folgeschäden – an die psychologischen. Daher trommelt er seine Spieler zusammen und bläut ihnen ein, an das DFB-Pokalfinale am darauffolgenden Samstag zu denken. Er sagt: »Männer, wir haben mehr erreicht, als alle erwarten konnten. Darauf bin ich stolz – großes Lob. Und: So schwer das alles auch zu verschmerzen ist, schüttelt diese Niederlage bitte von euch ab. Versucht, sie zu vergessen. Schaltet ein wenig ab. Mit dem DFB-Pokal wartet noch ein Titel auf euch. Wir müssen den Pokal gewinnen – für uns, für den Verein, für unsere Fans.« Um das Erlebte zu verarbeiten, gibt er zwei Tage frei. Erst am Dienstag sollen sie wieder zum Training erscheinen. Dann schickt er die Spieler raus zu den geschockten Fans, die noch im Stadion ausharren. Sie klettern auf die Haupttribüne, winken von einer Balustrade mit letzter Kraft – schwer gezeichnet. Der Stadionsprecher spielt »You'll never walk alone«. Da fließen sogar beim knochigen, bisher relativ gefassten Stevens die Tränen. Die ersten Interviews mit den Reportern sind Versuche, die Emotionen zu beschreiben. Auf der Pressekonferenz weint Rudi Assauer ein weiteres Mal.

»Dann habe ich den Satz gesagt, den viele Leute später als die kürzeste und zutreffendste Analyse eingestuft haben, und zwar: ›Wenn das alles wahr ist, wie die ganze Kiste gelaufen ist, dann muss ich sagen: Es gibt doch keinen Fußballgott.‹ Da hat mich nur einer getoppt. Unser Stürmer Ebbe Sand meinte auf seine trockene dänische Art: ›Wenn es einen Fußballgott gibt, dann ist er Bayern-Fan.‹«

Auch auf der Geschäftsstelle direkt neben dem Parkstadion harren rund 100 Fans noch lange in den Samstagabend hinein aus. Als würden sie auf jemanden warten, der sie aus der Hypnose erwachen lässt. Nach Hause wollen sie nicht. Assauer kommt aus seinem Büro und ruft vom Balkon zu ihnen herunter: »Es gibt gewisse Dinge im Fußball, die sind nicht beeinflussbar. Wir haben alles dafür getan, um Deutscher Meister zu werden. Wir sind Gott sei Dank ein toller Zweiter, sind Vizemeister geworden. Wisst ihr was? Ja, wisst ihr was? Wir sind stolz auf euch! Und ihr, ihr könnt stolz auf die Mannschaft sein. Und jetzt lasst uns feiern.«
Manche Party artet dann aus. Einige Spieler treffen sich bei Frode Grodas, dem norwegischen Ersatzkeeper. Die Mischung aus Alkohol und Frust lässt nicht nur bildlich die Wände wackeln. Ein Wandteller aus Porzellan wird zur Ersatzmeisterschale. In der Woche darauf muss Grodas das Wohnzimmer renovieren lassen.

Stevens schickt seine Frau Toos mit den Kindern in die Heimat, er will jetzt allein sein. »Mir ging es bescheiden, und ich habe diesen Misserfolg ganz allein mit mir ausgemacht. Ich bin in mein Appartement in Gelsenkirchen gegangen und habe dort eine Flasche Weißwein geleert, den Fernseher aber nicht mehr angemacht.« Eine vernünftige Variante der Frustbewältigung. Teamassistent Müller erinnert sich an die vorwiegende Losung des angebrochenen Abends: »Wir haben mit ein paar Wutbierchen angefangen und uns dann so richtig weggeschossen. Das war Frustsaufen pur.« Für Müller endet die Nacht auf der Polizeiwache. Seinen Führerschein verliert der Azubi von Assauer auf noch spektakulärere Weise als Schalke zuvor die Meisterschaft. »Als wir zu später Stunde schließlich heimwollen, biete ich an, Rudis damalige Freundin Simone samt Tochter im Auto mitzunehmen. Meine Frau will fahren, und ich Depp sage, wie man das so macht, wenn man wütend ist und einen im Tee hat: ›Nee, lass mich. Kein Problem, ich fahre.‹« Damit nimmt das Unheil seinen Lauf. Müller lässt die Damen vor ihrer Haustüre raus, will noch kurz wenden und setzt zurück. Aus unerfindlichen Gründen geht am Hause Assauer plötzlich die Alarmanlage los. Ein Fehlalarm, und die eintretenden Frauen stellen die Sirene per Code rasch wieder aus. Doch in diesem Moment steht in der Straße ein Streifenwagen. »Die hören den Alarm und sehen gleichzeitig, wie ein Wagen zurücksetzt«, erinnert sich Müller. »Ich denke mir, ach du Scheiße. Du hast getrunken, wenn sie dich jetzt kontrollieren, bist du den Lappen los. Dann setzt meine Birne aus, eine Kurzschlusshandlung. Ich drücke aufs Gas, rase los, will die Bullen abhängen. Meine Frau schreit mich an, ob ich jetzt durchgeknallt sei. Die Polizisten und ich liefern uns eine kleine Verfolgungsjagd durch Gelsenkirchen, bis ich irgendwo in einer Sackgasse lande. Aus, vorbei. Jetzt haben sie mich. Ich sage zu meiner Frau: ›Mach's gut, ich hau ab!‹ Die nächste Kurzschlusshandlung: Ich türme aus dem Wagen, laufe quer durchs Gebüsch, die Polizisten hinterher. Plötzlich vor mir ein Zaun, ich komme nicht drüber. Ende Gelände. Das war's. An den Ohren ziehen mich die Beamten aus dem Gebüsch, die Knarre am Kopf. Wie ein Schwerverbrecher werde ich mit den Händen auf dem Rücken zum Auto zurückgebracht, ich hatte es ja nicht anders verdient. Dann geht's ab aufs Revier.« Müller wird der Führerschein für zehn Monate entzogen, und er muss eine empfindliche Geldstrafe zahlen. »Ich habe am nächsten Morgen Rudi angerufen, ihm die ganze Story erzählt. Der hat sich kaputtgelacht. Wir hatten einen Termin gemeinsam, doch er meinte: ›Du bleibst schön mit dem Arsch zu Hause, ist besser so.‹ Recht hatte er.«

»Ich bin in der Nacht noch allein in mein Stammrestaurant Vitali gefahren, habe noch eine Weile am Tisch gesessen und vor mich hinsinniert. Das Ganze war ein harter Schlag für mich. Ein Genickschlag für alle Schalker. Ich dachte mir, eine solche Entscheidung am letzten Spieltag der Bundesliga wird es in den nächsten 20, 30 Jahren nie mehr geben. Erst in den Morgenstunden bin ich nach Hause.«

Stevens gibt heute zu: »Das Erleben dieser letzten Minuten hat mich verändert. Eine solche Erfahrung trägt man ein Leben lang mit sich. Das kann man nicht mehr auslöschen. Es heißt ja auch: einmal Schalker, immer Schalker.« Und Müller meint: »Das Ganze war typisch für Schalke. Immer ist irgendwas in letzter Sekunde dazwischengekommen. Davon lebt dieser Verein aber auch. Und die Fans sind ja leidensfähig. Seit Jahren, seit 1958, rennen sie dieser letzten Meisterschaft hinterher. Das motiviert diesen Verein aber auch, das hält ihn am Leben.«

»Was in den Tagen danach passierte, war überwältigend. Am Montag hatten wir über 500 neue Vereinsmitglieder, die aus Sympathie beigetreten sind. Zum letzten Training vor unserer Abreise zum Pokalfinale nach Berlin kamen 15 000 Fans. Huub versuchte, die Kiste komplett zu verdrängen. Er hat das schnell abgehakt. Unser Kotrainer Eddy Achterberg hat die Jungs in jenen Tagen mit ein paar Späßken im Training aufgeheitert. Uns allen war klar: Noch eine weitere Niederlage direkt nach dem grausamen Meisterschaftsende hätte die Mannschaft moralisch und psychisch komplett zerstört. Es gab also

keine Alternative zu einem Sieg. Die Truppe hat mit der ganzen Wut und Enttäuschung als Antrieb gespielt. Union Berlin war keine große Gefahr für uns, es wurde ein lockeres 2 : 0. Jörg Böhme traf zweimal, per Freistoß und per Elfmeter. Der Pokal war jedoch nur ein Trostpreis. Heute noch sprechen die Fans auf Schalke vom 19. Mai. Ein Schreckensdatum. Aber irgendwann wird der Tag kommen, an dem Schalke wieder Meister wird. Ob ich das noch erleben darf, weiß ich nicht.«

Die Mannschaft feiert das 2 : 0 an jenem 26. Mai 2001 ausgelassen. Auf der ersten Etage des Berliner Mannschaftshotels Steigenberger nimmt die Party kein Ende – eine Mischung aus Freude und tief sitzendem Frust.

»Diesen Sieg haben wir ausgekostet, aber wie! Richtig schön gezecht, auf den Tischen getanzt – bis morgens um 6.30 Uhr. Da ist kein Spieler vorzeitig weg oder Grüppchen in verschiedene Diskotheken der Stadt. Alle sind geblieben, wir waren eben eine große Familie. Unsere Hausband The Florians hat aufgespielt. Und immer wieder haben wir alle gemeinsam das Lied gesungen: Oh, du schöner blauer Vogel. Auch der Huub konnte feiern, mein lieber Mann. Mit dicken Zigarren im Mund sind einige Spieler aufreizend an meinem Tisch vorbeigetänzelt. Immer einen Spaß inne Backen, die Jungens! Ach, und an den Jiri Nemec erinnere ich mich noch, an unseren Tschechen. Normalerweise ein ganz stiller Bursche. Dem musste man ja sonst Geld bieten, damit er überhaupt mal was sagt. An diesem Abend hatte er ständig ein Weißbier in der Hand und hat gequasselt wie ein Wasserfall.«

Auf der Zugfahrt am nächsten Tag zurück nach Gelsenkirchen hängen die meisten Spieler mit Sonnenbrillen in ihren Sitzen. Partys hatten eine ganz spezielle Bedeutung beim FC Schalke, begründeten den Zusammenhalt der Truppe, des gesamten Vereins.

»Unsere Weihnachtsfeiern haben wir in der Loemühle in Marl oder im Gladbecker Wasserschloss Wittringen gemacht. Das war immer sehr nett. Jens Leh-

mann hat es sich nie nehmen lassen, alle Mitarbeiter der Geschäftsstelle mit Geld aus der Mannschaftskasse zu beschenken – Pralinen, Blumen, Parfüm. Eine feine Sache. Was die Geburtstage anbetrifft, war Huub Stevens vorbildlich. Er hatte einen Geburtstagskalender für alle Spieler, deren Frauen oder Freundinnen, Trainerstab, Betreuer, Mitarbeiter der Geschäftsstelle – wirklich für alle. Die bekamen dann Gutscheine von Drogeriemärkten oder ein Fläschchen Edles. Da war ich jedes Mal baff. Auch Karneval war immer 'ne große Nummer bei uns. Einmal habe ich mich an einem Rosenmontag zu einem Foto in der Sauna überreden lassen. Ein Bild-Zeitungs-Fotograf hat den Schuss bekommen, dem habe ich leichtsinnigerweise einen Gefallen getan. Ich war splitterfasernackt, nur die Zeitung verdeckte die besten Stellen, die Kronjuwelen. In den Tagen zuvor hatten wir von Altweiberfastnacht bis Rosenmontag ordentlich gefeiert, da waren wir in einer Männerrunde meist in der Friesenstube. Ein bisschen feiern, singen, klar, ab und zu auch mal tanzen – auch wenn das nicht so mein Ding ist. Und so kam es zu dieser Nummer. Das Bild haben sie natürlich am nächsten Tag schön groß auf der ersten Seite Sport gebracht. Da war was los, mein lieber Scholli. Meine Familie, die Sekretärin, alle waren entsetzt. Ja, du meine Güte! Was haste denn da jetzt schon wieder gemacht? Musste das denn sein? Man muss auch mal 'n bisschen bekloppt sein, im positiven Sinne. Damals war ich eben für jeden Scherz zu haben, heute würde ich so etwas natürlich nicht mehr machen.«

Die Saison nach dem ersten Pokaltriumph sollte die letzte mit Trainer Huub Stevens werden. In der Champions League 2001/02 scheitert Schalke bereits in der Gruppenphase an Panathinaikos Athen, RCD Mallorca und dem FC Arsenal. Auch der fünfte Rang in der Bundesliga ist eine Enttäuschung. Im DFB-Pokal jedoch kämpfen sich die Königsblauen wieder ins Finale nach Berlin. Angefangen mit den Amateuren vom SC Freiburg, schaltet man Arminia Bielefeld, SV Darmstadt 98, RW Oberhausen und im Halbfinale den FC Bayern mit 2:0 nach Verlängerung aus. Zu diesem Zeitpunkt jedoch hatte Stevens bereits seine schwierigste Entscheidung getroffen: Er verlässt den FC Schalke nach Ende der Saison im Juni 2002.

»Ich habe nach fünfeinhalb Jahren gemerkt, dass es auseinandergehen muss. Die Spieler brauchten auch mal wieder ein anderes Gesicht, eine andere Stimme«, sagt Stevens in der Rückschau. »Im Oktober habe ich Rudi Assauer um ein Gespräch gebeten. Ich wusste, dass ich ihm mit meiner Entscheidung wehtun würde. Aber ich musste das tun – es war für alle das Beste, dachte ich damals. Rudi reagierte sehr enttäuscht und sagte einfach nur: ›Nein, das geht nicht.‹ Mein Beschluss aber war unumstößlich. Im Nachhinein muss ich sagen: Vielleicht wäre ich besser noch etwas geblieben. Der Kontakt zu Hertha BSC kam erst nach Weihnachten zustande. Ich informierte Rudi, dass die Berliner mich ab Sommer 2002 verpflichten wollen. Der Mannschaft teilte ich es direkt vor unserem Auswärtsspiel im Dezember bei Hansa Rostock in der Kabine mit – und trotz der Unruhe gewann die Truppe mit 3 : 1. Das war sensationell. Mit den Bossen vereinbarte ich für Anfang Januar ein Gespräch auf der Schalker Geschäftsstelle darüber, wie es weitergehen sollte. Ich rechnete eigentlich damit, dass sie mich schon zu diesem Zeitpunkt, ein halbes Jahr vor Ende meines Vertrages, entlassen würden.«

»Huub hatte im Jahr zuvor einen unbefristeten Vertrag bei uns unterschrieben. Mit der Klausel, dass beide Seiten jedes Jahr kündigen konnten. So viel Vertrauen hatten wir zueinander. Ich habe in dem Gespräch mit Schatzmeister Schnusenberg zu Huub gesagt: ›Bitte sei ehrlich zu mir: Was denkst du denn, was passiert, wenn wir die nächsten drei Spiele verlieren? Wie werden dann wohl die Fans reagieren?‹ Huub meinte in seiner typischen trockenen Art: ›Und was passiert, wenn wir die nächsten drei Spiele gewinnen?‹ So hatte er mich überzeugt, das Ding durchzuziehen. Am liebsten bis zum Saisonende.«

Es wird ein schönes, erfolgreiches Ende. Das Risiko, mit einem Trainer auf Zeit in die Rückrunde zu starten, geht auf. Bei Misserfolg hätten die Fans wohl rebelliert, Stevens sei mit den Gedanken schon bei Hertha und man hätte kurzfristig einen neuen Trainer einstellen müssen. Die drei Spiele nach der Bekanntgabe seines Wechsels im Sommer zu Hertha BSC gewinnt Schalke tatsächlich, sogar vier. Zum Auftakt gar furios mit 5 : 1 gegen den FC Bayern.

Im Pokalfinale trifft Schalke auf Bayer Leverkusen. Diesmal sind die Zeichen umgekehrt. Leverkusen ist in der Meisterschaft nur Zweiter geworden und schleppt eine Enttäuschung mit ins Endspiel am 11. Mai 2002. Wie im Vorjahr erzielt Jörg Böhme das erste Schalker Tor, es ist der 1 : 1-Ausgleich. Kurz vor der Pause werden Stevens und Leverkusens Coach Klaus Toppmöller wegen Reklamierens gemeinsam auf die Tribüne geschickt. Stevens gibt nun über Handy von der Tribüne aus Kommandos und taktische Anweisungen an Assauer weiter, der unten auf der Trainerbank sitzt. Der Notplan funktioniert. In der zweiten Halbzeit erhöhen Victor Agali, Andreas Möller und Ebbe Sand auf 4 : 1. Am Ende steht ein überlegenes 4 : 2, die Titelverteidigung des Pokals ist geschafft.

»Leverkusens Manager Reiner Calmund trug schon während des Spiels auf der Ehrentribüne unterm Sakko ein Sieger-T-Shirt, man konnte es sehen. Das macht man nicht. Und wenn überhaupt, sollte man sich nicht erwischen lassen. Aber der Calli hat das Shirt ja nicht gebraucht. Nach dem Abpfiff habe ich mir noch auf dem Rasen des Olympiastadions einen Schluck Bier aus einem dieser riesigen Drei-Liter-Gläser gegönnt. Ich war so froh, dass unser Plan mit Huub aufgegangen war. Jetzt konnten wir feiern, noch ausgelassener als 2001. Weil einfach diese Erleichterung da war. Wie im Vorjahr logierte unser gesamter Tross im Hotel Steigenberger. Wir hatten alle Angestellten als Dankeschön für ihre Arbeit zum Finale nach Berlin eingeladen. So erlebten sie den Abschied von Huub und einigen Spielern. Es wurde ein Fest der Tränen.
Als Huub zu später Stunde seine Abschiedsrede gehalten hat, bekamen die meisten im Saal feuchte Augen. Auch ich. Daher habe ich ihm noch mal gesagt: ›Du weißt, dass du einen Fehler machst, wenn du Schalke verlässt.‹ Auch er hatte schwer zu kämpfen gegen die Tränen.«

Während seiner Rede geht Stevens mit dem Mikrofon in der Hand von Tisch zu Tisch, von einem Spieler zum nächsten, bedankt sich auch bei jedem Mitglied des Trainerstabes, der medizinischen Abteilung, den Betreuern und einzelnen Angestellten. »Es gibt Zeiten zum Kommen und zum Gehen. Jetzt ist die Zeit zum Gehen gekommen«, sagt Stevens mit zitternder Stimme. »Es ist ein Traum, sich mit dem Titel zu verabschieden.« Heute noch bekommt Stevens sofort Gänsehaut, wenn er davon erzählt: »Meine Rede habe ich ohne Vorbereitung und ohne Spickzettel gehalten. Es sollte mein ganz spezielles, großes Dankeschön sein.« Assauer schluchzt. Um drei Uhr früh hält er mit vibrierenden Lippen seine Rede. Fünf Eurofighter, die 1997 mit dem Gewinn des UEFA-Cups Vereinsgeschichte geschrieben haben, verlassen den Verein oder beenden ihre Karriere: Olaf Thon, Jiri Nemec, Michael Büskens, Yves Eigenrauch und Youri Mulder.

»Es tat mir wirklich weh, Leute zu verabschieden, an die ich mich gewöhnt hatte, die für mich Weltklasse waren. Ich war stolz auf die Jungs, bedankte mich. Sie hatten Großartiges für den Verein geleistet und daher auf Schalke immer eine Heimat.«

Den Pokal muss Assauers Sekretärin Sabine Söldner bewachen. Stevens sagt zu ihr: »Nehmen Sie den Pokal nach Ende der Party bitte mit – und stellen sie ihn im Hotelzimmer auf Ihren Nachttisch. Dann ist er sicher.« Söldner legt den Pokal neben sich ins Bett. Sicher ist sicher. Die Nacht übersteht der Pott dann auch ohne Probleme, die Feierlichkeiten am nächsten Tag in Gelsenkirchen jedoch nicht. Denn Assauer gleitet das gute Stück während des Triumphzuges durch die Stadt aus den Händen und kracht von einem Tieflader hinunter auf den Asphalt. Ein teures Malheur. Die Generalüberholung dauert fünf Monate und kostet 34 000 Euro.

»Ich wollte den Pokal vom Festwagen zu den Fans herunterreichen, damit die mal anfassen konnten. Und Schwupps, war er unten. Ist ja sechs Kilo schwer,

der Pott. Das war natürlich keine Absicht, kann aber mal passieren. Das Ding hatte 'ne dicke Beule und sah danach aus wie der schiefe Turm von Pisa. Im Sommer 2011 haben die Stars von Real Madrid mir das nachgemacht bei ihrer Pokalparty, da ist sogar der Bus drübergerollt. Die Reparaturkosten habe ich aus eigener Tasche bezahlt.«

Zuvor stellen die Schalker den schiefen Pokal einige Wochen im Vereinsmuseum aus. Wilhelm Nagel, der 1964 die Trophäe entworfen und gefertigt hatte, findet die ganze Sache im Mai 2002 nicht so lustig: »Der Pott war total demoliert – verzogen, verbogen und verbeult. Ich musste die verbogenen oberen Ringe austauschen, den krummen Sockel entbeulen, die Seiten entdellen, Bergkristalle und Turmalien neu einsetzen. 700 Arbeitsstunden hat die Reparatur gedauert.« In seiner Wut schimpft der Kölner Goldschmied damals: »Mit Rudi Assauer will ich nie mehr reden. 38 Jahre lang ist nichts passiert, und dann das.«

»Damals sagte ich leicht arrogant: ›Wenn wir den Pott gewinnen, haben wir die Möglichkeit, ihn wieder kaputt zu hauen. Den geraden Pokal wollen die Fans bei uns im Museum sowieso nicht sehen.‹ War nicht so nett von mir.«

Unter anderem wegen solcher Aussagen sagt Dortmunds Manager Michael Meier einmal über den Schalke-Manager: »Ich habe Herrn Assauer nie als Kaschmirproleten bezeichnet. Ich habe Herrn Assauer Kaschmirhooligan genannt.«

Nach dem Abschied von Huub Stevens im Mai 2002 hat Assauer kein glückliches Händchen mehr. Mutig setzt er auf den jungen und unerfahrenen Frank Neubarth als Trainer. Vor Weihnachten ist dessen Saison jedoch beinahe schon beendet. Im Dezember scheitert der Titelverteidiger im Pokal-Achtelfinale im Elfmeterschießen am FC Bayern und in der dritten Runde des UEFA-Cups sensationell mit einem 1:4 in der heimischen Arena gegen Wisla Krakau. Eine Blamage. Marc Wilmots, der in jener Saison noch zehn Bundesligaspiele absolvierte, wird daraufhin von Assauer am

26. März 2003 als Nachfolger von Neubarth in die Verantwortung genommen. Der Trainernovize führt Schalke auf Rang sieben. Assauer ändert nun den Kurs und verpflichtet für die kommende Saison Jupp Heynckes, einen Mann mit Erfahrung.

»Zuvor hatte ich damals mit Louis van Gaal verhandelt, eigentlich wollte ich den nächsten Niederländer nach Schalke holen. Der hatte gerade sein zweites Engagement beim FC Barcelona hinter sich. Van Gaal ist ein Trainer, der sehr viel Wert auf Disziplin legt. Die Bayern haben ja später erlebt, wie er ist: Auf dem Trainingsplatz immer unter Strom, schreit wie ein Bekloppter herum. ›Stopp!‹, brüllt er, wenn ihm etwas nicht passt, und dann geht er auf den Spieler los, der einen Fehler gemacht hat: ›Wie kannst du nur!‹ Mit seiner verrauchten Stimme und seiner Art kommt er immer sehr hart rüber. Das alles hätte ich mir gut für Schalke vorstellen können. Mit van Gaal war in den Gesprächen eigentlich schon alles klar, er hätte sogar in seiner Heimat wohnen bleiben und täglich nach Gelsenkirchen pendeln können. Doch irgendwie scheute er den Job bei Schalke. Er glaubte, wir hätten uns mit der Arena verausgabt und könnten nicht in Neuzugänge investieren. Na ja, die Bayern hatten ja später ihren Spaß mit ihm.«

Heynckes führt die Schalker zu Beginn der Saison 2003/04 über drei UI-Cup-Runden doch noch in den UEFA-Cup, dort ist dann aber in der zweiten Runde gegen Bröndby Kopenhagen Feierabend. Der Glanz der Eurofighter verblasst endgültig. Im Pokal kommt das Aus ebenfalls früh, ebenfalls in der zweiten Runde. Und in der Bundesliga stagniert man im Mittelmaß, wird Siebter. Das Klima zwischen Assauer und Heynckes verschlechtert sich von Woche zu Woche, dennoch hofft man in der Saison 2004/05 auf eine professionellere Zusammenarbeit. Wieder gelingt über drei K.-o.-Runden im UI-Cup der Einzug in den UEFA-Pokal. Nach drei Niederlagen aus den ersten vier Bundesligaspielen muss Heynckes dann, damals 59 Jahre alt, gehen. Das Fass zum Überlaufen bringt ein 0:3 in Wolfsburg. Assauer entlässt daraufhin Heynckes.

»Für Heynckes hatte ich damals im Affekt nur hämische Worte übrig: Der Jupp ist ein Fußballer der alten Schule, aber wir haben 2004.«

Für zwei Wochen wird der Niederländer Eddy Achterberg Übergangstrainer, bevor Ralf Rangnick am 28. September 2004 übernimmt und dem Verein die erfolgreichste Zeit seit Huub Stevens beschert. Während der Pressekonferenz zur Vorstellung des neuen Trainers rutscht Assauer ein ›Rolf‹ anstelle des Vornamens Ralf heraus.

»Ich wollte mich entschuldigen, doch die Reaktion auf meinen Spruch ›Es gibt so viele Trainer, die kommen und gehen. Irgendwann vergisst du mal die Vornamen‹ fiel heftig aus.«

Rangnick stabilisiert die Mannschaft, die auf Rang 17 steht, als er das Erbe von Heynckes antritt. Der Trainer mit dem Spitznamen »Fußballprofessor« führt die Königsblauen in die Spitzengruppe, am 25. Spieltag steht die Truppe sogar ganz oben auf Platz eins. Am Ende wird Schalke Vizemeister hinter dem souveränen FC Bayern. Im DFB-Pokal erreicht man das Finale von Berlin, aber auch da sind die Bayern zu stark – 1 : 2. Ein Teilerfolg ist das Überwintern im UEFA-Cup, erst gegen Schachtar Donezk kommt das Aus im Februar 2005.
Wie unter Jupp Heynckes kommt die Krise auch bei Ralf Rangnick im zweiten Jahr – und das, obwohl der Trainer für den ersten Nachtrag auf dem Briefkopf des Vereins seit drei Jahren sorgen kann. Im Sommer 2005 sichert man sich durch ein 1 : 0 gegen den VfB Stuttgart den Ligapokal. Die Differenzen zwischen Assauer und Rangnick nehmen stetig zu, obwohl es sportlich ordentlich läuft. In der Liga nie schlechter als Rang sechs und immer in Reichweite der Champions-League-Plätze – und dennoch wird der Graben immer tiefer. Das 0 : 6 in der zweiten Pokalrunde bei Eintracht Frankfurt ist eine Schmach, dagegen verläuft die Vorrunde in der Champions League in einer Gruppe mit Eindhoven, Fenerbahce Istanbul und dem AC Mailand eher unglücklich. Man scheidet aus. Die Situation eskaliert im Dezember,

als Rangnick aufgrund der Differenzen über Arbeitsstil und Trainingsme-
thoden seinen Abschied zum Saisonende im Sommer 2006 verkündet. Der
Coach begründet seinen Schritt so: »Es war von Anfang an schwierig, nach
außen glaubhaft zu machen, dass wir gut zusammenarbeiten können – der
Professor Rangnick und der volksnahe Rudi Assauer, der Junge aus dem
Ruhrgebiet.« Bereits vor dem 1 : 0 gegen Mainz am 10. Dezember lässt sich
der 47-Jährige von den Fans in der Veltins-Arena auf einer denkwürdigen
Ehrenrunde feiern. Die Vereinsführung ist brüskiert, weil Rangnick damit
die Bosse zu den bösen Buben macht. Eine Ehrenrunde eines Trainers, der
von sich aus ein halbes Jahr später Schluss machen will und dem nun öffentlich gehuldigt wird, kann man sich nicht gefallen lassen. »Wenn ich könnte,
würde ich es rückgängig machen«, sagt Rangnick am Tag darauf, »aber ich
konnte nicht anders, da ich mich bei den Fans bedanken wollte. Ich kann
verstehen, dass einige Spieler und der Vorstand das als Provokation aufgefasst
haben, aber für mich war das eine absolut emotionale Ausnahmesituation.«
Für Assauer ist dies eine reine Provokation, daher entlässt er Rangnick am
Sonntag nach dem Mainz-Spiel.

*»Uns blieb damals nichts anderes übrig. Es gab Dissonanzen, die nicht mehr
zu beheben waren. Und diese Ehrenrunde hatte das Fass zum Überlaufen gebracht.«*

Torwarttrainer Oliver Reck übernimmt daraufhin die Mannschaft über-
gangsweise, bis Assauer am 4. Januar 2006 Mirko Slomka, den Assistenten
von Rangnick, zum Cheftrainer ernennt. Mit Slomka erreicht Schalke das
UEFA-Cup-Halbfinale und scheitert im Rückspiel beim FC Sevilla erst in der
Verlängerung. In der Bundesliga führt Slomka – zunächst eine Verlegenheits-
lösung, dann Erfolgstrainer – die Knappen auf Rang vier und sichert damit die
Teilnahme am UEFA-Cup. Das 3 : 2 der Schalker zum Saisonausklang gegen
den VfB Stuttgart am 13. Mai 2006 ist dann das letzte Spiel, das Assauer in
seiner Arena als Manager des FC Schalke erlebt. Sand, Bordon und Waldoch
treffen – seine Transfers. Vier Tage später klingelt es nachts an seiner Tür.

10. Meine Transfergeschichten

»Von Teenie Thon bis Kampfsuse Möller«

»Als ich noch Schalke-Manager war, kam ich eines Abends spät aus dem Büro nach Hause, habe mich aufs Sofa gelegt und noch ein bisschen rumgezappt. So sah ich durch Zufall, wie ich als 19-Jähriger über den Platz gehopst bin. Der WDR zeigte alte Bilder aus meiner Zeit bei Borussia Dortmund, irgendein Bundesligaspiel. Ich habe mir gedacht: Hoffentlich guckt jetzt keiner unserer Spieler zu, sonst kommt der morgen ins Büro und sagt: ›Manager, erzähl mir keine Scheiße mehr vom Fußball von früher.‹ Denn wir haben damals unglaublich langsam gespielt. So langsam, dass das heute so aussieht, als würde alles in Zeitlupe gezeigt werden. Stoppen, schauen, spielen. So war das damals. Stoppen, schauen, spielen. Diese Anweisungen von Dettmar Cramer, meinem damaligen Auswahltrainer, werde ich nie vergessen. Heute würde man in diesem Tempo keinen Ball zum Mitspieler bekommen. Aber wir konnten mit der Kugel umgehen – und das nicht schlechter als die heutige Generation. Es gab auf Schalke einen Wettbewerb, den ich nie verloren habe: Lattenschießen. Eines Tages sagte ein Spieler, dass er aus 16 Metern häufiger die Latte treffen würde als ich. Er hat es nicht geschafft und keiner nach ihm. Obwohl manche trainiert haben wie die Irren.«

Rudi Assauer hat unzählige Verhandlungen mit Spielern, Beratern und anderen Bundesligamanagern geführt. Das Kerngeschäft ist der Handel: einkaufen, verkaufen, ausleihen. Die ganze Palette des Pokerns. Man braucht Mut, Geschick und Gespür sowie eine Portion schauspielerisches Talent.

»Etwa dann, wenn ich einen Profi unter Vertrag genommen hatte, es aber nicht bekannt geben durfte. Oder wenn ich mit jemandem verhandelte und der Spieler auch für andere Klubs interessant war. Also sagte ich den Reportern mit einer Ernsthaftigkeit, die echt rüberkommen musste: ›Mit dem Spie-

ler habe ich nicht gesprochen.< Oder bei einem Riesenkrach im Klub. Wenn das jemand mitbekam, musste ich schauspielern und unwissend tun: >Was für ein Krach? Die haben sich doch nur ein paar Worte an den Kopf geschmissen.< In solchen Situationen ist man in eine Rolle geschlüpft, weil wir den Medien nicht zu jedem Zeitpunkt die Wahrheit sagen konnten. Ich habe dann nicht die Unwahrheit gesagt, sondern nur versucht, die Wahrheit zu ummanteln.«

Im Business Fußball ist das mit der Wahrheit so eine Sache. 1981, als Assauer aus Bremen direkt zum FC Schalke wechselt, managt er wochenlang sowohl den Zweitligisten Werder als auch den Bundesliga-Abstiegskandidaten Schalke – im Hintergrund, nur die jeweiligen Präsidenten wissen davon. So verpflichtet er eines Tages am frühen Morgen in Berlin den Japaner Yasuhiko Okudera für Werder und nachmittags bei einem Treffen in Köln den Bayern-Profi Norbert Janzon für Schalke. Ein Doppelpack in Doppelfunktion. Heutzutage undenkbar. Doch Assauer hat bei Transfers eben das gewisse Etwas. In Phase eins, der Akquise, dem Sichten und Entdecken von Talenten sowie passenden Profis, sowie in Phase zwei, den Verhandlungen.

»Auf mein Näschen bei Spielern konnte ich mich fast immer verlassen, das hat mich selten getäuscht. Ich habe meist ein Video oder eine DVD bekommen, mir den Kandidaten angesehen. Und wenn der Knabe die erste Hürde übersprungen hatte, habe ich ihn mir live angeguckt. Wenn ich irgendwo hingefahren bin, um einen Spieler im Stadion zu beobachten, oder wenn einer im Probetraining war, habe ich meist nur ein paar Minuten, weniger als eine Viertelstunde, gebraucht, um zu wissen: Der kann was oder nicht, das wird einer oder eben nicht. Das habe ich auch dann immer allen Beteiligten sofort mitgeteilt – offenes Visier, direkt ins Gesicht: >Der Junge kann was.< Oder: >Lassen wir es lieber bleiben.< Ich habe mich selten getäuscht.«

Für Andreas Müller, Assauers Managerazubi in den Jahren von 2000 bis 2006, ein Phänomen. Die Fähigkeit zur Früherkennung behält Assauer auch während der Verhandlungen. »Was Rudi wie keinen Zweiten auszeichnete, war sein Gespür, seine Nase«, erinnert sich Müller, »er hat bei Gesprächen oder Verhandlungen nach ein paar Minuten gesagt: Mit diesem Berater geht es, mit jenem nicht. Mit diesem Manager funktioniert es, mit jenem nicht. Und auch was Gesprächstaktiken betrifft, habe ich viel von ihm gelernt: Man muss ja auch mal ohne Ergebnis auseinandergehen. Um der anderen Seite zu zeigen: Meine Herren, das ist unser Standpunkt. Bis hierhin und nicht weiter.«

Eine Zeit lang hat das Duo bei Schalke absolute Machtbefugnisse, was Transfers betrifft. Größere Ausgaben bis zu einer Summe X lassen sie sich von einem Eilausschuss des Aufsichtsrats mit dem Vorsitzenden Clemens Tönnies an der Spitze und einem weiteren Mitglied absegnen. Nur mit Trainer Huub Stevens arbeitet Assauer in all den Jahren beim FC Schalke ähnlich eng und effektiv zusammen. »Rudi und ich haben uns immer ausgetauscht, da war ein ganz enger Draht«, erzählt Müller und erinnert sich an die fachlichen Übereinstimmungen noch während seiner aktiven Zeit: »Schon damals hatten wir oft deckungsgleiche Gedanken zu diesem oder jenem Spieler. Als ich 33, 34 Jahre alt war und mein Knie schon nicht mehr so mitmachte, bot er mir an, die Zweite Mannschaft oder die A-Jugend zu trainieren. Ich hatte zwar 1991 den A-Schein der Trainerlizenz gemacht, die rechtlichen Voraussetzungen waren also da. Aber Trainer zu werden war nicht mein Ding. Mein Lebensplan sah eigentlich vor, mit 36 Jahren zurück in die schwäbische Heimat zu gehen. Doch Rudi hat mich überredet, bei Schalke zu bleiben. Also habe ich schon in meiner letzten Saison als Spieler, in der ich nur noch Stand-by-Profi war, zwei-, dreimal pro Woche in der Geschäftsstelle reingeschaut.«

»Den Managerjob, den kannste nicht lernen, das kann man nicht studieren – höchstens learning by doing. Der Andy hat sich mit in mein Büro gesetzt und einfach mal zugehört, um ein Gefühl dafür zu bekommen, wie der Alte das so macht, wie er so telefoniert und verhandelt. Auch bei Gesprächen mit Spielern, Beratern und Sponsoren war er hin und wieder dabei. Die Jungs aus der Mannschaft haben das akzeptiert. Nicht, dass da einer auf den Gedanken

*kam, der Müller wäre ein Spitzel vom Assauer. Den meisten Spielern von heu-
te kannste kein X fürn U vormachen. Zu meiner aktiven Zeit waren wir alle
Malocherkinder. Heute haben in der Mannschaft mehr als die Hälfte Abitur,
einige sogar ein Studium begonnen. Die Gespräche untereinander besitzen
eine andere Qualität, da wurde in der Kabine auch mal über die große Welt-
politik diskutiert. Die heutige Generation hinterfragt alles, jede Entscheidung.
Früher hat man jemandem in den Hintern getreten, wenn er nicht spurte.
Danach hat er wieder das getan, was er sollte. Heute muss man den Spielern
viele Fragen beantworten. Das Lieblingswort heißt: warum.«*

Müller bekommt nach seiner Einarbeitung ein eigenes kleines Zimmer auf
der Geschäftsstelle, direkt neben Assauers Büro. »Aber im Grunde saßen
wir immer zusammen«, sagt Müller, »wir hatten unendlich viel Spaß, damals war es so, dass wir mehr Zeit miteinander verbracht haben als mit unseren Familien. Wie oft und wie lange wir gemeinsam im Auto saßen oder
im Flieger zu Verhandlungen – irre.«

Der erste Transfer, den Müller anstößt, bricht gleich einen Rekord. Emile
Mpenza ist im Januar 2000 Schalkes bis dato teuerster Einkauf der Vereinsgeschichte. Müller erzählt: »Wir wollten eigentlich Bart Goor verpflichten, den belgischen Linksverteidiger vom RSC Anderlecht. Daher bin ich
zu einem Spiel gereist und habe ihn beobachtet. In dieser Partie ist mir
Mpenza vom Gegner Standard Lüttich aufgefallen. Ich habe Rudi angerufen und gesagt: ›Vergiss den Goor, wir müssen den Verrückten da vorne
holen, den Mpenza. Der ist eine Rakete.‹ In der Winterpause kam er dann
für 17 Millionen DM Ablöse – ein ganz schön hohes Risiko. Rudi sagte zu
mir: ›Wenn das schiefgeht, ziehe ich dir die Ohren lang!‹ Zum Glück ist
Mpenza wie eine Bombe eingeschlagen, bildete ein phänomenales Sturmduo mit Ebbe Sand.«

Nach dreieinhalb Jahren und zwei Titeln mit den beiden DFB-Pokalsiegen
2000 und 2001 wechselt Mpenza zurück zu Standard Lüttich.

Der erste Transfer, den Assauers Azubi Müller mit allem Drum und Dran
selbst abwickelt, ist dann der von Stürmer Mike Hanke 2005 zum VfL

Wolfsburg. »Damals war Thomas Strunz Manager in Wolfsburg, den kannte ich gut, mit dem kam ich gut klar«, erinnert sich Müller, »also habe ich Rudi gebeten: ›Lass mich mal.‹ Ich habe immerhin 3,5 Millionen Euro Ablöse für Hanke rausgeholt.«

Natürlich klappt nicht immer alles. Transfers scheitern in letzter Sekunde oder gelingen dank eines Anrufs doch noch. Wie dicht Erfolg und Misserfolg beieinanderliegen, erfährt das Duo Assauer/Müller im Sommer 2005. Während die Bundesliga über deren Coup staunt, Nationalstürmer Kevin Kuranyi vom VfB Stuttgart zu Schalke zu holen, arbeitet Assauer parallel an einem weiteren Transfer.

»Zusätzlich planten wir, den Weißrussen Aliaksandr Hleb vom VfB zu holen, einen ganz feinen Kicker – im Doppelpack mit Kuranyi. Wir wollten schon den Vorvertrag aushandeln mit Hlebs Berater Roger Wittmann, aber das ist dann kurz vor knapp alles noch geplatzt. Der Transfer war als Gesamtpaket finanziell nicht machbar, Hleb ist zu Arsenal London in die Premier League gewechselt, die konnte den Deal stemmen. Kuranyi und Hleb – das wäre eine schöne Bombe gewesen.«

Obwohl schon seit ein paar Jahren nicht mehr im Job und in der Verantwortung, trauert Assauer einem geplatzten Transfer heute immer noch nach. Es geht um Mark van Bommel, lange Jahre Kapitän der niederländischen Nationalmannschaft.

»Im Sommer 2004 wollten wir ihn unbedingt zu Schalke holen, er war Kapitän beim PSV Eindhoven. Mark ist ein absoluter Gewinnertyp, das hat er ja später beim FC Bayern bewiesen, und nicht zuletzt deshalb hat er im Januar 2011 einen Vertrag beim AC Mailand bekommen. Wir sind damals zu Gesprächen mit ihm und seinem Berater nach Eindhoven gefahren. Sein Schwiegervater Bert van Marwijk, der spätere Nationaltrainer der Holländer, saß auch am Tisch. Wir waren uns mit Mark einig, er wollte zu uns. Es ging nur noch um die Höhe der Ablösesumme, sein Vertrag lief ja noch ein Jahr. Wir

haben fünf Millionen Euro geboten, die Herren vom PSV wollten sechs. Diese Summe war für uns illusorisch.«

Andreas Müller ist bei den Verhandlungen natürlich dabei. Als das Geschäft im Streit um die Ablöse zu platzen droht, wird Assauer deutlich. »Ich weiß noch genau, wie Rudi in seiner für ihn typischen Art gesagt hat: ›Okay, Leute. Wir bieten jetzt fünf Millionen plus einen Euro, fertig.‹ Das hat die Holländer wohl brüskiert – das war's dann.« Auf diese Weise hat der PSV eine Menge Geld verloren, da van Bommel noch ein Jahr dort geblieben und dann 2005 ablösefrei zum FC Barcelona gegangen ist.

»Man muss manchmal einfach hart sein und, wenn es nicht passt, sagen: Danke und auf Wiedersehen! Schade, denn ich mochte und mag Mark. Auf dem Platz ist van Bommel ein kleines Schwein, das ist nicht böse gemeint. Seine Position als Sechser beherrscht er perfekt, wenn du so einen in der Mannschaft im defensiven Mittelfeld drinhast, dann ist das die halbe Miete. Mark ist ein Riesenkerl. Wenn wir uns irgendwo sehen, dann kommt er sofort an und fragt: ›Hey, Assi. Alles klar? Wie geht's?‹«

Besonders gute Erinnerungen hat Assauer an den Coup mit Christian Poulsen im Dezember 2001. Für den Dänen vom FC Kopenhagen wird erneut der bisherige Schalker Transferrekord gebrochen. Rund 20 Millionen Mark kostet der Mittelfeldspieler, der einen Vertrag bis Juni 2006 unterzeichnet – jedoch eigentlich von Dortmunds Manager Michael Meier als BVB-Zugang eingeplant ist.

»Poulsen hatte wohl fest zugesagt bei Borussia Dortmund, das wusste ich jedoch nicht. Ich habe ihn beim UEFA-Cup-Spiel der Dortmunder in Kopenhagen gesehen und in der Halbzeitpause über Handy Andreas Müller angerufen. Ich sagte: ›Andy, das ist er! Den holen wir!‹ Andy antwortete mit bedrückter Stimme: ›Das wäre er gewesen. Soweit ich weiß, ist der schon fix in Dortmund.‹ Für das Rückspiel 14 Tage später in Dortmund war Poulsen

wegen einer Gelben Karte gesperrt, trotzdem kam er mit ins Ruhrgebiet. Ich habe alle Hebel in Bewegung gesetzt, und so trafen wir uns mit der Vereinsführung von Kopenhagen und Poulsens Berater zu Geheimverhandlungen in einem der Konferenzräume unserer Arena. Das war eine heiße Kiste, alles stand Spitz auf Knopf. Ich weiß noch, wie es Andy Müller heiß und kalt wurde, als die Dortmunder Macher Meier und Zorc während unserer Gespräche immer wieder bei den Kopenhagenern auf dem Handy anriefen. Die wollten wissen, wo die Herren denn seien, schließlich waren die Verträge nach der mündlichen Zusage schon vorbereitet worden. Da mussten wir handeln und haben finanziell noch etwas draufgelegt. In zwei, drei Stunden wurden wir uns handelseinig. Das war natürlich ein Schlag ins Gesicht für die Dortmunder, denen haben wir ein schönes Schnippchen geschlagen. Meier war sauer auf die Berater und die Dänen – nicht auf uns, so etwas gehört zum Geschäft. Aber so ist es eben: Mal packst du es, mal bist du selbst dran.«

Und manchmal muss man sogar eine Freundschaft riskieren wie im Falle der beiden Bremer Ailton und Krstajic, die Assauer 2004 von seinem Ex-verein nach Gelsenkirchen lockt. Nicht die ersten Abwanderer Richtung Schalke in Assauers Ära. Zuvor sind schon die Torhüter Oliver Reck im Jahr 1998 und Frank Rost vier Jahre später übergelaufen.

»Als wir 2004 den Brasilianer Ailton und Mladen Krstajic ablösefrei zu Schalke holten, gab es richtig Theater mit Werder. Dabei hatte ich meinen Freund Franz Böhmert, den mittlerweile leider schon verstorbenen Präsidenten und Aufsichtsratschef der Bremer, angerufen und ihn gewarnt: ›Franz, wir wollen zwei deiner Jungs.‹ Hat er mir nicht geglaubt. Für mich war das schwierig, weil wir seit über 30 Jahren gut befreundet waren, doch Franz war schon länger raus aus dem operativen Geschäft. Er wusste nicht, mit welch harten Bandagen auf dem Markt gekämpft wurde. Ich verstand seine Enttäuschung. Am Telefon schrie er mich an: ›Du hast mein Lebenswerk zerstört.‹ Das war alles nicht so einfach – auch für mich nicht. Dabei wollte ich nur meinen Job machen.«

Weil die Schalker Verantwortlichen mit Ailton und Krstajic über ein Jahr vor deren Vertragsende gesprochen haben sollen, ohne die Bremer Vereinsführung zuvor davon in Kenntnis zu setzen, will die Deutsche Fußballliga ein Ermittlungsverfahren einleiten. Es droht eine Geldstrafe in Höhe von 250 000 Euro.

»Der Vorwurf stimmte hinten und vorne nicht. Die Berater der beiden Spieler wandten sich an uns, weil Werder sie immer wieder vertröstet hatte. Bei Ailton zum Beispiel sind, soweit ich mich erinnere, sechs Gesprächsrunden ergebnislos verlaufen. Da sind wir eingestiegen und haben beide Fälle ruck, zuck gelöst. Die Bremer, vor allem Manager Klaus Allofs, waren natürlich enttäuscht – aber doch wohl mehr darüber, dass sie zwei so wichtige Stützen ihrer Mannschaft verloren hatten. Ich hatte jedoch kein Verbrechen begangen, niemandem etwas gestohlen. Es ist eben ein Fehler, mit Topspielern nicht schon ein Jahr vor Vertragsende zu verlängern. Die Bremer haben schlicht geschlafen. Eine Regel, die ich gelernt habe, ist: Willst du einen Spieler halten, dann musst du den Vertrag auf Biegen und Brechen vorzeitig verlängern – wer dann kommt, muss richtig bluten, also eine dicke Ablösesumme bezahlen. Dass man andererseits interessante Spieler auf welchem Weg auch immer schon vor Vertragsende mal kontaktiert, macht doch jeder Verein, da kann mir keiner was erzählen.«

Besonders das Spiel mit den Beratern gilt es zu beherrschen.

»In der Spielerberaterbranche gibt es viele Scharlatane, aber auch vernünftige Leute. Aber das Problem war immer folgendes: Wir haben im Verein über die Jugendmannschaften Leute ausgebildet, von der Pampers-Liga bis nach ganz oben, aber die holen sich bei ihrem ersten Profivertrag einen Berater, der mit dem Jungen vorher nichts zu tun hatte. Als Manager musste ich die jungen Leute aufbauen und sie schützen – vor sich selbst und vor ihren Beratern. Wenn junge Kicker plötzlich mit dicken Autos vorgefahren sind, habe ich sie zur Seite genommen und gesagt: ›Kommst du noch einmal mit dem Wagen durch das Einfahrtstor, dann bestelle ich die Schrottpresse.‹ Das wirkt.«

Richtig danebengegriffen bei Transfers hat Assauer natürlich auch. Einer seiner größten Flops ist der Türke Hami Mandirali.

»Bei ihm hab ich mich aber so richtig vertan. Hami ist uns in den Duellen gegen Trabzonspor im UEFA-Cup der Saison 1996/97 aufgefallen. Seine Position war das offensive Mittelfeld, ein wunderbarer Techniker, in beiden Partien mit Abstand der beste Mann auf dem Platz – den wollten wir unbedingt haben, der Mann war ja eine Sensation. 1997 klappte Mandiralis Wechsel noch nicht, aber ein Jahr später haben wir ihn verpflichtet – für schlappe sieben Millionen DM. So viel Geld hatte der FC Schalke bis zu diesem Tag noch nie an Ablöse bezahlt. Allein die Verhandlungen stellten sich als Abenteuer heraus. Der Junge hatte Tausende Berater, jeder wollte was – mitmischen oder Kohle haben. Wir haben es trotzdem durchgezogen. Ich habe mich noch zu dem Spruch verleiten lassen, der mir dann lange nachhing: >Hami möchte der erste Türke sein, der sich im Ausland durchsetzt.< Er war ein feiner Kerl, aber es lief sportlich nicht bei ihm, auch beim Schalker Publikum kam er nicht an. Ihn plagte Heimweh, sein Vater starb – ein schwerer Schicksalsschlag. Ich erinnere mich noch, dass wir ihm zu Hilfe sogar den Amateurspieler Ünal Alpugan in die erste Mannschaft hochgezogen haben, einen Landsmann als Dolmetscher. Und was passierte? Der Amateur Alpugan kämpfte sich in die Stammelf. Wir haben gemerkt: Es macht keinen Sinn mehr mit Hami. Und der jammerte immer, er könne nicht der Hami aus der Türkei sein mit allen Freiheiten im Spiel. Das gab's bei Huub Stevens natürlich nicht, da musste er auch defensiv malochen – das kannte er nicht. Nur drei Tore in 22 Spielen, das war zu wenig. Schon am Ende der ersten Saison bat er mich, ihn aus dem Dreijahresvertrag herauszulassen. Ich war einverstanden. Er wechselte zurück zu Trabzonspor, in seine Heimat ans Schwarze Meer. Immerhin 4,5 Millionen DM haben wir noch bekommen beim Rücktransfer – alles in allem aber für uns 'ne teure Nummer.«

Als Assauers Königstransfers gelten Olaf Thon und Andreas Möller, den er im Jahr 2000 direkt vom Erzrivalen Borussia Dortmund verpflichtet. Thon

wird dank Assauer sogar zweimal Schalker. Er entdeckt den Teenager Anfang der 80er und holt ihn 1994 vom FC Bayern zurück.

Thon ist Schalker durch und durch. Ein Kind des Ruhrgebiets wie Assauer – nur aus einer anderen Zeit. Ab Anfang der 80er-Jahre ist das tradi-
tionelle, industriell geprägte Ruhrgebiet in seiner ursprünglichen Form
nicht mehr das, was es während Assauers Jugend war. Die Industrieanlagen
schrumpfen nach und nach, es setzt ein Strukturwandel von der Produk-
tions- zur Dienstleistungsgesellschaft ein. Die maroden, verdreckten Stra-
ßen und Hinterhöfe werden nach und nach saniert, Städte wie Gelsenkirchen dadurch aufgewertet. Als Rudi Assauer ein Kind war, konnte er noch
auf der Straße kicken – zu viele Autos gab es ja nicht. 30 Jahre später in den
80ern gibt es diese Hinterhöfe kaum noch, in denen auf grobem Aschenbe-
lag oder auf Kopfsteinpflaster gebolzt wird. Die Garagenhöfe sind asphal-
tiert und Grünanlagen errichtet, stattdessen werden nun Bolzplätze gebaut.
Und die Fußballvereine suchen gezielt nach Talenten, dem Zufall wird immer weniger überlassen.

In diesem neuen Milieu wächst Olaf Thon auf, der am 1. Mai 1966 in Gelsenkirchen, Stadtteil Beckhausen, geboren wird. Mit sechs Jahren beginnt
er im Verein seines Vaters, dem STV Horst-Emscher, mit dem Kicken. Am
Sportplatz an der Braukämperstraße spielt man auf roter Asche, die Andenken daran kann er immer noch betrachten. »Ich hatte die Seiten meiner Beine regelmäßig offen, darum sehen die bis heute sehr dunkel aus. Bei
Endspielen um die Kreismeisterschaft gegen Schalke durften wir auch mal
auf den Rasen. In den Partien wollte man auf sich aufmerksam machen,
darum hatte ich schon mit zehn, elf, zwölf einige Probetrainingstage bei
den Königsblauen.«

Als Thon 14 Jahre alt ist, meldet ihn sein Vater Günther, 1967 selbst Deutscher Amateurmeister, beim FC Schalke an, dort pöhlt man auf schwarzer
Asche. Je ein Jahr in der B- und A-Jugend, dann feiert der 17-Jährige, von
Rudi Assauer zu den Profis geholt, im August 1983 sein Zweitligadebüt –
als jüngster Spieler der Vereinshistorie. Nebenbei macht er bei den Stadt-
werken seine Ausbildung zum Hochdruckschlosser, die er nach einem Jahr

abbricht – eine Parallele zu Assauer, dem gelernten Stahlbauschlosser. »Es war Assauer, der mich ans Händchen genommen und beschützt hat und sich um meine ersten Mücken gekümmert hat«, erinnert sich Thon.

Auf Anhieb wird das Riesentalent Stammspieler und Leistungsträger im Mittelfeld. Sein Stern geht dann so richtig mit einer Partie auf, in der Thon nicht einmal als Sieger vom Platz geht: dem 6:6 nach Verlängerung im Halbfinale des DFB-Pokals gegen den FC Bayern München am Mittwoch, dem 2. Mai 1984, der vielleicht besten Pokalpartie aller Zeiten. An einem kühlen, diesigen Abend im Parkstadion macht Thon drei sagenhafte Treffer – einmal mit dem Kopf, einmal mit rechts, einmal mit links –, der letzte sichert in der Nachspielzeit der Verlängerung das Erreichen eines Wiederholungsspiels in München. Für den Zweitligisten ein riesiger Erfolg gegen den mit Stars gespickten Tabellenführer der Bundesliga, für Thon die Geburtsstunde seiner Karriere. Und das, nachdem er am Vortag erst 18 Jahre alt geworden ist. Ein ungünstiger Zeitpunkt. Die Volljährigkeit soll richtig gefeiert werden – doch wie? Da es am Dienstag unter Trainer Diethelm Ferner ins Trainingslager geht, wird beschlossen, am Montag reinzufeiern. Thon lädt Familie, Freunde, Mitspieler und Manager Assauer in die Gaststätte Zum Krug im Gelsenkirchener Stadtteil Beckhausen ein, nur einen Katzensprung von seinem Elternhaus entfernt. Es geht hoch her in der besseren Imbissbude. 80 Leute sind gekommen, und es wird reichlich Bier gezapft. Die Party zur Volljährigkeit fällt nur für einen dezent aus: den Jubilar. In der heutigen Zeit wäre ein Profi für so eine Aktion vom Verein für ein paar Spiele suspendiert worden.

Das Halbfinale beginnt zunächst schlecht für Schalke und standesgemäß für Bayern. Durch Tore von Karl-Heinz Rummenigge und Reinhold Mathy führt der Favorit nach nur zwölf Minuten 2:0. Die ersten Schalker Fans verlassen schon das Stadion und marschieren zu den Parkplätzen. »Ich habe in dem Moment gehofft: Oh mein Gott, hoffentlich verlieren wir hier nicht mit 0:8«, erinnert sich Thon. Doch dann folgt das erste Schalker Aufbäumen: Thomas Kruse trifft zum 1:2 und Thon zum Ausgleich nach

19 Minuten. Mit einer Körpertäuschung versetzt er Bayern-Libero Klaus Augenthaler und zieht mit rechts ins kurze Eck ab, Torwart Jean-Marie Pfaff ist geschlagen. Mittlerweile sind die Fans wieder zurückgekehrt. »Meine Spieler haben den doch gar nicht ernst genommen, diesen kleinen Kerl, der da herumlief«, erzählt Bayerns damaliger Trainer Udo Lattek wenig später, »das meine ich nicht despektierlich, sondern als Kompliment. Weil er mit dieser Körpergröße so effektiv gespielt hat. Thon war schnell, schusskräftig, kopfballstark. Das war unglaublich.«
Michael Rummenigge erhöht für Bayern nach nur 20 Minuten auf 3:2. Halbzeit.

»Unser Parkstadion besaß damals ein Fassungsvermögen von etwas mehr als 70 000 Zuschauern, aber wir hatten so viele Nachfragen, so viele Ticketwünsche – enorm. Ich glaube, am Ende waren rund 78 000 Menschen im Stadion, was natürlich nicht genehmigt war. Das Spiel verlief so mitreißend, dass es auf den Tribünen drei Herzinfarkte gegeben hat und ein Schalke-Fan aus Hamm leider verstorben ist.«

Nach einer Stunde gelingt Olaf Thon schließlich per Kopf das 3:3. In der Folge beginnt ein legendärer Schlagabtausch. Schalkes Peter Stichler erhöht auf 4:3, die erstmalige Führung für den Zweitligisten, doch Michael Rummenigge gleicht wieder aus. Verlängerung.

»Es wogte hin und her, das war ein unglaubliches Spiel. Erst waren die Bayern vorne, dann wir, dann konnten die Bayern wieder ausgleichen – irre. Von der Dramaturgie her war diese Partie mit Abstand das beste Spiel, das ich je in meiner Laufbahn gesehen habe. Und dann dieser Thon! Das Kopfballtor zum 3:3 war Weltklasse, wie er da hochging und den Ball, wupp, reinköpfte. Keiner der Bayern-Verteidiger hat auf ihn geachtet, weil die dachten: Ach, was will denn der kleine Furz hier? Will der etwa ein Tor machen?«

In der Verlängerung scheint Schalkes Torwart Walter Junghans zunächst zur tragischen Figur zu werden. Auf dem feuchten, glitschigen Rasen lässt er in der 112. Minute den Ball aus den Händen gleiten, Bayern-Stürmer Dieter Hoeneß kann ihn über die Linie stochern – 4:5. Die Schalker Verantwortlichen sind bedient.

»Ich hab das gar nicht richtig mitgekriegt, weil ich unten auf der Ersatzbank schon wieder woanders hingeguckt hatte. Ich dachte mir: Okay, der Walter pflückt die Flanke runter, hat das Ding sicher. Und, oh Gott, oh Gott, auf einmal war der Ball im Tor.«

Doch drei Minuten später gleicht Bernard Dietz erneut aus – 5:5. Der Wahnsinn geht weiter. Mit einem Konter erzielt Dieter Hoeneß zwei Minuten vor Ende der Verlängerung dann das 6:5 für Bayern. Das muss es jetzt doch gewesen sein. Nun gehen selbst die Optimisten unter den Schalker Fans Richtung Parkplatz. Man traut der eigenen Mannschaft jetzt nichts mehr zu. Viermal hat der Favorit geführt, nun muss er doch wohl als Sieger vom Platz gehen, oder?

Es läuft die 123. Minute, die Nachspielzeit der Nachspielzeit. Da hat Olaf Thon eine merkwürdige Begegnung: »Auf dem Platz kreuzte Schiedsrichter Wolf-Günter Wiesel nach einem Foul bei einem Freistoß plötzlich meinen Weg und rief mir zu: ›Komm, Olaf, ein letzter Angriff noch!‹ Das muss man sich mal vorstellen: Ein Schiedsrichter sagt so etwas zu einem Spieler! Wiesel hat das Spiel nicht verpfiffen, aber man hat einfach die Sympathien gespürt für diese Schalker Mannschaft.«

Der letzte Angriff des Spiels: Thon bekommt nach einem Abpraller im linken Teil des Strafraums den Ball und schießt ihn volley an Keeper Pfaff vorbei in die lange Ecke – 6:6. Das spektakulärste Tor zum Ende markiert den dramaturgischen Höhepunkt. Eine hollywoodreife Inszenierung. Für Thon geht es jetzt erst richtig los. Er wird von Mitspielern, Betreuern und Fans im Jubel beinahe erdrückt, dann auf Schultern von völlig entrückten Zuschauern durch das Parkstadion getragen. Es wird die wohl längste Ehrenrunde im deutschen Fußball. »Ich glaube, ich wurde rund 45 Minuten herumgereicht – tatsächlich waren es nur acht Minuten, wie man mir später sagte. Die Masse trug mich, es waren gefühlte 1000, aber wenn ich mir die Fotos anschaue, waren es doch nur 50 oder 100 Leute. Es lief alles wie in einem Film ab.« Mitten im Bad der Menge wird Thon am ZDF-Mikrofon live auf Sendung gefragt: »Stimmt es eigentlich, dass Sie den FC Bayern zu Ihrer Lieblingsmannschaft erkoren haben und dass Sie in Bayern-Bettwäsche schlafen?« Thon antwortet leicht verlegen, aber ehrlich: »Ja, das stimmt. Bayern war von Kindheit an mein Lieblingsverein. Aber jetzt spiele ich auf Schalke und schieße da meine Tore.« Seit er 1974, damals ein achtjähriger Knirps, das WM-Finale zwischen Deutschland und den Niederlanden im Fernsehen geguckt hat, ist er Fan von Siegtorschütze Gerd Müller und den Bayern.

In den Tagen nach dem 6 : 6 reißen die Lobeshymnen nicht ab, Gelsenkirchen hat seit den Zeiten von Ernst Kuzorra endlich wieder einen Helden. Dass die Schalker im Wiederholungsspiel in München mit 2 : 3 verlieren, gerät da zur Randnotiz. Der damalige Bayern-Trainer Udo Lattek schwärmt danach noch immer vom ersten Spiel: »Bei seinem Kopfballtor ist Thon in der Luft gestanden wie früher Uwe Seeler zu seinen besten Zeiten. Damals habe ich auf der Pressekonferenz nach der Partie gesagt: ›Wenn ich zehn Millionen DM zur Verfügung hätte, würde ich den Jungen am liebsten sofort mit nach München nehmen.‹« Erst vier Jahre später kommt es wirklich so. Thon wird Bayer, für vier Millionen DM Ablöse.

»Das Schöne an der Geschichte war: Von da an ging der Weg von Olaf Thon steil nach oben. Er hat eine tolle Karriere, eine Superkarriere gemacht. Am Anfang musste ich den jungen Olaf schützen, habe Interviews persönlich genehmigt oder untersagt, mich oft dazugesetzt. Olaf kam aus gutem Hause, er war nicht vorlaut, sondern wohlerzogen und manierlich. Als er mit 18 vom Mofa umsteigen und sich ein Auto kaufen wollte, habe ich geraten, auf einen kleinen BMW zu setzen, keinen PS-starken Flitzer zu nehmen. Die Leute sollten sehen: Der Thon hebt nicht ab.«

Dank eines 2 : 0 bei Fortuna Köln steigt Schalke am 20. Mai 1984 wieder in die Erste Bundesliga auf. Und dies vor allem dank Olaf Thon, des Mittelfeldregisseurs. Am 24. August 1984 bestreitet der 18-Jährige dann sein Debüt in der höchsten Spielklasse, es endet 1 : 3 in Mönchengladbach. Nach weiteren vier Monaten wird er von DFB-Teamchef Franz Beckenbauer in die Nationalelf berufen. Beim 3 : 2 der deutschen Elf im Dezember 1984 gegen Malta hat er seinen ersten Einsatz – als zweitjüngster Spieler in der Nationalmannschaft nach Uwe Seeler. Beckenbauer nennt ihn den Boris Becker des deutschen Fußballs. Mit 20 wird Thon, mittlerweile Schalker Kapitän, dann für die WM 1986 in Mexiko nominiert, kommt jedoch nicht zum Einsatz.

Schalkes Abstieg 1988 als Tabellenletzter kann jedoch auch Thon nicht verhindern. Doch die Ankündigung, dass der Gelsenkirchener Junge, längst Herz und Seele der Mannschaft, den Verein verlässt und ausgerechnet zum FC Bayern München wechselt, löst lähmendes Entsetzen bei allen Schalker Fans aus. Betreuer Charly Neumann liest dem Schalker Jung' wegen dieses Frevels die Leviten, sagt damals: »Wer auf Kohle geboren ist, kann nur auf Kohle spielen.«

Nach sechs Jahren und drei Meisterschaften mit dem FC Bayern holt Rudi Assauer Thon 1994 wieder zurück in seine Heimat – zum FC Schalke. Die Ablösesumme liegt bei rund 2,5 Millionen DM und kann von den hoch verschuldeten Schalkern in Raten gezahlt werden. Der verlorene Sohn kehrt zurück, der 28-Jährige erhält einen Zweijahresvertrag.

»Die Bayern mit Uli Hoeneß an der Spitze haben sich damals als sehr fairer Verhandlungspartner erwiesen und sind uns entgegengekommen. Dafür war ich ihnen sehr dankbar.«

·Der damalige Schalker Trainer Jörg Berger lässt den bei Bayern ausgemusterten Thon nun statt Mittelfeldregisseur immer häufiger Libero spielen. Thon geht als Kapitän der Eurofighter, die unter Trainer Stevens 1997 den UEFA-Pokal gewinnen, in die Vereinshistorie ein und holt zum Ende seiner

Karriere 2001 und 2002 jeweils den DFB-Pokal. Dann macht der Körper nicht mehr mit, nach 521 Pflichtspielen und 105 Toren hört er auf. Mit 52 Länderspielen ist er bis heute Schalkes Rekordnationalspieler vor Fritz Szepan (34). Trotz aller großen Erfolge steht für Thon dieses Pokalspiel, das legendäre 6:6, immer an erster Stelle. »Das Spiel war mit Abstand das schönste Erlebnis in meiner ganzen Karriere. Da können dann selbst der UEFA-Cup-Sieg und auch der Weltmeistertitel 1990 nicht mithalten. So ein Fußballspiel wie jenes 6:6 erlebt mancher Profi nie. Ich sage oft im Scherz: Wenn ich das gewusst hätte, dann hätte ich damals sofort aufhören müssen.«

»Als er im Januar 2003 sein Abschiedsspiel gegen die Bayern in der Arena Auf Schalke bestreitet, lassen wir ihn in die Schalker Ahnengalerie aufnehmen. Für mich etwas ganz Besonderes, da ich ihn ja 20 Jahre zuvor auf einem Ascheplatz zum ersten Mal gesehen hatte. Ich sagte damals zu ihm: ›Olaf, du wirst jetzt in einem Atemzug genannt mit Ernst Kuzorra, Fritz Szepan und Stan Libuda.‹ Er war auf Kohle geboren und ist zurückgekehrt. Schalke 04 hat ihm viel zu verdanken.«

Und Thon hat Assauer viel zu verdanken, dennoch kommt es später zum Zerwürfnis. Olaf Thon möchte nach dem Ende seiner Karriere als Spieler eine Führungsaufgabe im sportlichen Bereich übernehmen, doch Assauer hält den einstigen Publikumsliebling kurz. Thon darf im Klub nur repräsentative Aufgaben übernehmen. 2005 lässt Thon sich dann in den Schalker Aufsichtsrat wählen, der im Jahr darauf Assauer aus dem Amt drängt. In der Abstimmung über Assauer votiert auch sein einstiger Profiteur gegen ihn.

»Damals wurden Intrigen gespielt. Es war nicht mehr auszuhalten. Das werde ich ihm nie verzeihen. Olaf hat hinter meinem Rücken massiv Stimmung gemacht. Ausgerechnet gegen mich, der ihn seit seinem 14. Lebensjahr gefördert hat. Die Art und Weise, wie er öffentlich mehr Kompetenzen und einen für ihn adäquaten Job gefordert hat, war für mich inakzeptabel. Damit hat er sich geschadet. Ein Mann von seiner Größe macht so etwas nicht.«

2007, am zehnten Jahrestag des UEFA-Cup-Siegs gegen Inter Mailand, veranstaltet der FC Schalke die Eurofighter-Party. In den frühen Morgenstunden verliert Thon die Contenance. Damals sagt Assauer der *Bild*:

>*Gegen drei Uhr war Olaf sehr betrunken, ist völlig ausgeflippt. Er hat mit Gläsern auf mich geworfen.*«

Laut Augenzeugenberichten wirft Thon fünf Wein- und Biergläser. Er bestätigt der Zeitung seine Entgleisung. »Stimmt, es gab Krach. Ich habe am Anfang zu Assauer gesagt: ›Lass uns uns die Hand geben und vergessen, was vorgefallen ist.‹ Das wollte er nicht. Ich will nicht verhehlen, dass ich dann auch einige Gläser geschmissen habe. Ich habe auf niemanden gezielt.«

Von einer Versöhnung will Assauer aber nichts wissen, damals sagt er:

>*Ab sofort ist Olaf Thon Luft für mich. Und das hat nur oberflächlich damit zu tun, dass er versucht hat, mir Gläser vor die Rübe zu schmeißen. Es gab definitiv keinen Handschlag. Ich werde mich mit Olaf auch niemals vertragen – niemals! Bei bestimmten Menschen bin ich lange nachtragend. Olaf kann bitten und betteln, wie er will. Ich werde mich mit ihm nie wieder an einen Tisch setzen und ihm auch nicht mehr die Hand reichen.*«

Auch heute gibt es zwischen den beiden keinen Kontakt, keinerlei Kommunikation.

Bei Assauers zweitem herausragenden Transfer, dem von Andreas Möller im Jahr 2000, gibt es bereits im Vorfeld richtig Ärger. Was noch nett untertrieben ist. Denn mit Möller wechselt nicht nur ein Dortmunder zum Erzrivalen, sondern aus Sicht der Fans die Symbolfigur des verhassten Nachbarn. Ausgerechnet Möller, den sie entweder »Heintje« oder »Heulsuse« riefen und dem sie bei Revierderbys mit Taschentüchern zuwedelten. Einer ganzen Stadt fällt förmlich die Kinnlade herunter. Damit hat sich Assauer aus Sicht der eingefleischten Schalke-Fans des Hochverrats schuldig gemacht.

»Möllers Vertrag in Dortmund lief aus, die Verhandlungen über eine Verlängerung waren ins Stocken geraten, wie ich hörte. Da habe ich das Rädchen bei mir oben angeschmissen und mir gedacht: Verdammte Hacke! Warum eigentlich nicht? Noch dazu war er sogar ablösefrei. Ich habe mich mit ihm getroffen und ihm gesagt: ›Junge, wir brauchen dich!‹ Die Verhandlungen verliefen schnell und unkompliziert, in drei Tagen waren wir durch. Das ging ratzfatz.«

Möller, damals 32 Jahre alt, hat bis zu seinem Wechsel zum FC Schalke 85 Länderspiele bestritten, ist Welt- und Europameister und mit Dortmund Meister, Champions-League-Gewinner und Weltpokalsieger geworden. Eine beeindruckende Erfolgsbilanz – das einzige Manko: Der Mann ist, durch die Schalker Brille gesehen, Borusse. Bei seiner öffentlichen Vorstellung in einer Pressekonferenz wirbt Assauer im Mai 2000 um Verständnis:

»Mir ist bewusst, dass der Transfer bei einigen Fans auf Unverständnis stößt. Aber ich bitte um eine faire Chance für Möller. Andy ist der torgefährlichste Mittelfeldspieler der Bundesliga. Wir haben jemanden mit seiner Kreativität, seiner Fußballintelligenz und Klasse gesucht. Er ist ein Mann, der Spiele allein entscheiden kann.«

Der umstrittene Möller kommt ablösefrei und unterschreibt einen Zweijahresvertrag mit Option auf eine weitere Saison. »Ich dachte im ersten Moment, das sei ein Scherz, ein typischer Rudi-Witz. Andy Möller? Der doch nicht! Meinst du das ernst, habe ich ihn gefragt«, erinnert sich Huub Stevens an das erste Gespräch über den möglichen Neuzugang. »Dann habe ich gesagt: ›Manager, das ist ein Risiko. Wenn er kommt, spielen die Leute verrückt.‹ Was das Sportliche betraf, war ich einverstanden. Denn Möller war damals auf seiner Position der Beste, eben der Typ, der den Ball schnell auf unsere Stürmer spielen konnte. Mit Ebbe Sand und Emile Mpenza da vorne würde das passen. Möller zu Schalke – niemand anderes wäre auf so eine abwegige Idee gekommen. Aber Rudi machte eben das Unmögliche, das Undenkbare. Er hat das durchgezogen, gegen alle Widerstände. Doch Andy Möller hat den meisten Mut gebraucht, um nach Schalke zu kommen.«

Möller gibt in der Folge brave Statements ab, nur nichts falsch machen gleich zu Beginn. Der Wanderer zwischen den Welten sagt Sätze wie:»Ich bin nie den einfachen Weg gegangen, ich will noch mal alles aus meinem Körper herausholen, im letzten Drittel meiner Karriere noch mal guten Fußball zeigen. Es ist eine riesige Herausforderung. Diesen Berg will ich jetzt besteigen. Mit aller Macht, ich will es schaffen. Aber ich weiß, dass es verdammt schwierig wird.«

»Ein gewaltigeres Echo auf einen Transfer gab es in meiner gesamten Managerlaufbahn nicht. Es war ein Ausruf des Entsetzens: Möller zu Schalke – wie kann der Assauer nur? Hat der eine Zigarre zu viel geraucht? Ist der betrunken? Verrückt geworden? Das waren noch die harmloseren Dinge. Viele Fans drohten in wütenden Schreiben und Anrufen mit Vereinsaustritt, manche setzten die Drohung sofort in die Tat um. Fanklubs schickten ihre Dauerkarten zurück, einige wollten die Heimspiele künftig boykottieren. Vor der Geschäftsstelle tummelten sich schon kurz nach der Pressekonferenz etwa 100 Fans. Es war beängstigend. Wir sahen von drinnen, wie draußen der Mob tobte. Eine böse, aggressive Stimmung, die Leute waren auf Krawall gebürstet. Meine Sekretärin ließ die Rollläden der Fenster herunter, weil ein paar Steine geflogen waren. Sie war kurz davor, den Ordnungsdienst und die Polizei zu rufen. Die Mitarbeiterinnen hatten Angst. Ich musste etwas tun. Mir war auch mulmig, als ich rausgegangen bin zu den Rabauken. Aber das durfte ich denen ja nicht zeigen. Ich habe gesagt: ›Leute, ihr könnt den Damen da drinnen nicht so eine Angst machen. Hört auf! Und wenn ihr wissen wollt, was ich zu dem Thema zu sagen habe, dann seid mal ruhig, hört mir mal zu.‹ Ich habe denen meine Sicht zu Möller erklärt. Danach wurde es etwas ruhiger, langsam haben sich die Kerle getrollt. Mann, Mann, Mann! Ich konnte doch nicht vor jedem Transfer erst mal eine Umfrage unter den Fans machen lassen, ob wir diesen oder jenen holen oder nicht.«

Auch im Internet formiert sich der Protest. Kein Sturm, eher ein Orkan. Eine Website mit der Adresse »moeller-raus.de« wird ins Leben gerufen. Auszüge von damals: »Assauer hat es tatsächlich gewagt, die größte Hass-figur eines jeden Schalkers zu holen: Andrea, auch bekannt als Heulsuse, Möller.« Die ganze Wutpalette bricht auf Assauer herein: Sorgen und Ängste, Beleidigungen und Beschimpfungen, Spott und Hohn von Fans anderer Vereine etwa: »Brot statt Möller«. In den ersten Heimspielen im Parkstadion wird der Neue mit Pfiffen und Transparenten empfangen, auf denen zu lesen ist: »Feind bleibt Feind!«, »Möller, verpiss dich!« oder »Zecke Möller, willkommen in der weiß-blauen Hölle«. Im Schalker Fan-vokabular sind alle Dortmunder Zecken.

»Sensationell, wie schnell der Andy eingeschlagen ist. Ein Glücksgriff. In den ersten Saisonspielen haben unsere Fans noch ein bisschen Rabatz gemacht, Möller niedergebrüllt, ›Hau ab, du Zecke!‹ gerufen. Aber ich habe denen immer wieder gesagt: ›Gebt ihm eine Chance, wartet mal ab. Ihr werdet überrascht sein. Außerdem bin ich doch das beste Beispiel. Ich war als Spieler auch mal eine Zecke – und jetzt bin ich Schalker durch und durch.‹ Andys Leistung musste natürlich stimmen, und zwar sofort. Das war die Grundvo-raussetzung. Sonst wäre es in die Hose gegangen. Er hat diese Fans überzeugt. Möller sagte damals: ›Schalke ist mein Mount Everest.‹ Er hat ihn bezwun-gen. Er ist auf dem Platz abgegangen wie eine Rakete. Wenn das nicht gut gegangen wäre mit dem Möller, dann hätten mich meine Kritiker, pardon, schön am Arsch gehabt.«

Am sechsten Spieltag der Saison 2000/01 fegen die Schalker Möllers Ex-verein Borussia Dortmund in deren Westfalenstadion mit 4:0 vom Platz. Möller ist einer der Derbysieger, sein erster »Titel« als Königsblauer. Beim 3:2 gegen den FC Bayern im Oktober 2000 gelingt ihm dann sein erster Treffer für Schalke. Der frühere Borusse geht taktisch clever vor, er trifft sich mit Fans in der Kneipe »Schalker Kreisel« und widmet sein Premieren-tor – natürlich – den Fans. In einem der nächsten Heimspiele ist auf einem

Transparent schon keine Verachtung mehr, sondern gar ein Kompliment zu lesen: »Kampfsuse«. Das Eis ist gebrochen. Sogar die Hasswebsite wird kurz darauf geschlossen. Am Saisonende wird Schalke DFB-Pokalsieger und Vizemeister, der knappste und unglücklichste Zweite aller Zeiten. Dennoch zieht man in die Champions League ein. 2001 und 2002 gewinnt Möller mit seiner Mannschaft jeweils den DFB-Pokal.

Noch einen weiteren Dortmunder holt Assauer zum FC Schalke – beinahe unbemerkt von der Öffentlichkeit, weil sich die Geschichte abseits von Toren, Tabellenpositionen und Millionenablösesummen abspielt. Es geht um Werner Weist, Spitzname »Akker«. Von 1968 bis 1970 spielen beide zusammen bei Borussia Dortmund, 1971 folgt Mittelstürmer Weist seinem Kumpel Assauer zu Werder Bremen. Als Assauer 1976 Manager bei den Grün-Weißen wird, bleibt Weist noch ein Jahr und beendet seine Karriere dann mit einer Saison in der Zweiten Bundesliga Süd bei den Stuttgarter Kickers. Jetzt beginnen die Probleme. Weist kann im Leben nach der Kickerkarriere nicht richtig Fuß fassen, stürzt sozial ab, bis er ohne Job dasteht. Da Assauer vom Leid des alten Kumpels erfährt, setzt er sich ins Auto, um ihn zu besuchen. Als erste Hilfsmaßnahme gibt er ihm Geld, besorgt ihm eine vernünftige Wohnung und schließlich einen Job bei Schalke 04. Weist wird Leiter des Fanartikel-Außenverkaufs mit der Aufsicht über das Warenlager und über alle Stände rund um das Stadion. Seit 1996 kümmert er sich mit rund 30 Mitarbeitern um die Fandevotionalien. Als Dortmunder Urgestein hängt er zwar nach wie vor am BVB, und bis Mitte der 90er-Jahre spielt er noch in der Traditionsmannschaft der Borussen. Doch seinen Lebensunterhalt verdient er auf Schalke – dank Assauer, der seine alten Kumpels eben nie ganz aus den Augen verliert.

Wenn Assauer geholfen hat, dann heimlich, still und leise. Zu gutmütig ist er seit jeher auch in finanziellen Dingen, manches verliehene Geld hat er nie wiedergesehen. Eine typische Eigenschaft des Sternzeichens Stier? »Laut Horoskop sind das tatsächlich in der Regel eher gutmütige Menschen«, sagt seine Zwillingsschwester Karin, »aber Stiere haben ihren eigenen Kopf. Mein Bruder war und ist immer sehr direkt und ehrlich, oft leicht aufbrausend. Ich dagegen war eher diplomatischer. Doch Rudi wusste schon auch immer gut einzuschätzen, wer er ist und wo er herkam.«

»Ich bin dankbar für das, was ich als Fußballer erleben durfte. Ich habe früher jedem Spieler, der sich bei mir über irgendetwas beschwert hat, gesagt: ›Du wirst erst das heulende Elend kriegen, wenn im Stadion die Lichter angehen und du plötzlich nicht mehr dabei bist.‹«

11. Meine Arena, mein Baby
»Die habe ich für euch gebaut!«

———

Noch in der Nacht nach dem Triumph der Eurofighter im UEFA-Pokal 1997 legt Assauer den gedanklichen Grundstein für den Bau einer neuen Arena. Im Flugzeug. Werner Hansch, damals für Sat.1 als Kommentator beim Finale, erfährt es aus erster Hand. »Ich saß beim Rückflug von Mailand neben Rudi in der Maschine. Und irgendwann in der Nacht über den Wolken sagte er ganz cool und trocken zu mir: ›Du, Werner, pass mal auf, jetzt verrate ich dir was. Ab morgen hängt an meiner Bürotür ein Schild. Darauf heißt es: Sprechstunde für Spieler nur noch zwischen acht und neun Uhr.‹ Ich antwortete verwundert: ›Was soll das denn? Da kommt ja kein Spieler, das ist ja weit vor dem Training.‹ Sein Konter: ›Genau deshalb. Ab morgen will ich mich nur noch um den Stadionneubau kümmern. Diesem Projekt gilt von nun an meine ganze Kraft.‹ Und tatsächlich: 14 Tage später rollten die ersten Bagger in Gelsenkirchen und transportierten auf dem vorgesehenen Gelände Erde weg.«

»Auf diese wunderbare Kiste bin ich wirklich stolz, das ist mein Baby. Heute noch sage ich zu mir: Assauer, das ist dein Werk. Viele Leute wissen das zu schätzen. Nicht alle. Kritiker gibt's immer. Manch einem ist ja nie etwas recht. Aber so etwas Großartiges wie diese Arena haben diese Kritiker nicht auf die Beine gestellt, und sie verstehen deshalb meinen Stolz nicht. Diese Besserwisser haben nie beweisen müssen, dass sie wirklich besser sind als ich. Sie glauben, es sei leicht, etwas vom Fußballgeschäft zu verstehen, und dass es ein Geschäft sei wie jedes andere Unternehmen. Das stimmt aber nicht.«

In kein anderes Projekt hat Rudi Assauer so viel Herzblut hineingelegt, so viel Arbeit gesteckt wie in Planung und Bau der Arena AufSchalke. Er hat den Spagat geschafft zwischen der Tradition eines Bergarbeiterklubs und seiner Zukunftsvision. Die komplette Finanzierung sichert Assauer ohne öffentliche Kreditmittel. 1998 findet der erste Spatenstich statt, 2001 wird Europas damals modernstes Stadion eingeweiht. Als vorläufige Krönung im neuen Gelsenkirchener Tempel gelten das Champions-League-Finale 2004 sowie die fünf Spiele während der WM 2006 in Deutschland. Bauherr Assauer wird von einigen Medien zur »Hand Pottes« gekürt.

»Viele Leute hielten mich schlicht für bekloppt, als ich zum ersten Mal über die Idee sprach, in Gelsenkirchen solch eine Arena hinzustellen. Zum Glück bin ich ein Dickkopf. Ein solches Stadion mit diesen technischen Finessen wird es in den nächsten 15, 20 Jahren nicht geben, nirgendwo. Es ist mit Abstand das beste Stadion. Ich habe mich in den 90er-Jahren immer wieder gefragt: Warum sind die da unten in München nicht in der Lage, so eine Arena mit allem technischen Schnickschnack der Zeit zu bauen? Ich glaube, die Bayern um Uli Hoeneß waren zu stolz, die Idee mit dem ausfahrbaren Rasen und dem schließbaren Dach abzukupfern. Die Allianz Arena, die sie erst 2005 eröffnet haben, ist auch großartig, trägt jedoch ein ganz anderes Konzept.«

Ein Rückblick: Am Anfang steht ein Spaziergang. Der Himmel ist klar an jenem Sonntag Mitte November 1994, der Nebel hat sich verzogen über dem Berger Feld, das auch »Schalker Feld« genannt wird, und die Sonne blinzelt durch die Wolken über Gelsenkirchen. Dennoch tragen die drei Spaziergänger an diesem Morgen Wintermäntel, denn es ist frisch. Rudi Assauer, im Schlepptau sein Hund Janosch, hat Hans Sanders und dessen Frau eingeladen zu dieser Begehung in Sichtweite der bisherigen Spielstätte Parkstadion. Sie diskutieren und fantasieren. Es geht um eine Vision, um den Traum von einem neuen Stadion für die Schalker Gemeinde. Nach einem ersten telefonischen Kontakt hat Assauer den Niederländer gebeten, nach Gelsenkirchen zu kommen, um die Begebenheiten vor Ort zu begutachten. Sanders ist Stadionspezialist, arbeitet für das niederländische Wirtschaftsbauunternehmen HBM Bau GmbH und hat in seiner Heimat bereits die Stadien Amsterdam ArenA, das Rotterdamer De Kuip (zu

Deutsch »die Wanne«), das Philips-Stadion in Eindhoven und den Gelre-Dome in Arnheim gebaut. »Rudi Assauer hat damals schon lange von einem neuen Stadion für Schalke geträumt und nahm sich meine Bauten zum Vorbild«, erinnert sich Sanders, »seine Idee war, eine richtige Arena mit einer Außenfassade zu errichten, er wollte keinen rechteckigen Betonklotz hinstellen. Er hatte die Vorstellung von einer Sportstätte, die man auch für andere Events nutzen kann. Nach unserem Spaziergang über die Wiesen neben dem alten Parkstadion habe ich die ersten Skizzen entworfen.«

Von da bis zur Realisierung der Vision ist es noch ein weiter Weg. Zunächst muss harte Arbeit geleistet werden: Überzeugungsarbeit. Denn in den Schalker Gremien geht man davon aus, das alte Parkstadion – gebaut zur WM 1974 für damals 56 Millionen DM mit Zuschüssen von Bund und Ländern – zu sanieren und umzubauen. Das Problem: Die eher nüchterne Betonschüssel wurde mitten auf einem Bergsenkungsgebiet, einem ehemaligen Flugplatzgelände, errichtet.

»Der Zustand des alten Parkstadions war desolat, verschlimmerte sich fast täglich. Durch die alten Stollen unter Tage herrschte zu viel Bewegung in der Statik, was immer wieder zum Absacken des Bauwerks führte. Ich erinnere mich noch an Stufen, die morgens einen halben Meter tiefer standen als noch am Abend zuvor. Da konnte man auch keine Leichtathletik-Meisterschaften auf der Tartanbahn mehr ausrichten, weil niemand wusste, ob die Hundertmeterstrecke am Tag X nicht ein paar Zentimeter länger war. Als dann auch noch Betonsplitter aus dem Tribünendach auf die Zuschauer herunterregneten, war für mich das Ende der Fahnenstange erreicht. Das war sehr gefährlich, zum Glück hat der DFB damals nichts davon gewusst, sonst wäre unsere Spielstätte womöglich gesperrt worden. Das Ding war einfach marode, es musste etwas passieren.«

Die Stadt Gelsenkirchen ist Mitte der 90er-Jahre klamm, das Parkstadion verkommt. Der FC Schalke – nicht die Stadt – steckt zwischenzeitlich fast fünf Millionen Mark in den Erhalt, denn zumindest der Spielbetrieb muss gesichert sein. Doch die Zuschauerzahlen sind rückläufig, manchmal verlieren sich nur wenige tausend Fans im weiten Rund. Vor allem weil nur die Haupttribüne überdacht ist. Regnet es, sitzen lediglich knapp 22 000 der über 70 000 Fans im Trockenen.

»Das war ein Schönwetterstadion, das besser nach Kalifornien gepasst hätte. Aber bei uns regnet es eben ein bisschen öfter. Und was ist passiert, wenn sich die Leute auf der Gegengerade ein Würstchen geholt haben? Nach einer Minute im Regen war das gute Stück nass und kalt. Damals habe ich eine Rechnung aufgestellt: Unsere Zuschauer haben im Schnitt eine Anreise von 104 Kilometern pro Fahrt. Eine längere Anreise nimmt nur der Bayern-Fan in Kauf. Der Schalke-Fan sitzt etwa im Sauerland, guckt aus dem Fenster und fragt sich: ›Bin ich bekloppt? Bei dem Wetter fahre ich nicht nach Schalke.‹ Wenn es geregnet hat, haben wir damals stets rund 10 000 Zuschauer pro Spiel verloren. Das hat rund 200 000 DM ausgemacht. Wenn es blöd lief, alle zwei Wochen.«

Dennoch favorisiert die Stadt zunächst einen Umbau des veralteten Parkstadions. »Dafür wurden 200 Millionen DM an Kosten kalkuliert, allerdings hätte man über sechs Jahre eine Baustelle gehabt. Mit den Sicherheitsmaßgaben der Behörden wäre ein Spielbetrieb nicht durchgehend gewährleistet gewesen«, erklärt Stadionbauer Sanders. »Dann haben wir unser Konzept vorgelegt: eine neue Multifunktionsarena für eine Summe von 250 bis 260 Millionen DM. Unser Plan beruhte darauf, dass wir bei der Refinanzierung nicht nur mit 25 Fußballspielen im Durchschnitt pro Spieljahr kalkulierten – das hätte sich nicht gelohnt. Unsere Hochrechnung hieß: 40 Veranstaltungen dank anderer Sportarten und Konzerte.«
Sanders lädt den Schalker Vorstand in die Niederlande ein. Ende 1995 reist man gemeinsam nach Amsterdam, Rotterdam, Arnheim. 1996 folgt dann ein weiteres Konzept des Unternehmens HBM. Glanzstücke des Neubauplans sind die in einer 118 mal 79 Meter großen Betonwanne liegende, in sechs Stunden herausrollbare Rasenfläche sowie das 560 Tonnen schwe-

re Schiebedach, das innerhalb von 30 Minuten geschlossen und geöffnet werden kann. Kostenpunkt: jedes Mal 15 000 Euro. Eine überschaubare Summe im Vergleich zu den Kosten, die in Amsterdam regelmäßig anfielen. »Aus den Fehlern beim Bau der dortigen Arena haben wir gelernt«, erzählt Sanders, »ein Rasen braucht Luft, Wind, Wasser und Sonne. Das war dort nicht genügend berücksichtigt worden, in der Folgezeit musste der Rasen zu oft ausgetauscht werden.« Jedes Mal für eine hohe sechsstellige Summe.

Es ist das Konzept des Gelre-Dome in Arnheim, das nun in Gelsenkirchen weiterentwickelt wird. Zur Einigung und Genehmigung kommt es schließlich im September 1997. Zuvor müssen noch die Schalker Fans vom revolutionären Neubau überzeugt werden. Assauer hat da eine ganz spezielle Idee.

»Wir haben die Probe aufs Exempel gemacht. Nicht ganz günstig das Ganze, aber dafür von der Marke Nagel auf den Kopf. Wir haben 3000 unserer Fans nach Arnheim gekarrt. Kostenlos. In einem Konvoi sind 15 Busse über die Autobahn gerauscht. Wie zu einem Auswärtsspiel. Wir haben den Fans gesagt: ›Guckt euch mal das kleine Mehrzweckstadion dort an, und fällt euer Urteil.‹ 90 Prozent waren sofort begeistert: ›Boah, super!‹ Zehn Prozent, das gebe ich zu, sagten: ›Uns wird was fehlen, wenn wir nicht mehr in unserer Kurve in unserem Parkstadion stehen.‹ Dennoch: Die Sache war durchdacht, die Aktion hat gefruchtet. Anfangs hatte ich Bedenken, dass die Nummer mit den Logen beim Durchschnittsfan nicht gut ankommt. Bald habe ich jedoch aus den Gesprächen herausgehört: Auf Schalke rückt man zusammen. Die Übergänge sind fließend. Da hält sich keiner für elitär, nur weil er ein bisschen mehr Geld verdient. Und die Kurvenfans sparen sich das Geld ab, weil Schalke für sie zum Lebensinhalt gehört. Ich habe mich immer gefragt, wo die das Geld hernehmen. Phänomenal. Das wahre Kapital von Schalke sind seine Fans.«

Der historische Moment folgt am 21. November 1998, genau vier Jahre und eine Woche nach dem Spaziergang von Assauer und Sanders. Auf dem 124 000 Quadratmeter großen Areal im Berger Feld findet die symbolische Pfahlgründung statt. Die Konstruktion ist so flexibel konzipiert, dass sie – ähnlich wie in Erdbebengebieten – die Bewegungen im Grund abfangen können muss. Jeder Mitarbeiter der Geschäftsstelle hat ein Stückchen von der Kernprobebohrung bekommen. Die Verbindung ist geschaffen, die Euphorie entfacht. Im Fanshop gehen Arena-Modelle weg wie warme Brötchen.

»Hans und ich haben uns von da an alle zwei Wochen auf der Schalker Geschäftsstelle zur Bauherrenbesprechung getroffen – bei Kaffee und Brötchen, meist ab acht oder neun Uhr morgens. Dann haben wir am Stadion getüftelt, jedes Detail ausbaldowert. Dass das Dingens Arena Auf Schalke heißt, ist schnell klar – wie denn sonst? Ich hatte ganz klare Vorstellungen: Die Arena sollte eine Mischung sein aus der Funktionalität des Stadions in Arnheim und der Qualität im Hospitality-Bereich von Eindhoven, dazu die Sitze aus der Rotterdamer Arena bekommen. Als ich in De Kuip zu Gast war, kam ich da rein, sah dieses Blau der Bestuhlung und dachte mir: Das musst du haben. Viel wichtiger aber war: Wie viele der Sitze bauen wir ein? Im alten Parkstadion hatten wir in jenen Jahren einen Schnitt von 34 000 Zuschauern – bei Wind und Wetter. Ich war mutig und habe mir neben den 16 300 Stehplätzen für die Kurvenfans 40 000 bis 45 000 Sitzplätze vorgestellt. Es wurden am Ende 45 000. Die entscheidenden Neuerungen aber waren: Die Fans brauchten nicht mehr zu frieren und sich nass regnen zu lassen oder stundenlang anzustehen, um ein Bier oder ein Würstchen zu kaufen. Das Dach, damals das Neueste vom Neuesten aus den USA, was das Material betraf, sollte beim Fußball geöffnet bleiben, solange es geht. Die Zuschauer sollten ja nicht denken, die Jungs da unten sind aus Zucker. Das wäre schädlich gewesen, gerade im Ruhrgebiet. Unsere Planung lautete damals: Wir schließen erst, wenn es schüttet wie aus Kübeln oder schneit.«

Bei der Planung geht es nun an die Feinheiten, die besonderen Arena-Merkmale. Ein Schalke-Museum wird eingegliedert, später finden täglich Führungen statt. Die verrückteste Idee: eine Kapelle. »Als Peter Peters aus dem Schalker Vorstand vorgeschlagen hat, da eine Kapelle wie im Stadion Nou Camp vom FC Barcelona einzubauen, habe ich ihn nicht richtig verstanden«, erinnert sich der Niederländer Sanders. »Ich habe nachgefragt: eine Kapelle? Ich schlug vor, die könne doch vor dem Anpfiff unten auf dem Rasen herumlaufen und ihre Blasmusik spielen. Meine Gegenüber fielen vor Lachen fast vom Stuhl.« Nachdem das Missverständnis geklärt ist, stimmt Sanders zu. Auf 70 Quadratmetern ist daher seit 2001 Platz für Taufen oder kirchliche Trauungen unweit der Spielerkabinen in den Katakomben. »Wenn Menschen in unserer Stadt in Not sind, wenden sie sich entweder an die Kirche oder an Schalke 04. Mit der Kapelle und der möglichst häufigen Anwesenheit eines Seelsorgers wollen wir dieser Aufgabe gerecht werden«, sagte Schalke-Geschäftsführer Peter Peters damals. Bei der Gestaltung der Kapelle wird bewusst auf die Vereinsfarben Blau und Weiß verzichtet, es soll ja kein Tempel des Aberglaubens entstehen. Der Gottesdienstraum ist schlicht gestaltet mit einem einfachen Glastisch als Altar, alles in dezentem Schwarz und Weiß. Die Zeichnungen an den Wänden im Eingangsbereich haben den Zweikampf zum Thema, etwa biblische Zweikämpfe wie zwischen Kain und Abel oder David und Goliath.

»Da sind sogar Mischehen geschlossen worden – zwischen Schalkern und Dortmundern. Tatsächlich war es ein Wahnsinn, wie diese Einrichtung wahrgenommen wurde. Wir hatten pro Jahr etwa 50 Anrufe, da fragten junge Leute, ob sie sich auf dem Spielfeld das Jawort geben können. Jedes Jahr kamen rund 100 Väter auf die Geschäftsstelle, um ihr Neugeborenes als Mitglied anzumelden. Schalke ist eben auch Religion. Eine Fanzeitschrift heißt tatsächlich Schalke unser. *Den früheren Rechtsaußen Rüdiger Abramczik riefen die Anhänger in den 70er-Jahren ›Flankengott‹. Und ich kann mich noch gut erinnern: Als die Zeugen Jehovas Ende der 60er-Jahre in der Gelsenkirchener Innenstadt mit dem Slogan ›An Jesus kommt keiner vorbei‹ für ihre Zeltmission warben, kritzelten Schalke-Fans auf deren Plakate: ›Außer Stan Libuda!‹. Der Schalke-Fan ist so verrückt. Zum Glück.«*

Nach drei Jahren Bauzeit ist die Arena AufSchalke dann fertig, vom europäischen Fußballverband UEFA bekommt das Stadion die Höchstnote: fünf Sterne. Zur Eröffnung findet am 13. und 14. August 2001 eine zweitägige Feier statt. Der 1. FC Nürnberg, zu dem die Schalke-Fans traditionell eine Freundschaft pflegen, und Erzrivale Borussia Dortmund werden zu einem Blitzturnier eingeladen. Ihre Bundesligapremiere erlebt die Arena vier Tage später. Schalke spielt 3 : 3 gegen Bayer Leverkusen. Als erster Torschütze in einem Pflichtspiel geht der Schalker Tomasz Hajto in die Stadionannalen ein.

»Der schönste Moment war für mich die Eröffnungsfeier. Zum ersten Mal konnten wir die Fans im Stadion begrüßen. Als ich in die strahlenden Gesichter schaute und diese wahnsinnige Akustik vernahm, lief mir ein Schauer über den Rücken. Ein erhebender Moment für uns alle, die wir daran gearbeitet hatten. Ich wollte erst nicht da runter auf den Rasen, habe den Fans dann über das Stadionmikrofon zugerufen: ›Die Arena habe ich für euch gebaut.‹«

Der Plan von Assauer und Sanders geht auf. In der Folgezeit finden in der Multifunktionsarena zahlreiche Konzerte statt, American-Football-Spiele, Boxevents, Motorrad-Action, eine Handballpartie und das Eröffnungsspiel der Eishockey-WM 2010 in Deutschland mit einem Zuschauerweltrekord für diese Sportart mit 77 803 Zuschauern. Der ausgefallenste Event: Biathlon-Wettbewerbe, seit 2002 wird jedes Jahr im Dezember die World Team Challenge, eine Mixed-Staffel, ausgetragen. Die Idee hierfür kommt Assauer in Ruhpolding.

»Als ich dort eines Tages zu Gast bei einer Weltcup-Veranstaltung war, habe ich vor Ort an den Zufahrtsstraßen, im Wagen sitzend, Strichlisten geführt: Wer kommt woher? Welche Kennzeichen sind vertreten? Das Ergebnis war: Der überwiegende Teil der Fans kam extra aus dem Ruhrgebiet angereist – und nicht aus dem Süden, aus Bayern, dem Wintersport-Bundesland. Leck mich in de Täsch, dachte ich mir, also muss der Biathlon zu den Fans, in die Arena.«

All die Veranstaltungen helfen natürlich bei der Refinanzierung, und das Konzept mit rund 40 Veranstaltungen pro Jahr geht mustergültig auf. »Schon bei den Kosten sind wir genau im Plan gewesen«, sagt Sanders, der mittlerweile im Ruhestand ist, »außerdem ist es im Prozess der gesamten Arena zu keinen juristischen Schwierigkeiten gekommen. Darauf bin ich sehr stolz. Trotz all der Projekte in meiner Heimat, den Niederlanden, ist dieses Stadion mein größtes Werk gewesen. Das lag auch an der Zusammenarbeit mit Rudi. Wir haben konzentriert gearbeitet, hatten aber immer viel Spaß bei den Gesprächen. Wenn es Probleme gab, haben wir diese offen angesprochen. Auf ihn konnte man sich verlassen: ein Mann, ein Wort. Wir sind heute noch befreundet, ich fahre zu jedem Heimspiel der Schalker nach Gelsenkirchen, so sehen wir uns immer mal wieder. Ich bin Schalke-Fan geworden, in mir fließt nun blaues Blut.«

In Assauers Arbeitszimmer ist die Arena an allen Ecken und Enden präsent, ob durch Modelle, Zeichnungen, Fotos und Poster oder Ehrungen. Es ist sein Werk. Dass Expräsident Günter Eichberg Anfang der 90er-Jahre mit seinen Stadionplänen an der Finanzierung gescheitert ist, macht Assauer noch ein Stückchen stolzer.

»Im Prinzip war der Stadionbau eine relativ flotte Angelegenheit. Die bürokratischen Hürden konnten zwar manchmal nur recht schwierig überwunden werden, doch alles in allem hat die Stadt Gelsenkirchen uns keine Steine in den Weg gelegt, da sie ebenfalls an einem Neubau interessiert war. Glücklicherweise mussten wir bei der Finanzierung nicht auf staatliche Hilfen zurückgreifen und konnten die 191 Millionen Euro Baukosten aus privatwirtschaftlichen Quellen stemmen. Eine Landesbürgschaft für den 115-Millionen-Euro-Kredit hat uns sehr aus der Patsche geholfen. Mir war klar, dass im Ernstfall einer Pleite der Steuerzahler dafür hätte geradestehen müssen, aber das galt es ja zu verhindern. Als wir mit unseren Planungen begannen, habe ich oft Sätze wie diese gehört: Das schaffen wir nicht, das kriegen wir nie hin. Das wird viel zu teuer. Das kann keiner bezahlen. Auch während der Bauphase haben mich viele im Verein für doof erklärt. Manche sagten: ›Der Assauer führt den

Verein mit dem Stadionbau in den Ruin. Oh Gott, oh Gott, hoffentlich geht das gut.‹ Ohne Hans Sanders hätten wir das nicht geschafft, er hat den entscheidenden Anstoß gegeben.«

2005 werden die Namensrechte der Arena AufSchalke für zehn Jahre an eine Brauerei übertragen, bis 2015 heißt das Stadion nun Veltins-Arena. Zuvor hatte Assauer dies stets kategorisch ausgeschlossen, weil es sich um einen Bruch mit der Tradition handeln würde. Nun denkt er um, der Ertrag durch das Namenssponsoring ist zu wertvoll für Schalke – die Traditionalisten unter den Fans der Königsblauen kritisieren ihn dafür. Wieder einmal muss er Schmähungen und Anfeindungen ertragen.

Dabei ist es Assauer, der den Traum der Fans hat wahr werden lassen, in der Premierensaison der neuen Arena Champions-League-Atmosphäre erleben zu können. Im Mai 2001 war man auf tragische Art und Weise Zweiter hinter Meister Bayern München geworden. Als der Schock langsam verdaut war, stieg die Vorfreude auf das erste internationale Spiel in der Hightecharena. Die Gruppenauslosung des europäischen Fußballverbandes UEFA hatte ergeben: Der erste Spieltag bringt ein Heimspiel gegen Panathinaikos Athen. Die Ansetzung: Dienstag, 11. September 2001.

»In den Tagen zuvor hat man diskutiert, ob das Dach bei Regen geschlossen wird oder nicht – klar, im normalen Leben hast du solche Themen, solche Sorgen. Meine Güte! Die Mannschaft bereitete sich in unserem Stammquartier, im Hotel-Restaurant Weißenburg in Billerbeck, auf die Partie vor, der Vorstand und ich waren mittags mit der Delegation der Griechen schön zum Essen im Schloss Berge. Auf dem Weg zurück in unsere Geschäftsstelle hörten wir im Autoradio erstmals von einem Unfall im World Trade Center in New York. Ein kleines Sportflugzeug sei da hineingeflogen, so lauteten die ersten Meldungen. Tragisch, aber halb so wild, dachte ich mir.«

Nach dem Mittagessen will Trainer Huub Stevens seine Ruhe während der Vorbereitung auf das Spiel, wie einige Spieler zieht er sich daher auf sein

11. Meine Arena, mein Baby

Zimmer zurück. Andere sitzen noch im Speisesaal zusammen. Der Fernseher läuft, Nachrichtensendungen bringen erste Bilder aus New York. Nach und nach versammeln sich immer mehr vor dem TV-Gerät und verfolgen die dramatischen Ereignisse. Stevens sieht die Katastrophe in seinem Zimmer, eilt die Treppen herunter. »Meine Spieler standen unter Schock. Ich versuchte, das Thema herunterzuspielen, den Fokus auf die Partie zu legen. Doch die Meldungen aus New York wurden immer dramatischer«, erinnert sich Stevens. In Manhattan fällt der Südturm des World Trade Center in sich zusammen. Stevens ruft Assauer an: »Rudi, bitte versuch, dieses Spiel abzusagen. Die Spieler haben nun andere Dinge im Kopf.«

»Erst als wir wieder in der Geschäftsstelle waren, konnte ich die Bilder im TV sehen. Ich hatte so lange auf diesen Tag hingearbeitet, wollte daher zunächst, dass gespielt wird. Aber dann habe ich schnell meine Meinung geändert. Jürgen Möllemann, unser Aufsichtsratsmitglied, versuchte, seine Kontakte zur Politik zu nutzen, um das Spiel verschieben zu lassen. Es folgten hektische Telefonate. Mit der UEFA in der Schweiz, mit den Delegierten vor Ort in Gelsenkirchen. Möllemann rief beim Bundeskanzleramt und im Innenministerium an. Ich habe den DFB und die UEFA kontaktiert und gesagt: ›Unter diesen Umständen können wir unmöglich spielen.‹ Ich wollte das Spiel sofort absagen, ohne Rücksicht auf die Vorschriften der UEFA, aber die hatten das letzte Wort. Denn es ging ums Geld, um die bestehenden TV-Verträge, um Werberechte. Man hätte schon am Nachmittag absagen müssen, am Abend wenige Stunden vor dem Spiel ging das nicht mehr, da waren die Leute ja schon auf der Anreise. Und wenn das Stadion erst mal geöffnet ist und 60 000 Zuschauer da sind, handelt es sich auch um eine Sicherheitsfrage, wenn die alle enttäuscht nach Hause fahren.«

Die Schalker Mannschaft macht sich also mit dem Bus auf den Weg in die Arena. Auf der einstündigen Fahrt gibt es nur ein Thema: den Terroranschlag von New York. Keiner will spielen, aber sie müssen. Bis zuletzt hoffen alle auf eine Absage. Die UEFA ordnet in allen Stadien halbherzig eine

Schweigeminute an, lässt den Match-Countdown mit Musik und Werbung streichen.

»Ich weiß noch, dass wir alle das Spiel wie durch einen Schleier wahrgenommen haben. Unsere Jungs waren wie gelähmt. Die Athener dominierten das Spiel, kickten, als wäre nichts geschehen. 0 : 1, 0 : 2 – Ende. Deren Spieler und Fans haben lautstark nach den Toren gejubelt. Hinterher erfuhr ich, dass die Griechen die schrecklichen Bilder aus New York noch nicht gesehen hatten.«

Schalke ist bedient. Was ein Festtag werden sollte, wird ein Tag der Trauer und des Zorns. Die erste Champions-League-Saison beginnt mit einer Heimpleite. Fünf weitere Spiele später scheidet Schalke bereits nach der Gruppenphase aus. Huub Stevens sagt im Rückblick: »Ich war sauer, dass wir in einer Situation spielen mussten, in der es um die ganze Welt ging – und nicht um Fußball.«

»Während des Spiels gegen Panathinaikos dachte ich mir: Leute, ihr seid doch bekloppt. Ich wollte den zuständigen Herren am liebsten an den Kragen – was für eine weltfremde Entscheidung. Diese Machtlosigkeit war das Schlimmste. An diesem schrecklichen Tag konntest du keinen Gedanken an Fußball verschwenden. Die Atmosphäre im Stadion war gespenstisch. Dass wir das Spiel 0 : 2 verloren haben, war zunächst nebensächlich. Aber letztlich hat es uns um das Weiterkommen in der Gruppe gebracht. Am nächsten Tag hat die UEFA dann doch alle Spiele abgesagt – eine späte, für uns zu späte Einsicht.«

12. Meine Frauen, meine Zukunft
»Bloß nicht ins Pflegeheim«

———

»Ich weiß nicht, wie die Leute reagieren, wenn es dann in der Welt ist und alle wissen: Der Assauer ist dement. Der Alte hat Alzheimer. Es sind ja bisher nur einzelne Leute eingeweiht. Meine Familie, meine engsten Freunde, meine Sekretärin, die Ärzte. Aber was ist mit all den anderen? Werden sich die Leute drüber lustig machen oder Verständnis haben? Das Problem an der ganzen Geschichte ist doch: Will man das? Will man, dass einen die Leute mitleidig anschauen und sagen: Oh je, Herr Assauer oder Mensch, Rudi – das ist aber schrecklich, das tut mir aber leid. Und dann diese Blicke! Dieses Tuscheln! Mitleid ist das Schlimmste. Für mich war trotzdem irgendwann klar: Es muss raus. Das Versteckspiel sollte ein Ende haben. Bisher waren es ja nur Vermutungen oder Gerüchte, wie es mir geht. Leute lachen mich hinter vorgehaltener Hand aus, flüstern sich etwas zu, wenn sie mich sehen. Oder reden dummes Zeug, verbreiten Unwahrheiten. Sie sagen, jetzt hat er wieder gewackelt oder getorkelt, der hat doch sicher wieder gebechert und ist voll. Ich verstehe das nicht, das tut mir weh. Ich bin kein Alkoholiker. Seit Januar 2011 trinke ich keinen Tropfen mehr. An Silvester zuvor gab es die letzten Gläschen Weißwein. Danach war Feierabend. Seitdem gibt es nur noch alkoholfreies Weizenbier, Wasser oder Cola light sowie Tee oder Kaffee.«

Rudi Assauer versucht, so gut es geht, mit Alzheimer zu leben. Das Outing mit diesem Buch soll eine Erleichterung für ihn sein, und es soll anderen Demenzpatienten Mut machen, sich nicht zu verstecken, sich nicht zu verkriechen.

Ein typischer Tag in seinem neuen Leben mit der Krankheit beginnt ohne Zwang. Keine Termine, keine Verpflichtungen, kein frühes Aufstehen mehr wie früher als Manager, als er oft schon um sieben oder acht Uhr in der Schalker Geschäftsstelle war. Doch ein Ritual bleibt: die morgendliche

Lektüre. Die *Bild*-Zeitung ist Pflicht, außerdem die *WAZ*, je nach Lust und Laune auch andere Blätter. Früher ist Assauer in sein Auto gestiegen und rasch zur Tankstelle gefahren. Hat meist die *Bild* noch im Auto durchgeblättert und ist erst dann zum Bäcker, Brötchen holen. Jetzt kann er das alles nicht mehr. Bis vor Kurzem hat das alles noch seine Frau Britta erledigt. Doch Assauer und die ehemalige Telefonverkäuferin und Verwaltungsangestellte eines Funkhauses in Freiburg haben sich im Dezember getrennt. Beide waren der enormen Belastung, der Eheleute im Zuge der Alzheimererkrankung des einen Partners ausgesetzt sind, nicht mehr gewachsen. Bettina, die ältere Tochter, kümmert sich nun um ihren Papa, hat ihn vorübergehend bei sich in ihrer Wohnung in Herten aufgenommen. Gemeinsam bestreiten sie nun den Alltag.

»Statt früher mit den beiden Hunden gehe ich jetzt eben so raus, jeden Morgen etwas spazieren – bei Wind und Wetter. Da komme ich an die frische Luft, das tut mir gut. Leider ist das im Grunde mein einziger Sport in Anführungszeichen. Diese Trimmdichgeräte – sich da auf so einen Fahrradergometer zu setzen, das bringt doch nichts mehr. Das ist doch kein richtiger Sport. Fußball kann ich auch nicht mehr spielen. Da macht der Rücken nicht mehr mit. Ich habe in den letzten Jahren an einem Bandscheibenvorfall laboriert, daher über ein Jahr lang eine Cortison-Behandlung mit Spritzen bekommen. Ab und zu kribbelt es in den Füßen, in den Zehen. Daher muss ich Stützstrümpfe tragen und immer mal den Onkel Doktor besuchen.«

Nach dem Frühstück samt Zeitunglesen geht es ins Büro. Die Räumlichkeiten sind Teil einer Steuerkanzlei in einem großen Bürohaus verschiedener Firmen, nicht weit vom Hauptbahnhof Gelsenkirchen entfernt. Der ganz normale Papierkrieg: die Post mit den Rechnungen, den Einladungen, den gesamten Mailverkehr – Frau Söldner, seine Sekretärin, arbeitet alles ab. Da sich Assauer aufgrund der Krankheit aus der Öffentlichkeit etwas zurückgezogen hat und die Anfragen geringer werden, ist das Büro nur noch vormittags besetzt. Zum 30. April 2012 soll es ganz geschlossen sein.

»So etwa bis mittags, auch mal bis 13 oder 14 Uhr, bin ich im Büro – je nachdem, was ansteht und zu tun ist. Ganz praktisch: Freunde haben in der Nähe eine Pizzeria, da gehe ich meist hin. Weil: Hunger ist Hunger, da kann ich dann nicht warten. Zurück in den eigenen vier Wänden, mache ich nach dem Essen oft ein Nickerchen, denn: Müde ist müde.«

Assauer hat kein richtiges Zeitgefühl mehr, obwohl er sehr oft nach der Uhrzeit fragt. Die »Arbeit« im Büro gibt ihm und seinem Tag eine Struktur, einen Rhythmus. Er hat eine Aufgabe. Am Nachmittag wird es dann ruhiger, und er kann sich zu Hause entspannen.

»Früher habe ich gerne Kreuzworträtsel gemacht. Ich habe dann Britta gefragt, wenn ich was nicht wusste. Sie hat die Lösungen eingetragen und mir geholfen. Ein bisschen die Birne schulen, das war gut für mich. Jetzt macht mir das keinen Spaß mehr.«

Er kriegt es schlicht nicht mehr hin. Nun läuft der Fernseher, fast immer. Ein ständiger Begleiter als dauerhafte Geräuschkulisse samt Bewegtbildern. Als wäre es ein lebendiges Gemälde. Eine Ablenkung vom eigenen Leben.

»Ist ein riesengroßes Ding, dieser Fernseher. Wenn ein interessantes Spiel ansteht, setze ich mich auf die Couch und schaue mir die Geschichte an. Gott sei Dank läuft ja heutzutage immer auf irgendeinem Kanal Fußball. Ein Spiel pro Tag. Das hat es früher nicht gegeben. Und diese schnellen Wechsel zwischen den Stadien, wenn Bundesliga läuft. Früher undenkbar. Schnell hin- und hergeschaltet wurde nur bei den Konferenzen im Radio. Heute drückst du auf den Knopf der Fernbedienung – und plötzlich bist du, eben noch in München, dann wusch in Hamburg. Zu meiner Zeit gab's das nicht.«

Ständig Fußball – ob nachmittags oder abends. Ganz selten kommentiert er, was er sieht. Manchmal sitzt Assauer nur da, ohne etwas zu sagen. Ob beim Fernsehen, im Auto oder beim Frühstück. Ganz lange. Wie versunken in seiner Welt. Vor dem Fernseher schläft er dann hin und wieder ein. Seine Tochter muss auf diesen Moment warten. Schließlich kann sie nicht einfach vor ihm ins Bett gehen. Sie weckt ihn, dann geht es ins Schlafzimmer. Waschen, Zähne putzen. Fertig. Gute Nacht. Alltag in den eigenen vier Wänden. Noch vor ein paar Monaten ist er mit Britta einigen Einladungen gefolgt, ging es zu Freunden, ins Theater, zu einer Gala oder besuchte er die Heimspiele des FC Schalke, dann wurde es zu anstrengend für Assauer.

»Es fällt mir seit Monaten schwerer und schwerer, andere Menschen zu tref-fen, solche Einladungen, die immer noch zahlreich kommen, anzunehmen. Dieses Gefühl, nicht privat, sondern in der Öffentlichkeit zu sein. Früher habe ich das ja genossen. Der rote Teppich, die Kameras – das war auch meine Welt. Wenn meine Tochter oder meine Sekretärin heute bei solchen Anlässen mit dabei sind, helfen sie mir, schirmen mich ab, mischen sich rechtzeitig ein. Und dennoch entstehen unangenehme, peinliche Momente. Ich erkenne gewisse Leute, zum Teil alte Freunde und gute Bekannte, auf den ersten Blick nicht mehr – das ist einfach nur schlimm für mich, eine Qual. Ich kann sie dann nicht direkt mit Namen ansprechen, bin unsicher. Im Grunde möchte ich in diesen Momenten nur weg. Oder wenn ich merke, dass ich Aussetzer habe, nicht sofort verstehe, um was es geht. Wenn ich das eine oder andere Wort nicht finde, die Sätze nicht richtig beenden kann. Natürlich schäme ich mich dann. Und sage lieber gar nichts. Es kann aber auch das Gegenteil passieren, wenn ich in ein Gespräch verwickelt werde und keine gute Tagesform habe. Bin ich ungeduldig mit mir und meinen Mitmenschen, sage ich etwas, was mir später leidtut, schimpfe. Dann muss ich hinterher extra betonen, dass ich das gar nicht so gemeint habe. Ich mache Sachen oder sage Dinge, von denen ich gar nichts mehr weiß später. Das macht mich kirre, das ist schrecklich.«

In einem der zahlreichen Interviews, die er als Prominenter geben musste, wurde Rudi Assauer einmal gefragt, was ihm bestimmte Begriffe bedeuten. Als Erster auf dem Prüfstand: Bescheidenheit. Seine Antwort: »Bescheidenheit bedeutet für mich, Dinge in Demut anzunehmen.« Auge in Auge mit der Krankheit, merkt er, wie schwierig es ist, das umzusetzen. Luxus definierte er folgendermaßen: »Unabhängig den Tag einteilen zu können, Entscheidungen zu treffen.« Das war einmal. Und drittens, die Frage nach den Prioritäten des Lebens. Seine Antwort damals: »Gesundheit ist das Allerwichtigste im Leben.« Nun, im Angesicht der Krankheit, wirken diese Aussagen noch bitterer.

»Denke ich über meinen Zustand und meine Krankheit nach, führt mich das immer wieder zu ein und derselben Frage zurück: Warum ich? Ich sage zu mir: Warum gerade du, Assauer? Keiner kann mir das sagen. Ich finde keine Lösung. Es gibt keine Antwort. Aber ich zermartere mir den Kopf. Ich habe doch niemandem etwas getan, bin doch ein ganz normaler Bursche. Ist es Schicksal? Wohl schon. Ich hätte nie gedacht, dass mir so etwas passiert, hatte mich nie wirklich mit der Krankheit beschäftigt.«

Und das, obwohl es in Assauers Familie eine Häufung von Alzheimer- erkrankungen gibt: seine Mutter Elisabeth, sein Bruder Lothar. Hautnah hat er beide Krankheitsverläufe miterlebt. Für Assauer unerträglich. Er kann sich keinen Ruck geben, kann seinen Bruder nicht besuchen. Ihn da so hilflos liegen zu sehen würde er nicht verkraften. Zu sehr kommen Bilder in ihm hoch, die ihn auch an seine Mutter denken lassen, wie sie in ihren letzten Lebensjahren eben auch an Alzheimer litt.

»Rudi hat unsere Mutter öfter besucht«, erinnert sich seine Schwester Ka- rin. »Damals sagte man noch: ›Ach, die gute, alte Frau ist verkalkt.‹ Als sie ihren Sohn dann nicht mehr erkannt hat, hat er sich geweigert, sie weiter zu besuchen. Diese bitteren Momente, wenn ein Kind merkt, dass ihn die eige- ne Mama nicht mehr erkennt, die hat er damals nicht verkraftet. Ich glaube, das hat er heute noch im Hinterkopf, das beschäftigt ihn immer noch.« Assauers Mutter Elisabeth starb 1981 mit 76 Jahren. Ihre letzten Jahre ver- brachte sie in einem Altersheim auf der Pflegestation. Sie litt unter Parkin- son, konnte nicht mehr laufen.

»Ich war damals bereit, ihr Sterbehilfe zu leisten. Ich hätte es getan, ich hätte sie davon erlöst. Sie konnte nicht mehr geheilt werden. Sie hat apathisch im Pflegeheim gelegen, es war eine Katastrophe. Ich konnte das schlecht mitansehen. Genau an dem Tag, an dem ich ein tödliches Medikament besorgen wollte, ist Mama aus dem Bett gestürzt, hat sich einen Oberschenkelhalsbruch zugezogen und wurde notversorgt. Ich habe meine Schwester Karin angerufen und sie gebeten, dass wir auf die Ärzte einwirken, Mutter nicht noch einmal operieren zu lassen. Die Leiden wären größer gewesen als die Heilungschancen. Sie wurde auf Anraten der Ärzte dennoch operiert und überlebte die Operation nicht.«

Sein Vater Franz war bereits drei Jahre zuvor, 1978, an Herzversagen gestorben. Er wurde 72 Jahre alt. Sohn Rudi war in der Stunde des Todes bei ihm.

»Ich habe am Bett gesessen, noch zwei schöne, eiskalte Bierchen bestellt, die haben wir dann noch gemeinsam getrunken – dann ist er friedlich eingeschlafen.«

Assauers Eltern haben beinahe die gesamte Zeit ihres Lebens in Herten verbracht, Schwester Karin und Tochter Bettina wohnen dort heute noch. Die Verbindungen nach Herten haben Assauer trotz seiner Engagements im Norden in Oldenburg oder Bremen stets eine Menge bedeutet. Heute lebt er wieder in der Stadt seiner Kindheit, mit zwei Frauen an seiner Seite: Tochter Bettina und Frau Söldner, der Sekretärin, die sein Büro managt.

Das Machoimage hat Rudi Assauer ein Leben lang begleitet. Irgendwann bekam er den Stempel aufgedrückt – ein Spiel der Medien. Und er hat es mitgespielt.

»Ich weiß wirklich nicht, woher das kommt. Vielleicht weil ich besonders nett zu den Damen war? Keine Ahnung, ehrlich. Was ist denn ein Macho? Ich habe schon Leute mit großem Verstand gefragt, ob sie mir das erklären können.

Die konnten es auch nicht genau. Ich bin doch kein Macho, nur weil ich im Haushalt nichts mache.«

Tatsächlich hat er wirklich nie geholfen. Als Teenager war er immer nur draußen, Fußball spielen. Schwester Karin musste dagegen der Mutter zur Hand gehen. Haushalt? Wäsche? Putzen? Einkaufen? Es war nie seine Aufgabe, er hat es nie gelernt.

»Ich mache im Haushalt nichts, da bin ich auch zu nichts zu gebrauchen, zu absolut gar nichts. Dazu hatte ich nie Zeit und Lust schon gar nicht. Ich starte nie die Waschmaschine, staubsaugen kann ich auch nicht. Is nicht meine Welt. Und wenn mir ein Mann erzählt, dass er kochen kann, dann denke ich: Donnerwetter. Tee kochen – das kann ich, ist ja auch nicht schwer. Aber irgendetwas anderes als Spiegeleier? Nein, dafür sind doch die Damen da. Kochen werde ich auch nicht mehr lernen. Wenn ich Hunger habe, gehe ich ins Restaurant, am liebsten zum Italiener.«

Rudi Assauer hat sich zeit seines Lebens gerne bedienen lassen. Heute ist er auf fremde Hilfe angewiesen. Der Macho Assauer ist längst Vergangenheit, er lebt zurückgezogen.

»Früher habe ich für meine Vereine zwölf bis 14 Stunden täglich gearbeitet, samstags und sonntags sowieso. Da blieb kaum Zeit fürs Privatleben. Deswegen bin ich auch in Beziehungen immer auf Distanz gegangen und habe das auch den Frauen mitgeteilt. Am Ende einer Beziehung habe ich oft festgestellt, dass nur eines geht: Schalke oder Familie – ich musste mich entscheiden. Das habe ich dann getan. Schalke stand an Nummer eins.«

Assauers erste große Liebe lernt er an seinem 16. Geburtstag kennen – bei der Feier zum Tanz in den Mai in Herten. Fünf Jahre ist er mit Sonya Gottschalg, einer Parfümerie-Fachverkäuferin, zusammen. Eine Schwärmerei, eine Jugendliebe. Am 3. Juli 1965 kommt die gemeinsame Tochter Bettina zur Welt. »Damals war man ja erst mit 21 volljährig. Vorher musste man die Eltern befragen, falls man heiraten wollte, doch Rudis Vater Franz war dagegen«, erzählt Bettina. »Es gab dann Schwierigkeiten. Streit und wieder Versöhnung, hin und her.« Als Rudi Assauer und Sonya volljährig sind, wollen sie nicht mehr heiraten. Bettina erinnert sich: »Ich bin an einem Versöhnungsabend entstanden, ein Versöhnungskind. Doch wenig später war endgültig Schluss bei Mama und Papa.«

»Sonya war meine erste Liebe. Ein sehr hübsches Mädel, ein Schuss, wie man bei uns sagte. Sie hat sich liebevoll um mich gekümmert, mich umsorgt, als ich bei der Spielvereinigung Herten gespielt habe. Wir sehen uns heute noch ab und zu, haben ein ganz normales Verhältnis.«

Fünf weitere Frauen spielten eine bedeutende Rolle im Leben des Rudi Assauer. Die Damen an seiner Seite nannte er stets mit einem Augenzwinkern »Lebensabschnittsteilzeitgefährtinnen«. Ende der 60er-Jahre begegnet er Inge Lückert aus Dortmund, deren Eltern zu dieser Zeit ein Vereinslokal der Borussia betreiben. 1970 heiraten die beiden, am 6. Mai kommt Assauers zweite Tochter Katy zur Welt. Es ist das Jahr, in dem er von Dortmund nach Bremen wechselt, eine neue Wahlheimat findet.

»Inge war schwer in Ordnung, eher etwas reserviert und distanziert. Gerne erinnere ich mich an gemeinsame Urlaube in Istanbul oder Ibiza. Sie war stets top gekleidet, hatte Stil. In Bremen hat sie mich immer mit ins Stadion begleitet, saß auf der Tribüne.«

Gemeinsam erleben Rudi und Inge Assauer seine letzte Spielerstation und die ersten Jahre als Manager bei Werder. »Zu seiner Zeit in Bremen war Rudi in Sachen Mode das, was man heute einen Poser, einen kleinen Angeber nennen würde«, erzählt Werders Extorhüter Dieter Burdenski. »Er trug ganz moderne Mäntel, besondere Schals, legte Wert auf ein extravagantes Aussehen.« Als Assauer 1986 beim FC Schalke als Manager entlassen wird, schwindet auch die Liebe zu Inge. Die beiden bleiben jedoch auf dem Papier verheiratet, einen Ehevertrag gibt es nicht.

Erst als Katy 13 Jahre alt ist, erfährt sie, dass sie eine fünf Jahre ältere Halbschwester hat. Bettina erinnert sich an das erste Aufeinandertreffen: »Das war ein ganz eigenartiger Moment: Katy saß 1983 bei einem Spiel in Gelsenkirchen auf der Tribüne im Stadion. Ich wusste, wer sie ist, aber Katy wusste nichts von mir. Papa sagte dann nach dem Spiel zu ihr: ›Ich habe eine Überraschung für dich. Pass mal auf, jetzt lernst du deine Schwester kennen.‹ Für mich war das okay, es musste ja mal sein, war an der Zeit. Wir haben in der Folge ab und an mal telefoniert, uns jedoch selten gesehen, da wir ja unterschiedliche Mütter hatten. Danach haben wir uns aus den Augen verloren und auseinandergelebt.«

1987 macht der befreundete Sportreporter Werner Hansch auf einer Sportlergala in der Essener Messe Rudi Assauer mit Beate Schneider bekannt. Es macht sofort klick. Die Handballerin beeindruckt Assauer, er nennt sie »Schneidersche« oder »Zimmerlinde«, ein Kosename, den sie wegen ihrer schlanken Figur erhält. Beide sprechen sich mit »Beau« an, zu Deutsch »Schönling« oder »Schöner«. Mit Beate genießt Assauer Ende der 80er-Jahre das Leben, den Luxus, einmal nicht im Fußballgeschäft ständig unter Strom zu stehen. Sie leben gemeinsam in Bremen, unternehmen viele Reisen, schaffen sich einen Hund an. Die Liebe zu Janosch, seinem gut 40 Kilogramm kräftigen ungarischen Vorstehhund, einem Magyar Vizsla, geht so weit, dass er ihn auf Händen trägt – nicht nur sprichwörtlich. Einmal sogar notgedrungen, weil der Vierbeiner in eine Scherbe getreten war und stark blutete. Also schleppte ihn Assauer nach Hause zurück, packte ihn ins Auto und fuhr dann zum Tierarzt. Als Janosch eines Tages Kastanien gefressen hatte und dadurch einen Magen-Darm-Verschluss bekam, weinte und schluchzte Assauer in Sorge um den Hund. Selbst kurz vor dem Anpfiff von Bundesligaspielen erkundigte er sich zu Hause, wie es seinem »Joschi« ging.

»Beate hatte eine gute Figur, war sehr sportlich und gepflegt. Hat sie einen Raum betreten, haben sich die Männer nach ihr umgedreht. Sie war gebildet,

sprachlich begabt – und keine Jasagerin, sie hatte ihren eigenen Kopf. Die war absolut in Ordnung. Wir haben heute losen Kontakt, man sieht sich bei Geburtstagen und anderen Festen.«

Knapp zwölf Jahre war er mit der »Schneiderschen« zusammen, dann funkte es mit Kerstin Marohn aus Gelsenkirchen – beim Zahnarzt. »Nur widerwillig ist der Chef in die Praxis gegangen«, erinnert sich seine Sekretärin, »und plötzlich kam er jedes Mal ganz vergnügt zurück.« Assauer hatte sich in die Zahnarzthelferin verguckt und sagte damals über die 24-Jährige in einem Interview:

»Ich habe sie kennengelernt, als ihr Zahnarzt mir das Esszimmer neu tapeziert hat. Kerstin merkte sofort, dass ich bei der Behandlung ein bisschen Schiss hatte. Sie hielt mir ganz lieb das Händchen.«

Obwohl 30 Jahre Altersunterschied zwischen beiden liegen, schickt er seinem »Maröhnchen« Blumen. Weil sie sich erst ziert, lädt er das gesamte Team der Zahnarztpraxis zum Essen ein. So kriegt er sie rum. Im Rückblick sagt Assauer:

»Ein dralles Mädel, die war hübsch. Die war in Ordnung.«

Nicht in Ordnung war für ihn, dass sie es war, die die Beziehung nach eineinhalb Jahren beendete. Kerstin war die erste Frau an seiner Seite, die mit ihm Schluss gemacht hat. Nicht umgekehrt, weil eben für ihn der Fußball, der Job an Nummer eins stand. Eine ganz neue Erfahrung für Assauer.
Am 1. April 2000 lernt er die Schauspielerin Simone Thomalla bei einem Boxkampf kennen. Er nennt die *Tatort*-Kommissarin die »Thomallasche«, »Mucke« oder in Interviews gerne »meine Alte«. Die Leipzigerin führt ihn in die Glamourwelt des Showbusiness ein. Bis 2009 lebt Assauer mit der 21 Jahre jüngeren Simone und deren Tochter Sophia zusammen. Im Jahr 2007 lässt er sich von seiner Nochfrau Inge scheiden, zu einer Heirat

mit Simone kommt es dennoch nicht. Anfang Januar 2009 ist dann Schluss, eine Versöhnung im Sommer desselben Jahres scheitert. Einem großen Publikum wurde das Paar als Werbe-Duo bekannt. Gemeinsam treten Assauer und Thomalla ab 2003 in TV-Spots des Schalker Werbepartners Veltins auf. Der Spruch aus der Kampagne »Nur gucken, nicht anfassen« erlangt Kultstatus.

»Immerhin haben wir 2006 gemeinsam die Goldene Kamera in der Kategorie ›Bester Werbespot mit Prominenten‹ gewonnen.«

2009 bekommt Assauer einen neuen Partner – in der Bierwerbung. Der Spot mit Filmstar Bruce Willis wird in den Hollywood-Studios in Los Angeles abgedreht. In der Werbung klaut Assauer Willis in einer Bar das Bier vor der Nase weg. Für die weite Reise hat Assauer seine Flugangst einmal erfolgreich verdrängt.

»Das war eine schöne Sache, hat Spaß gemacht. Bruce war sehr entspannt und lässig, wir haben uns gut verstanden.«

Auf der Aftershow-Party einer Miss-Germany-Wahl im Europapark Rust bei Freiburg lernt Assauer im Februar 2010 Britta Idrizi kennen und lieben. Die 21 Jahre jüngere Frau zieht in der Folge mit den Hunden Connor und Leon in sein Haus. Am 19. April 2011 findet die geheime Hochzeit statt, nicht einmal Assauers enger Freund Werner Hansch ist eingeweiht. Im Dezember 2011 kommt es zur Trennung, die Scheidung wird vorbereitet.

Dass es die Frauen an seiner Seite aufgrund seines Jobs nicht immer leicht hatten, bekam einst selbst die Zwillingsschwester zu spüren. Denn sogar die groß angelegte gemeinsame Feier des 50. Geburtstages am 30. April 1994 war durch aktuelle Ergebnisse gefährdet. Der Plan sah vor, am Abend zuvor im Schloss Berge in Gelsenkirchen mit Riesenbüfett und Feuerwerk in den gemeinsamen Ehrentag hineinzufeiern.

»14 Tage vorher, nach einem 0:1 gegen den VfB Stuttgart, habe ich mein Schwesterchen angerufen und gesagt: ›Meine liebe Karin, es tut mir leid. Aber die Feier findet nur statt, wenn wir mit Schalke nicht absteigen.‹ Denn genau an diesem Samstag stand unser letztes Heimspiel der Saison gegen den MSV Duisburg auf dem Spielplan. So war das – ja, leider. Der Job geht vor. Aber es ist ja gut gegangen, wir hatten eine Woche zuvor mit einem 2:2 in Leipzig den Klassenerhalt perfekt gemacht. So konnten wir die Party durchziehen. Das Spiel gegen Duisburg endete 1:3, meine Laune war dementsprechend. Gut, dass wir mit der Familie und Freunden am Abend zuvor reingefeiert hatten.«

Seine Heimatstadt Herten hat Assauer nie im Stich gelassen. Als die Spielvereinigung 1999 mit Schulden in Höhe von 125 000 DM vor dem Ruin steht, weil das Finanzamt eine Steuernachzahlung in Höhe von 30 000 DM fordert, verspricht er ein Benefizspiel gegen die Schalker Profimannschaft. Durch die Einnahmen dank des Gastauftritts der Bundesligastars kann der Hertener Verein die Insolvenz gerade noch abwenden. »Die Schalker haben keinen Pfennig genommen«, bestätigt Spielvereinigung-Vorsitzender Klaus Böhm, »das war eine Riesentat.« Sie sind ihrem Rudi unendlich dankbar.

Die inzwischen heruntergekommene Katzenbusch-Kampfbahn, für Assauer die Wiege seiner Profilaufbahn, wird nach dem Benefizkick von Klaus Böhm und Günter Rudnik, einem ehemaligen Hertener Mitspieler Assauers, in aufopferungsvoller Eigenarbeit wieder in Schuss gebracht. Bei Heimatbesuchen Assauers stellt heutzutage Vereinswirt Hans-Joachim Christ immer noch eine Anlaufstelle dar.

»Seine Mutter Cilly war schließlich wie eine Ziehmutter für mich. Bei ihr gab's in meiner Jugend immer was auf die Gabel.«

Doch nicht nur Assauer junior hat in Herten seine Spuren hinterlassen, auch der Senior. Im Katzenbusch in Herten managt Franz Assauer im fortgeschrittenen Alter eine Altherrengruppe, einen Rentnertreff. Dort wird

Skat gespielt, getanzt. Er hat sich dafür eingesetzt, dass sie einen Unterstand bekamen. Wie ein Manager kümmert er sich. Und weil er die Politiker aus Herten gut kennt, gelingt es ihm, einen der Ratsherren zu überreden, eine feste Begegnungsstätte zu bauen. Als Assauer senior dort seinen 70. Geburtstag feiert, kommt der Bürgermeister persönlich zum Gratulieren. Heute heißt diese Begegnungsstätte »Franz-Assauer-Haus«.

Zu seinem 65. Geburtstag bekommt Rudi Assauer von der Deutschen Rentenversicherung einen Brief. Er kann kaum fassen, was er da liest. Damals sagt er in einem Interview:

»Die zahlen mir demnächst monatlich Kohle. Unglaublich, aber es ist schon so weit. Früher haben viele Bergleute hier im Pott dieses Alter gar nicht erreicht, sind vorher an Staublunge gestorben. 65 – das ist schon ein ganz ordentliches Alter.«

2014 wird Assauer 70 Jahre alt. Doch seit er die Gewissheit hat, seinen Lebensabend mit der Diagnose Alzheimer verbringen zu müssen, denkt er mehr denn je über seine Zukunft nach.

»Man kann es doch sowieso nicht stoppen. Es wird ja nicht besser, eher schlechter. Ich muss mich damit abfinden. Es wird nie wieder so sein, wie es einmal war. Und daher stelle ich mir ständig Fragen: Was wird nun aus mir? Wie geht es weiter? Wie entwickelt sich die Krankheit step by step? Was kommt jetzt noch alles auf mich zu? Was müssen meine Familie und meine Freunde noch alles ertragen? Können wir noch ein paar Jahre anständig miteinander leben? Muss ich irgendwann in ein Krankenhaus, in ein Pflegeheim? Irgendwann wird es auch so weit sein, dass meine Tochter mir nicht mehr helfen kann.«

Eine Pflegekraft soll sich um Rudi Assauer kümmern, zunächst ambulant. Später einmal soll sie eventuell als Rund-um-die-Uhr-Betreuung miteinziehen. Wird auch die häusliche Pflege irgendwann einmal nicht mehr ausreichen, muss er in ein Pflegeheim – wie sein Bruder. Doch dieser letzte

Schritt soll so lange wie möglich hinausgezögert werden. Daher finden weiter Sitzungen in der Memory Clinic in Essen statt, etwa einmal im Monat. Zu Gesprächen, die sein Erinnerungsvermögen schulen sollen, kommen ehemalige Weggefährten oder frühere Spieler aus dem Kader der Schalker Eurofighter vorbei. Andreas Müller etwa oder Huub Stevens. Natürlich auch sein Kumpel Werner Hansch, die ehemaligen Spieler Youri Mulder, Gerald Asamoah, Jens Lehmann, Ebbe Sand. Parallel verfolgen Klinikleiter Professor Hans Georg Nehen und sein Team weiter das Ziel, den Abbau der geistigen Leistungen auch mithilfe der verabreichten Medikamente zu bremsen.

»Ich möchte nicht ständig diese Tabletten nehmen, ich muss aber. Schon allein deshalb ist mir völlig klar: Ich werde nie mehr ein vernünftiges Leben führen, das geht nicht. Andere gehen in meinem Alter erst in Rente. Und was mache ich? Ich wollte ursprünglich auch im fortgeschrittenen Alter arbeiten, so lange wie möglich den Job weitermachen. Solange es eben geht. Dann wollte ich ein schönes Leben führen, die letzten Jahre genießen.
Die Tabletten verzögern ja nur den Verfall. Ich wäre froh, wenn der Verfall jetzt nicht mehr weiterginge. Dann wäre ich der glücklichste Mensch der Welt. Auch wenn ich weiß: Mein Hirn, die Rübe da oben, funktioniert nicht mehr. Das ist bitter, einfach nur bitter. Wenn ich jetzt 80 Jahre alt wäre, wäre das ja okay. Aber ich bin mit meinem Alter viel zu jung für diese Krankheit.«

Für die Angehörigen, die Freunde und die Exspieler unter dem Manager Assauer ist eine Begegnung zum Gespräch bei Kaffee und Kuchen in der Memory Clinic zwar ein schönes Wiedersehen, aber auch eine erschreckende Erfahrung. Besonders, wenn man sich lange Zeit nicht gesehen hat, trifft es die Besucher hart, den alten Weggefährten in diesem Zustand zu erleben. »Es war eine angespannte Situation, wie ein Mensch mit so einer Krankheit einem begegnet und wie man ihm selbst gegenübertritt«, erzählt Exnationaltorhüter Jens Lehmann nach dem Treffen Anfang September 2011. »Für einen Laien in Bezug auf die Krankheit wie mich ist es schwierig, damit umzugehen. Man muss einfach Verständnis dafür aufbringen.« Insgesamt zehn Jahre hat Lehmann ab 1988 bei Schalke gespielt, darunter von 1993 bis 1998, als Assauer Manager bei den Königsblauen war. Die Begrüßung fällt sehr herzlich aus. »Man weiß ja nie, wie fremd man demjenigen dann ist. Aber ich hatte das Gefühl, dass er mich erkannt hat. Diese Begegnung war vertraut«, beschreibt Lehmann seine Emotionen an jenem Tag. »Und ich war überrascht, wie gut er beieinander ist, wie gut er sich an manche Dinge erinnern kann. Wenn es so bliebe, wäre es ein Erfolg. Optisch ist ja kaum eine Veränderung auszumachen – Kompliment!«

Die beiden witzeln über die gemeinsame Zeit bei Schalke, erinnern sich an manche Anekdote. Sie sprechen etwa über Jiri Nemec, den Mittelfeldstrategen aus Tschechien, der so effizient und ökonomisch mit seiner Energie und seinen Worten umging wie kein Zweiter. Auch über dessen üppige Haarpracht amüsiert man sich noch einmal gemeinsam. »Wegen seiner Matte nannten wir ihn den ›Meister‹ in Anlehnung an den Sänger Guildo Horn«, erzählt Lehmann, »aber Jiri war ein Riesenkicker, enorm. Der konnte das Spiel lesen wie kein Zweiter. Wenn der allerdings auf den Platz getrabt ist mit seinen hängenden Schultern, dann dachte man immer, mein Gott, dieser schmächtige Kerl ist ja langsam – aber dann ging's richtig ab. Der war so dürr, der hatte gar keine richtige Muskulatur.«

Nach der Verabschiedung kreisen bei Lehmann die Gedanken um Rudi Assauer und dessen Krankheit. »Ohne ihn wäre der Verein nicht das, was er heute ist«, sagt Lehmann. Aber was weiß Assauer davon noch? Als er Ende 2011 in der Veltins-Arena, seinem Stadion, zu einem Termin geladen ist, passiert Assauer die Ahnengalerie aller Schalker Kapitäne, schöne Fotos in großen Bilderrahmen hängen an den Wänden. Er sagt zu seiner Tochter, da sehe man doch, wie schnell es gehe, wie schnell man vergessen werde. Der Exmanager hat aber kein einziges Spiel für Schalke bestritten. Schalke, da war doch was – doch Assauers Gehirn bekommt die genaue Verknüpfung nicht mehr hin. Jens Lehmann, heute TV-Experte, senkt den Kopf, meint nachdenklich: »Wenn ich so direkt mit Alzheimer konfrontiert werde, denke ich natürlich an meine Eltern und auch an mein eigenes Alter – ich frage mich: Wie wird es mir einmal ergehen, wenn es mich erwischt? Was kommt überhaupt im Alter auf mich zu? Was wird einmal mit meinen Eltern sein?« Alzheimer setzt den Mitmenschen einen Spiegel vor.

»Manchmal hocke ich an meinem Schreibtisch, überlege so vor mich hin und male mir dann aus, was in Zukunft passiert: In ein paar Jahren sitze ich nur noch rum und warte, bis ich abgesäbelt werde. Dann könnte man sich doch gleich die Kugel geben, ein Loch in den Kopp schießen. Nein, werde ich natürlich nie machen. Aber auch für meine Familie ist das nicht schön, wenn ich dann wie so ein Bekloppter durch die Gegend laufe oder im Rollstuhl umhergeschoben werden muss. Oder wenn ich dann in ein Pflegeheim muss – das ist so schrecklich dort. Diese armen Menschen! Wenn ich mir das vorstelle, die liegen da und gucken nur noch stumpf an die Decke. Was für ein Leben! Manche können nicht mal mehr ›Guten Tag!‹ sagen. Die wissen ja gar nicht, warum und wieso und weshalb. Schrecklich.«

Angst bestimmt Assauers Gedanken heute. Die Angst vor dem endgültigen Verlust der Kontrolle des Gehirns über sein Leben. Die Angst, überhaupt nicht mehr Herr seiner selbst zu sein – ein Leben in totaler Abhängigkeit zu verbringen. Damit hatte er immer schon Schwierigkeiten. Sein Schicksal in die Hände anderer zu geben bereitete ihm Magenschmerzen. Bis heute leidet Assauer an Flugangst.

»Flüge waren für mich immer ein notwendiges Übel des Jobs – es ging eben nicht ganz ohne. Wie sollte man sonst schnell zu den Auswärtsspielen kommen? Wie sollte man fix vor Ort sein und vor allem schneller als die Konkurrenz, wenn man einen Spieler beobachten wollte? Meist habe ich vor dem Flug eine halbe Valium-Tablette eingenommen oder ein Glas Rotwein getrunken – das konnte auch mal ein Calvados oder ein Cognac sein. Das hat mich beruhigt. Ab und an ist es mir auch gelungen, die Angst auszublenden. In so einer Situation konnte ich das ganz gut.

Wenn es mal wieder so weit war, wollte ich immer unbedingt einen Fenster-platz haben. Leute, die ebenfalls unter Flugangst leiden, kennen das, man will wissen und sehen, was passiert – auch wenn das natürlich Unfug ist. Irgend-wie eingreifen kann man als Fluggast sowieso nicht, wenn man mal in dem Vogel drinsitzt. Am liebsten habe ich immer in Reihe eins bis drei gesessen, weil dort der Weg zur Ausgangstüre vorne links am kürzesten ist. Viele Flugkapi-täne waren so nett und haben mich ins Cockpit gelassen, als das vor den Ter-roranschlägen von New York 2001 noch erlaubt war. Ein Besuch im Cockpit mildert die Angst. Man sieht, wie professionell die Herren oder auch Damen dort ihren Job machen. Und früher, ach was für Zeiten, da durfte ich sogar noch eine Zigarre rauchen da vorne.

Mit Borussia Dortmund sind wir 1968 einmal zu einer monströsen vierwö-chigen Testspielreise nach Nordamerika mit insgesamt neun Partien geflogen, haben unter anderem in New York gespielt. Viele Inlandsflüge waren da auch noch dabei. Meine lieben Mitspieler haben mich immer aufgezogen vor dem Start mit Sprüchen wie: >Oh, oh, Assi, der Pilot hat aber gar nicht fit ausgese-hen. Der hat gelallt, als ich ihn reden hörte.< Oder was ähnlich Witziges wie: >Du, die Maschine ist aber auch nicht mehr die neueste.<

Nach der Karriere bin ich nur ganz selten übern großen Teich geflogen, zu-letzt für die Drehs der Veltins-Werbespots mit Bruce Willis. Aber das war ein Job. Etwas ganz Spezielles hätte mich sehr gereizt: Ein Kumpel von mir war nach Kanada gezogen und hatte dort ein Wasserflugzeug. Das hätte ich gerne noch mal gemacht, das war ja nicht so hoch überm Wasser, das hat mir ko-mischerweise nichts ausgemacht. Aber das hat sich nicht ergeben. Ein großer Wunsch von mir wäre es gewesen, einmal mit der Concorde in die USA zu fliegen, da ist die Flugzeit so schön kurz. Aber nach dem Absturz der einen Maschine hatte sich das ja dann auch erledigt.

Dass ich nie in Asien war? In Australien, dem Traumziel vieler Menschen? Nein, ich traure dem nicht nach, habe so viele schöne Dinge erlebt – ich wür-de mich viel lieber an all das erinnern können. Viele dieser Momente nicht mehr griffbereit und abrufbar zu haben, das ist viel schlimmer.«

Kleinere Reisen will Assauer aber noch unternehmen. Fahrten, die nicht so anstrengen.

»Früher habe ich immer gesagt, ich hätte gerne einen Zweitwohnsitz auf Sylt. Das waren immer schöne Tage dort. Auch würde ich gerne mal wieder ins Seehotel Fährhaus in Bad Zwischenahn bei Oldenburg, das Hansi Brinkmeyer 2003 aufgemacht hat. Der Hotelier hatte ja damals meinen alten Oldenburger Kumpel Klaus Baumgart als Kurdirektor eingesetzt. Oder nach Gran Canaria in die Sonne. Als Städtereiseziel würde mich Palermo reizen, weiter weg will ich aber nicht mehr. Ist mir zu anstrengend.«

Die Abwechslungen des Alltags im Ruhrgebiet sind hier und da eine Einladung, ob zu einer Veranstaltung oder zu einer Party, ein Abendessen mit Freunden und natürlich die regelmäßige Fahrt zu den Heimspielen des FC Schalke in seine Arena. Die Tage ziehen ins Land. Für Assauer sind Termine und dazugehörige Daten nicht mehr greifbar. Monate und Tage verwischen. Stunden verschwinden. Es gibt wenige Dinge, die ihm richtig Freude bereiten. Danach gefragt, macht Assauer eine lange Pause.

»Hm, schwierig. Die Familie, die Freunde. Ein paar Leute um mich zu haben.«

Ansonsten? Wieder eine lange Pause.

»Mal eine Zigarre paffen. Auch wenn andere sagen, lass es sein, Rudi. Es schmeckt mir eben immer noch. Sind ja nicht mehr so viele.«

Und abends?

»Was bleibt einem denn sonst übrig außer Fernsehen? Nicht mal mehr vernünftig lesen kann ich, keine Kreuzworträtsel mehr lösen. Wenn Fußball im Fernsehen kommt, ist das gut. Das gucke ich mir dann an.«

Er setzt sich im Wohnzimmer aufs Sofa, nippt an einer Cola light oder lässt sich von seiner Tochter einen Cappuccino machen. Hin und wieder, wenn es nicht besonders aufregend ist, schläft er beim Fernsehen ein. Sport ist seine Leidenschaft, etwas anderes hat er sich nie wirklich angeschaut – nicht mal Krimis. Nach Fußball fasziniert ihn am meisten Tennis. Das sieht er heute noch gerne im TV, früher als Spieler und später als Manager war Tennis sein Ausgleichssport.

»Schön sind auch die Stadionbesuche.«

Fährt er in die Arena, spürt Assauer eine Erleichterung, wenn er an seinem Sitzplatz auf der VIP-Tribüne angekommen ist. Fußball pur. Er versinkt ins Spiel. Meist hat er den Oberkörper leicht nach vorne gebeugt, die Hände gefaltet – das ist seine typische Sitzhaltung. Zwischendurch murmelt er etwas vor sich hin, ruft etwas ins Spiel hinein. In diesen Momenten ist Assauer ganz bei sich, ganz in seiner Welt, das gibt ihm Sicherheit. Bei Toren hauen ihm Sitznachbarn auf die Schulter, mit manchen Leuten klatscht er ab. In diesen Momenten könnte die Zeit stillstehen. Vor oder nach dem Spiel in der La Ola, dem VIP-Raum der Arena, fühlt er sich unsicher. Nicht immer kann er in dem Gedränge alles verstehen. Nicht alle Leute auf den ersten Blick erkennen, die ihn ansprechen. Draußen in der Arena, mitten unter den mehr als 60 000 Zuschauern, hat er mehr Ruhe.

»Schalke drücke ich natürlich die Daumen. Die Sympathie ist schon noch da. Für Werder nicht mehr so. Das ist zu lange her.«

Selbst zu kicken war auch nach dem Karriereende während seiner verschiedenen Jobs als Manager seine größte Leidenschaft. Mit ein paar Freunden beinahe jeder Altersklasse haben sie auf Plätzen bei der Trabrennbahn in Gelsenkirchen gespielt, mindestens einmal pro Woche.

»*Da haben wir meist sechs gegen sechs oder fünf gegen fünf gepöhlt – wer eben Zeit hatte, kam vorbei. Alle möglichen Berufsgruppen waren dabei. Wenn mehr Leute mitmachen wollten, mussten wir auf dem kleinen Platz durchwechseln. Ich habe mich nicht gerne auswechseln lassen, die mussten mich schon fast runterziehen.*«

Wegen eines Bandscheibenvorfalls musste er eine Zeit lang kürzertreten. Vor einigen Jahren sagte er über seinen Fitnesszustand:

»*Ich bin zwar fit, aber der Spaß an vielen Dingen geht schon ein wenig verloren. Es knackt hier, zwickt da. Aber solange ich noch kicken kann, ist alles okay.*«

Heute kann er nicht mehr Fußball spielen, und er vermisst es.

»*Alles würde ich dafür geben, noch einmal 26 zu sein. Beim Fußballspielen konnte ich mir die Lunge aus dem Hals brüllen, laufen, schwitzen, mich austoben.*«

Andere Sportarten hat er nie wirklich für sich entdeckt. Nicht einmal Golf, den Modesport der Fußballerszene. »Leider konnte ich ihn nicht dafür begeistern«, erzählt Huub Stevens. »Oft habe ich ihm gesagt: ›Probier das doch mal aus, das wäre was für dich‹ – nun geht es ja leider nicht mehr. Als ich Trainer beim Hamburger SV war, hat er mich einmal besucht, und wir sind auf die Driving Range. Ich hab ihm einen Eisenschläger gegeben, und er hat draufgehauen – unglaublich. Über 100 Meter hat er die Kugel weggeschlagen. Männi hätte es draufgehabt. Wenn einer fit ist in Ballsportarten, dann hat er auch ein Gespür für Golf.«

Stevens nennt Assauer Männi, von Manager. Diesen Spitznamen verwendet er exklusiv.

» Solange ich mich erinnern kann, haben mich alle › Assi‹ gerufen, nicht Rudi und Rudolf erst recht nicht. Na ja, manchmal hat meine Mutter Rudi gesagt, und wenn es ernst wurde, sagte sie: › Rudolf!‹ Mein Vater hat immer gesagt: › Sohnemann, komm her.‹ Der hat nie meinen Vornamen gerufen. Und von den Lebensabschnittsteilzeitgefährtinnen haben alle Rudi gesagt. Der Rudolf war ich nie. Im Job sowieso nicht. Die meisten Spieler haben Manager oder Chef zu mir gesagt. Das hatte ich irgendwann so intus, dass ich mich umgedreht habe, wenn irgendwo jemand Chef gesagt oder gerufen hat. Manche haben – wenn ich es nicht hören konnte oder sollte – gefragt: Ist denn der Alte da?«

Nun ist der Chef erkrankt. An jemanden da oben, an einen Gott, richtet sich Assauer nicht. Beten, zumal für das eigene Wohlergehen, ist ihm fremd. Im Jahr 2006 tritt er aus der Kirche aus – was nichts mit seinem erzwungenen Abschied vom FC Schalke im selben Jahr zu tun hat. Trotz Taufe und Konfirmation hat die Kirche nie eine große Rolle in seinem Leben gespielt, da er von seinen Eltern nicht besonders religiös geprägt wurde. Nur bei Hochzeiten und Beerdigungen gab es Berührungspunkte. Aber auch die Krankheit hat ihn – im Gegensatz zu vielen anderen Alzheimerpatienten – nicht wieder enger an die Kirche und den Glauben herangeführt.

» Ich habe nie gebetet, habe nie an Gott geglaubt. Aber ich glaube schon, dass da oben irgendetwas ist, dass es da irgendjemanden gibt, der die Geschicke der Menschen lenkt. Es geht alles seinen Weg, so wie es vorherbestimmt ist. Auch mein Leben, auch meine Krankheit. «

Chronologie

geboren am 30. April 1944 in Altenwald/Saar

ab 6 Jahren: besucht mit Zwillingsschwester Karin die Augusta-Schule in Herten

ab 14 Jahren: beginnt eine Lehre als Stahlbauschlosser in Herten

April 1960: lernt seine Jugendliebe Sonya Gottschalg an seinem 16. Geburtstag kennen

1962: Vertrag bei der Spielvereinigung Herten, damals Regionalliga West, zwischendurch für ein halbes Jahr im Steinkohlenbergwerk auf Zeche Ewald in Herten und eineinhalb Jahre Wehrdienst bei der Bundeswehr in Unna (spielt in der Bundeswehrnationalmannschaft)

Juli 1964: Wechsel zu Borussia Dortmund, unterschreibt seinen ersten Profivertrag; beginnt parallel eine Bankkaufmannlehre in Dortmund

Mai 1965: DFB-Pokalsieger (wird im Finale gegen Aachen nicht eingesetzt)

3. Juli 1965: Tochter Bettina kommt zur Welt

5. Mai 1966: Europapokal-Sieger der Pokalsieger durch ein 2 : 1 n. V. im Finale von Glasgow gegen den FC Liverpool (bestreitet das komplette Endspiel)

6. Mai 1970: Tochter Katy wird geboren, seit Ende der 60er-Jahre ist Inge Lückert die Frau an seiner Seite und ab 1970 auch seine Ehefrau

Juli 1970: nach 119 Bundesligaspielen (8 Tore) für den BVB Wechsel zum SV Werder Bremen, Dortmund bekommt 150 000 DM Ablöse

3. April 1971: erlebt den legendären Pfostenbruch vom Bökelberg als Werder-Spieler mit, bestreitet für Werder 188 Bundesligaspiele (4 Tore)

15. Mai 1976: letztes Bundesligaspiel mit Bremen, beendet nach insgesamt 307 Bundesligaspielen (12 Tore) seine aktive Karriere

ab Mai 1976: Manager beim SV Werder Bremen

Frühjahr 1979: schlägt ein Angebot des FC Bayern für den Managerjob aus

ab Dezember 1977, ab Januar 1980 und ab Februar 1981: springt jeweils für einige Wochen als Trainer ein (ohne Lizenz)

Mai 1980: Abstieg mit Bremen in die Zweite Liga Nord

Mai 1981: Wiederaufstieg in die Erste Bundesliga

15. Mai 1981: nimmt noch vor Saisonende des Angebot des FC Schalke an, dort Manager zu werden, und betreut die Mannschaft als Trainer in den letzten drei Saisonspielen

Juni 1981: Abstieg des FC Schalke in die Zweite Liga

Mai 1982: Wiederaufstieg mit dem FC Schalke

Juni 1983: Schalke scheitert in den Relegationsspielen an Bayer Uerdingen, steigt erneut ab

Mai 1984: erneuter direkter Wiederaufstieg

4. Dezember 1986: Entlassung als Schalke-Manager

ab 1987: liiert mit Beate Schneider

1987-1990: Immobilienmakler in Bremen

Juli 1990: Job als Manager beim VfB Oldenburg

Mai 1992: VfB verpasst den erstmaligen Aufstieg in die Erste Bundesliga nur knapp

März 1993: Verhandlungen mit dem FC Schalke über eine Rückkehr

1. April 1993: zweites Engagement als Manager bei den Königsblauen

Juli 1994: Er holt das Gelsenkirchener Urgestein Olaf Thon vom FC Bayern München zurück

November 1994: erste Gedankenspiele Assauers über den Auszug aus dem Parkstadion und die Errichtung einer neuen Arena

Mai 1996: Schalke qualifiziert sich unter Trainer Jörg Berger erstmals seit 1977 wieder für den Europapokal

Oktober 1996: Assauer verpflichtet den Niederländer Huub Stevens als Trainer

21. Mai 1997: Gewinn des UEFA-Cups im Elfmeterschießen gegen Inter Mailand, der größte Erfolg der Schalker Vereinsgeschichte

ab 1998: mit Lebensgefährtin Kerstin Marohn eineinhalb Jahre liiert

21. November 1998: Grundsteinlegung für die neue Mehrzweckarena

1. April 2000: lernt Schauspielerin Simone Thomalla kennen

Juli 2000: Assauer verpflichtet gegen alle Widerstände den Dortmunder Andreas Möller

19. Mai 2001: In letzter Sekunde verliert Schalke die Meisterschaft an den FC Bayern – und geht als Meister der Herzen in die Bundesligageschichte ein

26. Mai 2001: Schalke wird durch ein 2 : 0 gegen Union Berlin im Finale von Berlin DFB-Pokalsieger

13. August 2001: Die Arena AufSchalke wird eröffnet

11. Mai 2002: Schalke verteidigt den DFB-Pokal durch ein 4 : 2 im Endspiel von Berlin gegen Bayer Leverkusen

Mai 2002: Huub Stevens verabschiedet sich, geht zu Hertha BSC Berlin

2. Februar 2006: erhält mit Lebensgefährtin Simone Thomalla die Goldene Kamera in der Kategorie »Bester Werbespot mit Prominenten«

17. Mai 2006: Rücktritt als Schalke-Manager

Januar 2009: Trennung von Simone Thomalla

ab Januar 2010: Behandlung der Alzheimererkrankung in der Memory Clinic in Essen

Ich danke

Mein Dank gilt allen, die mich immer unterstützt haben,
sowie der blau-weißen Schalker Fangemeinde.

Darüber hinaus ganz speziell
meinen Eltern Elisabeth und Franz,
meiner Tochter Bettina,
meiner Schwester Karin,
meiner Sekretärin Sabine Söldner,
den Rechtsanwälten Fred Fiestelmann und Martina Grall,
dem Team der Memory Clinic in Essen mit Professor Hans-Georg Nehen,
    Dr. Hartmut Fahnenstich und Carsten Brandenberg,
meinem engen Freund Werner Hansch,
dem Schalker Trainer des Jahrhunderts, Huub Stevens.

Und denen, die uns bei der Erstellung dieses Buches geholfen haben:
meinem Nachfolger bei Schalke, Andreas Müller,
dem Schalker Ex-Torhüter Jens Lehmann,
meinem Kompagnon beim Arena-Bau, Hans Sanders,
meinem damaligen Mitstreiter in Oldenburg, Klaus Berster,
dem ehemaligen Werder-Torwart Dieter Burdenski,
meinem ehemaligen Mitspieler in Bremen, Bernd Brexendorf,
meinem damaligen Kapitän bei Borussia Dortmund, Aki Schmidt.

Bildnachweis

Das mutigste Bekenntnis des Jahres!

Die Autobiografie von Rudi Assauer –
ab **2. März 2012** überall als **Hörbuch** erhältlich!

Persönlich.
Bewegend.
Ehrlich!

Rudi Assauer
Wie ausgewechselt
EAN: 886919610321
(Hörbuch)